# 顺利完成硕博论文：
# 关于内容和过程的贴心指导

shunli wancheng shuobo lunwen
guanyu neirong he guocheng de tiexin zhidao

## （原书第4版）

［美］克叶尔·埃瑞克·鲁德斯坦　　［美］雷·R.牛顿　著
（Kjell Erik Rudestam）　　　　　（Rae R. Newton）

席仲恩　王　蓉　译

重庆大学出版社

Surviving Your Dissertation：A Comprehensive Guide to Content and Process，4ed.

English language edition published by SAGE Publications of London，Thousand Oaks，New Delhi and Singapore，2015 by SAGE Publications，Inc.

All rights reserved.No part of this book may be reproduced，stored in a retrieval system，or transmitted in any form or by any means，electronic，mechanical，photocopying，recording，or otherwise，without the prior permission of the publisher.CHINESE SIMPLIFIED language edition published by CHONGQING UNIVERSITY PRESS，Copyright © 2020 by Chongqing University Press.

《顺利完成硕博论文：关于内容和过程的贴心指导(原书第 4 版)》原书英文版由 SAGE 出版公司出版。原书版权属 SAGE 出版公司。

本书简体中文版专有出版权由 SAGE 出版公司授予重庆大学出版社，未经出版者书面许可，不得以任何形式复制。

版贸核渝字(2020)第 061 号

**图书在版编目(CIP)数据**

顺利完成硕博论文：关于内容和过程的贴心指导：
原书第 4 版/(美)克叶尔·埃瑞克·鲁德斯坦
(Kjell Erik Rudestam)，(美)雷·R. 牛顿
(Rae R. Newton)著；席仲恩，王蓉译 . -- 重庆：重
庆大学出版社，2023.1
(万卷方法)
书名原文：Surviving Your Dissertation：A
Comprehensive Guide to Content and Process 4th Edition
ISBN 978-7-5689-3595-1

Ⅰ.①顺… Ⅱ.①克… ②鲁… ③席… ④王… Ⅲ.
①硕士学位论文—写作②博士学位论文—写作 Ⅳ.①G642.77

中国版本图书馆 CIP 数据核字(2022)第 254742 号

**顺利完成硕博论文：**
**关于内容和过程的贴心指导(原书第 4 版)**

〔美〕克叶尔·埃瑞克·鲁德斯坦(Kjell Erik Rudestam)
〔美〕雷·R. 牛顿(Rae R. Newton)　　著
席仲恩　王 蓉 译

策划编辑：林佳木
责任编辑：李桂英　　版式设计：林佳木
责任校对：王 倩　　责任印制：张 策

\*

重庆大学出版社出版发行
出版人：饶帮华
社址：重庆市沙坪坝区大学城西路 21 号
邮编：401331
电话：(023)88617190　88617185(中小学)
传真：(023)88617186　88617166
网址：http://www.cqup.com.cn
邮箱：fxk@cqup.com.cn(营销中心)
全国新华书店经销
印刷：重庆升光电力印务有限公司

\*

开本：787mm×1092mm　1/16　印张：17.25　字数：351 千
2023 年 1 月第 1 版　　2023 年 1 月第 1 次印刷
印数：1—4000
ISBN 978-7-5689-3595-1　定价：68.00 元

本书如有印刷、装订等质量问题，本社负责调换
**版权所有，请勿擅自翻印和用本书**
**制作各类出版物及配套用书，违者必究**

# 作译者简介

**克叶尔·埃瑞克·鲁德斯坦(Kjell Erik Rudestam)**

加州圣芭芭拉菲尔丁研究生大学心理学教授,担任学术事务副主任多年。曾任多伦多约克大学和俄亥俄州牛津迈阿密大学心理学教授,获俄勒冈大学(临床)心理学博士学位。他著有《你的统计咨询师:数据分析问题解答》(*Your Statistical Consultant: Answers to Your Data Analysis Questions*, 2ed;与雷·R.牛顿合著)、《线上学习手册》(*Handbook of Online Learning*, 2ed;与朱迪·肖恩-赫尔兹合著)以及八本其他著作。此外,他还发表了多篇学刊论文,内容涉及自杀、心理治疗、家庭和组织系统等。他是美国心理学协会(第12分会)理事,持有美国职业心理(临床)考试委员会证书和美国创伤应激专家联合会证书,被心理职业学院授予荣誉科学博士。

**雷·R.牛顿(Rae R. Newton)**

加州大学富勒顿分校社会学延誉教授,不久前加入菲尔丁研究生大学心理学院,担任教师和博士生的研究咨询和统计顾问。他获得了加州大学圣芭芭拉分校社会学博士学位,完成了印第安纳大学心理健康测量博士后培训。他的主要兴趣包括对高危险青年和寄养群体结果的纵向建模、家庭暴力和统计学教育。他与克叶尔·埃瑞克·鲁德斯坦合著了《你的统计咨询师:数据分析问题解答》(第2版),在有关学刊发表了多篇论文,内容涉及家庭暴力、儿童虐待、测量等。他处在半退休状态,喜欢与妻子一起开着自家的房车旅游,横穿墨西哥和中美洲。

**席仲恩**

博士,重庆邮电大学教授(退休),现在重庆移通学院外国语学院任教;长期从事学术写作和技术写作方面的教学和研究工作,有丰富的学术规范修改和论文编辑经验;40多年来,做了大量的学术技术英汉翻译及英语学术论文规范和润色工作。他还翻译和撰写了大量的社会科学著作,内容主要涉及心理学、教育学、学术写作规范、应用统计学和研究方法等;近年来,开启了对英语语法的整体研究,试图描绘出英语的层次结构。

**王蓉**

重庆邮电大学外国语学院教授,长期从事公共沟通语言艺术和跨文化交际教学及研究工作,有丰富的英语教材编写和英汉互译经验。承担英语专业高级视听说、口语、口译等课程教学。先后在加拿大渥太华大学和新西兰坎特伯雷大学做高级访问学者。多次获校级课堂教学优秀奖一等奖。研究方向为课程开发、设计和评价,口译理论和实践。

# 前　言

  《顺利完成硕博论文：关于内容和过程的贴心指导》的第4版（后文均简称为《顺利完成硕博论文》）面世了，我们非常高兴。在第4版中，我们一如既往，寻求解答研究生和导师在学位论文各个阶段经常遇到的各种问题。在前几版中，我们用不同的意象代表学位论文的撰写——或者是必须跨越的鸿沟，我们的书就像大桥，帮助你跨过鸿沟；或者是深不可测的丛林，我们的书就像指南针，帮助你找到方向；又或者是那波涛汹涌的茫茫大海，我们的书像救生圈，帮助你奋勇游过。这些意象，都体现在了前几版的封面设计之中。这一版的封面则有所不同，但同样反映出了学位论文写作的意象——成功登上一座高峰的喜悦和自豪[1]。

  在很多方面，这些意象也是我们撰写本书过程中的真实体验。在过去几年中，社会科学和行为科学的研究领域迅速扩展，让我们经常觉得自己在拼命追赶。本版各处都反映出我们的追赶体验。本版保持了前几版的整体结构框架，因为它深受读者喜爱，但是对其中那些学位论文不可或缺的具体内容进行了升级换代：如何选出合适的研究课题？如何对文献进行综述？如何把自己的研究设计和所用方法交代清楚？如何采集和分析数据？如何解释、展示和讨论研究结果？如何论述研究的意义或启发？

  对这些更新的材料，我们和从前一样，力求详细，足让读者知道学位论文的每一章每一节都需要提供什么信息，让信息以什么方式展现。此外，我们继续把那些同类著作中并不经常涉猎的内容包括进来：学生经常可能用到的多种定量、定性研究模式

---
1 这里所谈及的都是英文原书的封面。——译者注

和路数，上乘学术作品所遵循的各种写作原则，如何选择指导委员会并与之有效合作的意见/建议，以及克服各种任务或情绪障碍让论文工作进行下去的各种窍门贴士。我们用更新一些的文献把全书中那些较老的文献替换掉，包括很多我们自己学生及同事的新的学位论文。

在第 4 版中，我们还刻意增加了一些新内容。我们不断提醒大家注意，传统的零假设显著性检验正在受到各方面的挑战，在此基础之上，还应该再加上对应用或实践显著性的考量，包括加上相应的效应大小值和置信区间。我们对这种新的展示统计分析结果的方法提供了详细说明和例解。同样，我们已经注意到，理论"模型"越来越受到重视，模型建造对研究设计和研究结果展示的影响也受到重视。我们提供了多个融入这种理论路向的实例。互联网对整个学术研究界的意义越来越让我们震撼。因此，我们把关于互联网作为数据资源、数据采集机会、数据分析快车的讨论大幅扩充。此外，我们还推荐了大量的潜在有用网站和一些一般读者可能不太熟悉的软件。我们还注意到，随着各种数据资源的扩展，数据的存在形式也更加多样，包括数据档案馆、社交媒体，以及今天所谓的"大数据"。最后，我们还对关于定性研究和多模态方法的章节做了扩充，并以归纳性的理论建构为核心。对于所有这些论题，我们努力把概念讲清楚，并通过新的图、表进行讲解。对于很多情况，我们具体详细地指导读者如何把概念融合到研究之中。

我们相信，本书适合广大的学术和职业群体。当然，本书主要是针对那些正在或即将撰写学位论文的硕士生或博士生。因此，书中的很多材料最适合那些刚入学的新博士生。例如：如何打磨出自己的研究问题？如何制作表格或图像？如何报告统计发现？如何使用 APA 格式？当然也有一些针对更高级阶段学生的内容——例如，如何构思并用图绘制出一个有中介的理论模型？如何报告多元统计分析的结果？如何对扎根理论研究的文本材料编码？而且，我们也注意到，越来越多的研究者和实践工作者也在使用《顺利完成硕博论文》这本书。他们要么是忘记了有关学术研究写作的重要细节而需要温习，要么是想与时俱进，了解本领域中的最新发展。也许更重要的是，这本书对那些正在指导研究生开展研究或撰写学位论文的老师，也是便捷的指导工具。

我们一直都感激自己的学生，他们不断用自己的创造力让我们震惊，迫使我们不断学习，才好走在他们前面。我们真心希望，这本书能够成为他们和你，在研究及写作生涯中的忠实伙伴和得力助手。

本书的完成少不了很多人的贡献。很多导师同事向我们推荐了高学术水准的优秀学位论文。本书多处摘选了这些优秀学位论文的选段,既用作重要原则的例解,又用作郑重推荐的范例。我们非常感谢那些最近几年毕业的研究生,谢谢他们允许我们把他们的首个重大研究在本书之中与读者分享。我们也非常感谢以下几位第 3 版的评论人。他们的批评意见和深刻见解让我们大为受益。他们是 Anne J. Hacker、Bernie Kerr、Karin Klenke、Kaye Pepper、Udaya R. Wagle。他们的见解和建议促成和助推了本版的诸多变化。

我们也感谢 SAGE 出版公司。我们成为 SAGE 家庭中的一员,在一个如此协作和专注出版事业的专业家庭之中,我们的写作事业得到了全面促进。特别需要指出以下几位。Vicki Knight,她既是出版人也是资深编辑,她的指导使我们备受鼓舞,她的支持让本书不断完善。她的编辑助理 Jessica Miller,一直都及时回应我们一次又一次的援助请求。责任编辑 Laura Barret 和 David Felts,从始到终都很优雅,带领我们走完出版的各个过程。本书的文字编辑 Paula Fleming 的确是一位文字美工的典范。她的文法敏锐度,她的语文常识,她的工作操守,样样可谓超凡。各位,谢谢大家了。

最后,我们深深感谢我们各自的生活伴侣 Jan 和 Kathy。她们两个那从未缺席的耐心和从未间断的支持,使我们把更多的精力和注意投入到了本书第 4 版的工作之中。

# 目　录

# 第一篇
## 启　动

# 研究过程 1

从前有位禅师，他带领一群和尚进了丛林，不久便迷了路。随即就有一个和尚问禅师，他们这是要往哪里走。这位智者回答说，"只有朝最深、最暗处走，大家才有出路。"社科学生为博士论文做研究，往往会有同样的感觉——一脚踏进茂密的森林，就像进了迷宫一样。多年来，尽管学生用各种比喻来形容博士论文的写作过程，但关键点不外乎是：如迷失在莽莽荒原一般。有位学生曾把论文写作过程比作爬山，等爬到一座山顶之后才发现，前面还有更高的山顶。还有个学生觉得，做博士论文就像在学习火星人的语言。这种语言，作为论文指导委员会成员的本土火星人懂，但学生却一窍不通。另一个学生形容得更绝。她说，写博士论文就像耐着性子排一个不见尾巴的长队去观看一场很想看的演出，好不容易排到了门口却被告知，要到后面去重新排队。

学位论文把学生们搞得焦躁不安，这其实是可以避免的。焦躁的原因之一是，学生不太懂当代社会科学研究的基本程式和做法。很多学生都是因为对实用问题感兴趣而进入自己现在的专业领域，他们很惧怕从应用转向理论，但这种转向却是整个硕博学习不可或缺的部分。其实，优秀执业人士所需要的许多技能和优秀研究人员所需要的技能是一样的。众所周知，好奇心和假设检验是实证研究的基石。以临床心理学为例，经验丰富的心理治疗师对就医者的行为既敏感又敏锐，他们是不懈的假设检验者。他们对家庭历史与病人当下表现之间的关系充满好奇。他们既参考理论又结合自己的经验，对不同的问题或为不同的治疗阶段，选择具体的干预方案。

**成功的研究需要冷静的逻辑，需要清晰且组织有序的思维。成功的生活，也同样需要这些。**事实上，研究工作与日常生活之间的距离，并没有大多数人想象的那么遥远。我们时刻都在收集关于周边环境的资料，琢磨如果我们或他人如此这般会产生什么样的后果，并通过周密的行动来验证我们的种种预想。在很大程度上，正式的研究活动就是对同类问题的系统思考。

本书所概述的程序，就是为了帮助博士研究生规划并完成自己的博士学位论文。

有关建议对于硕士学位论文也同样适用。这两种富有挑战性论文的写作,有很多重叠的地方。对大多数学生而言,硕士学位论文是他们对严格研究工作的初次尝试。这就是说,如果没有教师的悉心指导,学生在做完硕士论文之后就会大大地松一口气,根本不会想以后还会搞这样的研究。博士论文则不一样。人们一般都期望,有时甚至坚信,通过写博士论文,学生会成为更富有经验、更加成熟的研究者。人们一致认为,与硕士论文相比,博士论文的篇幅更长,更有原创性,理论基础更加坚实,对相关领域的贡献也更大。

大多数的研究生专业要求,在开始学位论文工作之前,学生先要提交一份开题报告。开题报告是一份行动计划,是对拟研究内容和进行该项研究原因的说明。我们认为,完成好开题报告是学位论文写作过程中非常重要的一步。开题报告就是学生和论文指导委员会之间的契约,各方同意之后就表示,学生可以如是收集资料,可以如是完成研究工作。也就是说,开题报告一经批准,只要按照报告中的步骤开展研究,指导委员会成员就不得要求学生做重大变动。自然,小的改动是不可避免的;有的内容要增加一些,有的则要删减一些,因为谁也无法预料研究过程中的全部细节。

开题报告没有统一的格式。我们认为,一份好的开题报告要包括对相关文献的综述,对拟研究问题及相关假设的陈述,还要包括对拟用研究方法和数据分析计划的清晰说明。根据我们的经验,开题报告一旦获得通过,这就意味着学位论文工作已经完成了相当部分。本书就是要帮助大家写好开题报告,并进而完成学位论文。

## 研究循环圈

"研究循环圈"(图1.1)是一种分阶段考虑研究过程的直观方法。"循环圈"表明,研究不是直线过程,而是一个由多个步骤构成的反复循环过程。过程最常见的切入点是某种形式的"实证观察"。也就是说,研究者要先从无数可能的题目中选出一个。接下来是一个逻辑归纳的过程,该过程以命题的形成为终结。归纳过程就是把特定的主题与广阔的背景联系起来,并开始提出"我想是不是……"之类的预想。这些预想通常要受到研究者价值观、假定以及探索目标的左右,因此需要详细说明。

研究循环圈的第二阶段是所形成的命题,其表述形式为对某种已经确立的关系的陈述(例如:"早起的鸟儿比晚起的鸟儿更有可能抓到虫子吃")。命题存在于概念或者理论框架之中。研究者的任务就是,厘清具体命题与广阔理论背景以及已有研究之间的关系。这也许是学位论文过程中最具挑战性和创造性的方面。

人们提出理论和概念框架的目的,是解释或描述类似条件下出现的各种抽象现象。理论能使研究者把不同的观察联系起来,使不同观察间的相似和差异具有意义。

概念框架
（理论、文献）

数据分析　　命题　　　　　　　　　研究问题/假设

实证观察

归纳　　　　　　　　资料收集　　　　　　演绎

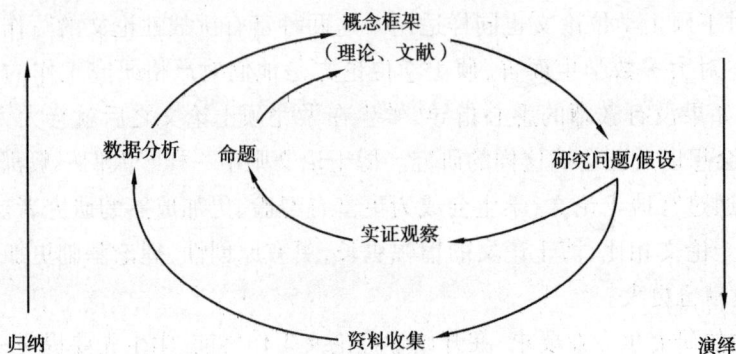

图1.1　研究循环圈

概念框架就是一种不太成形的理论,由一系列关于抽象概念(例如:动机、角色)和经验数据之间联系的陈述构成。要是不把研究置于这样的背景之中,研究的意义或价值就不得而知。新手开题报告遭拒绝的主要原因就是缺乏价值或意义——研究问题自身也许很有趣,但最终却毫无意义。举个例子。作为研究问题,“当今的研究生中女生多于男生吗?”实在是平庸至极,除非对该问题的回答具有概念或理论价值,而且拟做研究会对此价值进行发掘。

虽然一项研究可能主要因有实用价值而值得一做(例如:“研究生院要不要招更多的男生?”),但作为博士论文,纯粹的应用研究恐怕难以接受。正如克林杰和霍华德·李(Kerlinger & Lee, 1999)在其权威研究方法教材中所说的那样,科学研究的基本目的是理论(p. 5)。一般来说,人们期望博士论文要对某一领域有一定的学术贡献,而不仅仅是解决某个应用问题。因此,确定学位论文的命题,通常就是把自己浸润在有关领域的研究和理论文献之中,定出自己研究的概念框架。

前面讲述了理论在学位论文研究中的重要作用,现在我们有必要暂时止步。下面我们来谈谈别的方面。我们两位作者,一个是心理学家,一个是社会学家。因此,我们最熟悉这两个专业领域的研究惯例。社会科学的其他领域也有自己的学位论文选题标准。为了扩大本书的适用范围,我们在书中穿插了一些其他学科领域里的例子。当然,最终你还是要遵守自己专业、学校或院系的有关规定和惯例。

少数名校也允许博士生提交若干篇已公开发表的文章以替代学位论文。还有许多学校鼓励学生在研究中使用全国性数据库(例如:人口普查数据,综合社会调查)里的数据,或者对来自更大研究项目的二手数据进行分析。有些领域,尤其是社会工作、教育、政策评价、职业心理学领域,可能鼓励解决应用问题的学位论文,而不是有独特理论贡献的论文。对项目或干预效果进行评价的研究就是一个典型的例子,因为这类研究有时对验证理论并无多大贡献。政治学和经济学之类的领域非常宽泛,既允许做理论研究,也允许做纯应用研究。例如,在国际关系这一子领域,就可以设想一个题目,调查分析北大西洋公约组织(北约)解体后欧洲各国之间的国家安全协议问题。这样的调查分析依赖于对外交政策制定者的访谈,因此在很大程度上是描述性的,属于应用研究。相反,依据历史文件和投票记录分析来研究坚守意识形态对美国各政党获取成功的作用,这样的研究就可能建立在关于意识形态如何吸引或疏远公众选民的理论之上。

从研究循环圈上看,接下来研究者要做演绎推理,要从理论大背景中生成具体的研究问题。研究问题是研究者意图的精确表述,通常伴有一项或多项具体假设。随着研究者开始寻找发现,或者开始收集数据以回答所定出的研究问题,研究的第一次循环即告结束。数据收集过程本质上是另一项实证观察任务,于是,研究便进入下一轮的新循环。根据具体的观察数据进行概括(即归纳过程),把概括与概念框架捆绑在一起,这样就可以阐述进一步研究的问题和其他的研究意义。

研究循环圈上不同阶段所需的技能,让我们想起了伯特兰·罗素(Bertrand Russell)多年前所提出的关于学习的思想。他说获得知识的方式主要有两种,一种是通过描述获得,另一种是通过熟悉获得。通过描述获得知识是一种被动的学习方式,例如通过读书来学习如何给汽车换油,或者,通过听讲座来学习亚当·斯密(Adam Smith)的经济学理论。这种学习方式非常适合掌握抽象信息。具体些说就是,这种方式更适合学习经济学,但不适合学习给汽车换油。依靠熟练获得知识就是通过做来学,例如打网球、开汽车、玩电脑等具体的操作技能。这种学习是对某项具体知识的获得,目标是解决各种问题。

研究对这两种知识都需要。研究者要有清晰而合乎逻辑的思维,这是处理各种概念思想以及建立理论所需要的。我们的印象是,许多研究生,尤其是干过具体实践工作的学生,在抽象思维方面最薄弱。对于这样的学生,培养这种技能可能是他们论文工作中的主要挑战。研究者要把各种想法付诸实施,包括对研究进行系统规划,然后再收集数据,分析数据。集中注意力、解决问题以及果断决策这样的能力,对于完成研究工作都很有帮助。

# 选择合适的题目 2

选择适当的主题,是开展研究工作的第一大挑战。许多学术机构简化这一任务的具体做法是,让学生参加导师的工作。导师们熟知哪些方面值得研究,也可能已经有关于这方面的大项目在研究之中,甚至已经确定好了值得研究的具体问题。对某个领域感兴趣的学生,不但选择自己读研的部门机构,还要选择自己学位论文指导委员会的主席,其目的就是进入该领域某个知名学者的研究项目。

但是,现实未必如此凑巧,总能让你遇上正在研究你所感兴趣领域中问题的导师。虽然选题并无简单的规则可循,但要做出适当的决策,有些方面我们是必须要考虑的。一般而言,在广泛了解某领域之前就急忙决定像学位论文选题这样重要的事情,这实在不怎么明智。这意味着,选题之前要阅读大量的文献,要研究多位专家。否则,你就既不可能知道相关领域都有哪些潜在的课题,也不可能清楚哪些课题已经研究过了。对于大多数学生而言,研究课题来自自己阅读某一领域文献时发现的尚未解决的细节问题,来自某个自己感兴趣的观察("我发现,男士们看见美女进屋后就哑口不言,于是我就在想:体貌吸引力对群体行为到底有什么作用?"),或者来自生活或工作中的应用焦点("由于我发觉与酒鬼很难相处,因此,就想找出与他们相处的最佳方式")。简而言之,**选题就是把自己沉浸在某个研究领域,与该领域的领头学者交谈,与多个导师以及同学交谈,批判性地研读该领域的现有文献,并不断地反思专业及个人经历中的种种启发。除此之外,别无他法。**

## 选题的指导原则

确定一个题目是否适合做学位论文,通常有下列一些指导原则。

1.题目能在长时间内让你保持兴趣。研究两组环境条件下学习无意义音节,这个课题简单易行,听起来也可能很迷人。但是,请不要忘记菲纳格(Finagle)的第一研究定律:会出错的东西总归要出错!硕博学位论文所花的时间,通常要在预期时间的两倍以上。把大量的时间不情愿地花在自己所憎恨的项目之上,还有多少事情比这更痛苦? 还要记住,美国的所有博士论文都要在国会图书馆收藏和公开。因此,你的博士论文将永远和你的名字联系在一起。

2.最好避免过于宏大、过于困难的题目。绝大多数学生都想毕业,而且是在合理的时限内毕业。过于宏大的论文题目可能永无完成之日,况且即便是最佳的选题,也必须是在对个人雄心、论文指导委员会希望以及现实情况的协调过程中完成。指望一篇博士论文就能把一个课题(如欧洲联盟)穷尽,这是不现实的。因此,你要对自己的热情降温,而不要脱离现实。有位学生说得好,"学位论文只有两种:了不起的论文和完成了的论文!"有些时候,根据方便性或可做性来选择研究课题是理性之举。毕业之后,你有的是时间来做自己所感兴趣的奇思妙题。

3.建议避开与个人情感密切联系的题目。诚然,选择一个自己既感兴趣又对自己有意义的课题始终都说得过去。但是,有些学生总想通过学位论文来解决自己的情感或个人问题,这可就不行了。例如,即使你自认为已经成功摆脱了丧子之痛,也应该避免选择此类题目。否则,学位论文工作必然会引发你的情感反应,妨碍你学位论文的完成。

4.避免选择自己有偏执看法的题目。要切记,研究工作需要无情的诚实和客观。如果研究的目的只是证明男人都是些无用的东西,那你就既不可能冷静思考研究问题,也不可能承认自己所得出的结论有可能与预期存在矛盾。最好能从预感开始("我注意到男人做家务不行。我想知道,这是不是与他们像孩子一样被娇惯有关"),就把研究看作是一种揭示主题奥秘的探险活动,而不是一场支持自我观点的辩论。

5.最后,所选择的题目要有可能让你对相关研究领域做出原创性的贡献,还能使你展示自己对相关主题和方法的掌握情况。换言之,**题目一定要值得研究**。至少,研究必须提出或有助于核验关于某一领域的理论解释;或者,在那些允许应用性学位论文的领域,研究必须对职业实践的发展有所贡献。有些学生,一看到研究综述中含有对某现象的相互矛盾或令人困惑的结果或解释,立马就退缩了。不应该把这样的矛盾看作挫折,或者当成躲避某一题目的理由,而应该看成揭开神秘面纱的机会。当人们尚有争议,或已有的解释还不够充分,这常常就是机会。要设计研究化解矛盾,而不应该对矛盾视而不见。

## 从有趣的想法到研究问题

假定你现在已经确定了研究的大概领域,你的选择也是基于好奇心的,并且涉及对某问题的解决,或对某种现象的解释,或对某事发生过程的揭示,或对某隐藏真理的示明,或对其他研究的扩展或重新评价,或对所选领域中的某理论进行检验。要想知道所选题目是否重要或有意义,你还必须熟悉相关领域的文献。关于如何综述和评估文献,第4章我们会提一些建议。同时,我们还注意到,对于如何把一个有趣的想法转化成一个可研究的问题,许多学生都感到困难。为了帮助这些学生,我们设计了一套简单的练习。

可研究问题几乎毫无例外地涉及两个或多个变量、现象、概念或想法之间的关系,尽管关系的本质可能会有所不同。研究一般由阐释关系本质的各种方法构成。社会科学中的研究很少只去阐释某单一构念(例如,"我要研究关于'骗子现象'的方方面面"),或单一变量(例如,总统选举的投票率)[1]。即便是两个变量,也很局限;往往在第三个"连接"变量引入的时候,一个想法才变得可以研究。作为告诫,我们承认,量化研究问题的焦点更多集中在变量之间的关系上,而质性研究问题主要聚焦的则是:过程是如何发展的? 或如何得以体验的?

为了说明多引入一个变量就能使一个不值得做的研究变得有做的价值,下面这个例子也许会有帮助。假定我对年轻人如何看待老年人这个问题很感兴趣。仅仅这样表述,这项研究就显得有些平庸。别人会问:这有什么意义呢? 这项研究不过就是问问年轻人对老年人都有些什么看法,所用研究方法可能是访谈法、测量法,或是行为观察法。但是仅仅做到这样,我们对当今社会中人们对老年人看法的价值并不能了解多少,也不能知道是什么因素影响社会对老年人的看法。如果引入第二个变量,则可能引出一堆有理论(和实际)价值的问题:在塑造社会对老年人的看法中,媒体起什么作用? 与祖父母一起生活是否会改变对老年人的看法? 旨在关爱老年人的特种法规是否改变了我们对老年人的看法? 中年人对待年迈父母的方式与他们对老年人的看法之间有什么样的关系? 引出这些潜在研究问题的相应新变量分别是:媒体倾向,有无祖父母,法规类型,对待自己父母的方式。正是这些变量对研究赋予了意义,因为它们针对什么影响对老年人的看法这一问题能提供一些建议。

再举一个三个主变量如何生成研究问题的例子。譬如说你推测,很多女性在生过第一个小孩后便丧失了和丈夫发生性关系的兴趣。在这个阶段,拟开展的研究将包括:通过评估女性(变量1)在生孩子(变量2)前后对性生活的兴趣来检验自己的猜测。但是,这样的发现又有什么意思呢? 引入第三个变量或者构念,就可能使原来的研究更加深刻,更有理论价值。有研究者可能会问,"丈夫多照料些孩子是否可以改善关系? 丈夫的性主动性起什么作用? 生育综合征有什么影响? 生产时父亲的参与程度? 结婚时间的长短? 产后的时间? 家中是否还有其他孩子?"引入第三个变量之后,待研究的问题就会无穷无尽。所引入的这个变量,它可以帮助我们说明主变量之间关系的本质。事实上,对于帮助我们更好地理解生孩子与性生活之间关系这个问

---

1  构念是为了科学目的建构理论时所用的一个概念。和概念一样,构念(例如,自尊)是一种抽象,通过对具体行为和操作的概括而形成。如果构念经过操作化处理后可以取不同的数值,那么就把它们叫"变量"。

题,随时都可以想出一连串的第三变量。

需要注意的是,第三个变量或连接变量的确切作用,取决于研究所用概念模型或理论基础的逻辑。这里,可以区分出**中介**和**调节**两个术语,两者在研究问题的提炼方面都起非常重要的作用。调节变量能精准揭示自变量对因变量产生作用的具体条件。严格地讲,调节效应是一种交互效应,其中一个变量的效应取决于另外一个变量的水平(Frazier, Tix, & Barron, 2004)。最常用的调节变量无疑是性别,有男女两个水平。例如,挑衅与攻击之间的关系对于男性和女性差别很大。环境的作用也可以看作调节变量。如果关于参试者性生活情况的访谈是在有家庭成员在场的情况下做的,那么,著名的金赛(Kinsey)性行为报告肯定会得出非常不同的结果。相关环境变量的确定对研究的设计有着重要影响,因为这种变量会影响研究结果的可推广性。

中介变量则有所不同,它通过揭示自变量(预测因素)与因变量(标准因素)之间的关系来描述怎么或为什么产生效应,而不是什么时候或对谁产生效应。中介是预测因素对结果产生影响的一种机理,因此也可以把中介变量看作过程变量[1]。例如在咨询心理学领域,适应不良完美主义既可以看作是调节变量,也可以看作是中介变量(Wei, Mallinckrot, Russell, & Abraham, 2004)。作为调节变量,只有在高适应不良完美主义条件下,依附焦虑才会被认为能对抑郁情绪产生负面影响(即,适应不良完美主义和依附焦虑之间存在统计学上的交互效应)。作为中介变量,适应不良完美主义在依附焦虑和抑郁情绪之间扮演着干预变量的作用(即,焦虑和抑郁之间存在间接关系)。正如一些学者(Wei, Mallinckrot, Russell, & Abraham, 2004)指出的那样,有可能让适应不良完美主义在从依附焦虑到抑郁情绪的因果链中扮演中介,也可以作为变量改变依附焦虑和抑郁情绪之间联系的强度。

图2.1刻画的,是理论模型中调节变量与中介变量之间的区别。作为中介变量,适应不良完美主义被置于依附焦虑和抑郁情绪之间;作为调节变量,从适应不良完美主义出发的箭头指向另外一个由依附焦虑到抑郁情绪的箭头,表示依附焦虑与抑郁情绪之间的关系取决于适应不良完美主义的水平。

图2.2解释的是分类图中的一种调节后的潜在结果。注意,在低适应不良完美主义条件下,低依附焦虑组和高依附焦虑组的抑郁情绪只有很小的差别;但在高低适应不良完美主义条件下,高水平依附焦虑组的人,比低水平依附焦虑组的人更可能出现抑郁状况。换句话说,适应不良完美主义和依附焦虑之间相互作用。

---

1 最近的一些文献中,有很多都广泛讨论了"调节效应"和"中介效应",涉及什么统计分析适合分析调节/中介效应,如何恰当解释调节/中介效应。我们向大家推荐下面几个文献:Frazier, Tix, & Barron, 2004; Hayes, 2009; Jaccard & Jacoby, 2010; Kazdin, 2007; Kim, Kaye, & Wright, 2001; Preacher & Hayes, 2008。

适应不良完美主义是依附焦虑和抑郁情绪之间关系的中介。

```
  依附              适应不良              抑郁
  焦虑      →       完美主义     →        情绪
```

适应不良完美主义调节依附焦虑和抑郁情绪之间的关系。

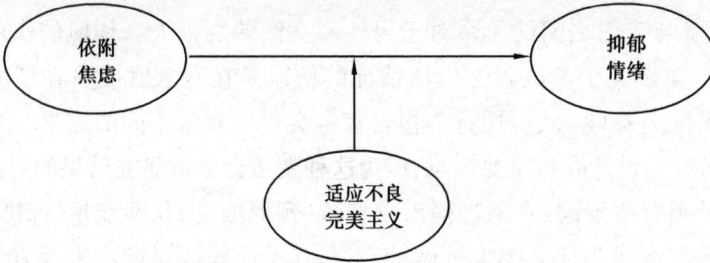

```
  依附                                    抑郁
  焦虑      →       →       →       →     情绪
                       ↑
                    适应不良
                    完美主义
```

图2.1   因果关系图中调节变量与中介变量之间的区别

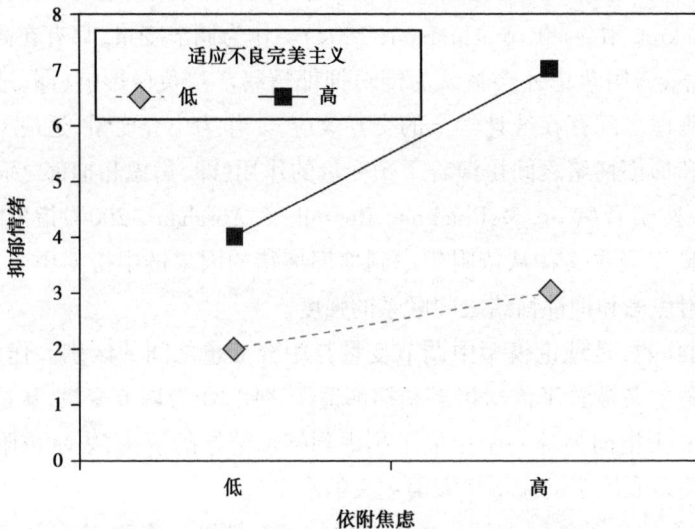

图2.2   用分类图表示适应不良完美主义对依附焦虑和抑郁情绪之间关系的调节

来源:作者绘制。数据来自文章《适应不良完美主义作为成人依附焦虑与抑郁情绪之间的调节和中介》,Wei, W., Mallinckrodt, B., Russell, D., & Abraham, W.T., 2004. Maladaptive perfectionism as a mediator and moderator between adult attachment and depressive mood. *Journal of Counseling Psychology*, 51(2), 201–212.

　　单凭一项研究不大可能确立并核验一个复杂概念模型中的全部重要元素。正如拍摄下整个大峡谷需要一部摄像机,而硕博学位论文则更像一张快照——记录着一个人骑着骡子沿着峡谷的一段小路下山。然而,所提出的模型可以为当前和未来的研究提供有用的场景。大多数目标远大的研究,都是紧紧地依托在这种理论模型之上的。

童年早期　　　　　　　　　童年中期　　　　　　　　童年晚期及青少年期

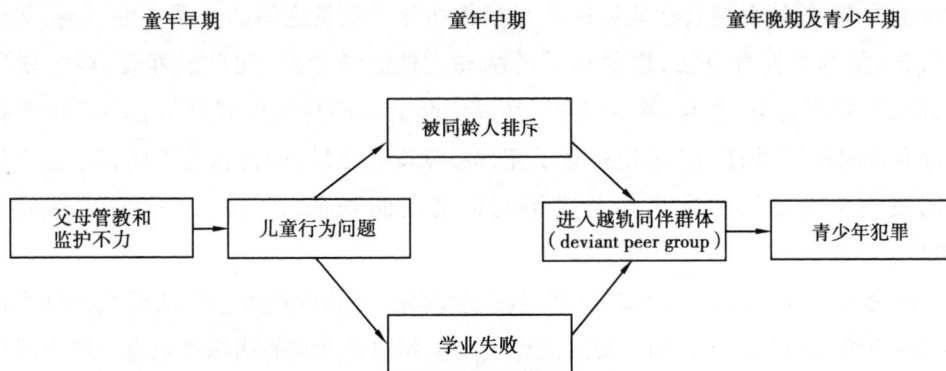

图2.3　一个反社会行为模型

来源：《反社会行为的发展性透视》，Patterson, G. R., DeBaryshe, B. D., & Ramsey, E., A developmental perspective on antisocial behavior. *American Psychologist*, *44*. Copyright © 1989, American Psychological Association. 经许可后使用。

　　可以想象，面对如此宏大的一个模型，单凭一个研究者，在单个研究之中，是不可能完成对整个模型进行检验这一任务的。例如，为了说明年轻男性的攻击性越轨行为，杰拉德·帕特森等（Patterson, DeBaryshe, & Ramsey, 1989）就花了很多年的时间发展并检验一个模型。该模型假设，这样的反社会行为可能是因果链上的果，而父母管教不力和家庭管理不当则可能是因。而且，这两组变量之间的关系并不是直接的，而是通过其他变量网络这样的中介才联系起来的。根据此模型，整个过程开始于父母对孩子的"培训"。以厌恶性行为为抓手，父母时而严厉惩罚，时而朝负面强化，最后导致孩子的攻击性行为。父母无力控制家庭成员之间的胁迫行为，这本身就是在"培训孩子打斗"。这种培训会进而发展成孩子的攻击性行为和同辈之间的恶劣关系。社交技能缺乏，泛化成了教室里面的反社会行为，使孩子几乎不可能获得基本的课业技能。因此，孩子进入社会后，就很难自理生活。最终，导致了高青少年犯罪率。图2.3就是该模型一个简化版本的概要。

　　实际上，帕特森和同事（Patterson et al., 1989）一起，花了多年的时间来检验和深入探索这些关系的本质。他们做了很多项研究，每一项研究都是关于该复杂模型的某个侧面的"快照"，其焦点对准的是某组具体的关系。例如，研究者可能会问，斗殴和不良同伴关系之间是否有关系。对模型中的每一个变量都必须加以操作化，或许可以通过多种量表来测定斗殴和人际关系。帕特森在研究时，就分别请母亲、同龄人以及老师这几个群体对斗殴行为进行评级，因为这些群体的视角可能存在差异。同样，也可以用同龄人、老师，以及自我报告的方式来测度同伴关系。研究的目标，即确定主变量之间关系的形式和本质这一目标，决定研究要用什么样的方法。在其早年的学术生涯中,帕特森把自己研究的焦点聚集在场景变量之间的关系之上,包括父母的信念、父母的养育方法,以及孩子的结局。他的结论是:父母的养育方法,像训诫、监护、问题解决、参与、正强化等,是以中介变量的身份在养育信念及态度与孩子行为之间起作用的。等该模型有了充分数据支持之后,帕特森才进而着手建立孩子问题行为与之后的青少年及成年犯罪之间的联系(Reid, Patterson, & Snyder, 2002)。

无论一篇具体的学位论文是要检验一个理论,还是要检验一个从研究文献中推演出的模型,我们都坚信,画一幅图把有关变量和构念之间的错综关系直观地表示出来非常重要。这种直观图是指引研究工作的强大工具。把你的想法立体化,这有助于你把自己的思想组织起来,进而把自己提议要做的研究放置在更大的学术框架之中。

建立研究模型为的是在概念层面解释变量之间的关系,然后再用来指导研究的设计工作,从而使特定的关系得以检验。这种检验通常是统计检验,但不总是统计检验。研究是一个不断逼近的过程:先提出一个模型;然后根据数据再修正模型;之后根据修正后的模型采集新数据;再根据新数据修正模型。因果模型可以用来展示和探索两种主要关系(Jaccard & Jacoby, 2010),一种是预测关系,另一种是因果关系。预测关系意味着,两个或更多变量之间有关联或相关,但又不用假定其中一个是另外一个的因。例如我们可以确定,根据某人孩童时期经常旅游就可以预测其成年后能熟练使用多种语言,而并不需要知道旅游是否真的导致了语言技能的改善。在文献中,自变量和预测变量差不多可以交换使用。不过严格地讲,如果讨论的是预测问题,所涉及的关系是一个或多个预测(predictor)变量与标准(criterion)变量之间的关系(Jaccard & Jacoby, 2010)。

因果关系隐含了一个变量是另一个变量的因,即原初变量(通常叫"自变量")上的变化会引起第二变量(也叫"因变量"或"结果变量")上的变化。虽然说因果律是社科研究中实验方法的基石,但是,科学哲学家就因果性是否可以真正得以证明这个问题,争论了几个世纪还没有结束。杰卡德和雅可比(Jaccard & Jacoby, 2010)很令人信服地指出,因果性这个概念终究只是一种启发,这种启发能使我们对自己的世界和人类行为保持一个有组织的观点。通过推断因果关系,我们便可以找出变量之间的系统关系,并通过改变一些变量来影响其他的变量,从而推动重大的社会变更。不管因果性能否得到确切证明,这都不要紧。要紧的是,很多当代研究已经使我们对包含因果关系的理论模型充满信心。

因果关系有多种,每一种关系对于提出因果模型都起作用。在第6章中,我们会讨论在学位论文中如何使用和评价因果模型。杰卡德和雅可比(Jaccard & Jacoby, 2010)那本非常有用的书,主要是关于如何从刻画研究思想的角度来思考和构造因果模型的。下面的讨论就是受到了那本书的启发。杰卡德和雅可比观察到,绝大多数的研究者一开始先确定自己想进一步了解的结果变量,譬如说人们对环境的关切程度,包括所表现出的环境敏感行为,像回收废品或减少污染。接下来的挑战则是,确定一些可能会影响环境敏感行为的变量,或者与环境敏感行为有关的变量。我们可以想象有这样一个研究,其目的是确定哪些干预措施能提高人们回收废品的动机(也可以把目标降低为:仅仅了解那些随时积极回收废品者与不回收废品者之间的差异)。我们也许可以预测,周边有废品回收设施要求住户把垃圾分成可回收和不可回收两类,这会直接影响人们的亲社会环境保护行为。当然,也不是所有的研究一开始都先确定因变量,也可能先选一个自变量,猜猜它都会引起一些什么样的果。例如,一项研究可能会探索在高污染行业工作对人的健康、社会经济地位,以及社会关系产生的影响。

间接因果关系是通过中介变量的影响而产生效果的。经调节的因果关系是第三种因果关系,对此,前面已有所讨论。大多数的因果模型都是对几种关系的组合。随着变量个数的增加以及变量之间关系的微妙化,因果模型会变得非常复杂。于是,简单的路径图就演化成了错综的理论网络图。很多这样的关系图,都在研究工作者多年矢志不移的探索中编制了出来。例如杰拉德·帕特森,他一开始先在一个模型框架中探索几组子变量,然后,让问题的复杂度一点一点地增大。由于现在的计算机软件可以几乎毫不费力地同时处理多个变量,研究者通常一开始就可以提出一个或几个理论模型,并通过实证的方法加以评价。

举一个我们自己学生比尔·麦纳提(MacNulty, 2004)博士论文中的研究模型例子。麦纳提先从已有的研究文献中生成这个模型,然后再对它进行实证检验,数据通过几个严格效验过的自陈量表取得。这项研究采用了关于心理功能的两极图式模型(schema-polarity model)来评估自我图式(自我和他人的认知表征)对感激和宽恕体验的影响,并评估感激和宽恕是否是自我图式、身体健康以及快乐感之间关系的中介变量。图2.4是该模型的概览。图中的加号和减号表示各变量之间假设关系的方向。虽然结果支持绝大多数初始假设,但模型仍然需要修改,以便解释所采集的数据。这是研究工作的典型情况:理论和概念模型不断接受检验和修善,从而以更加成熟的方式表征真实的生活现象。

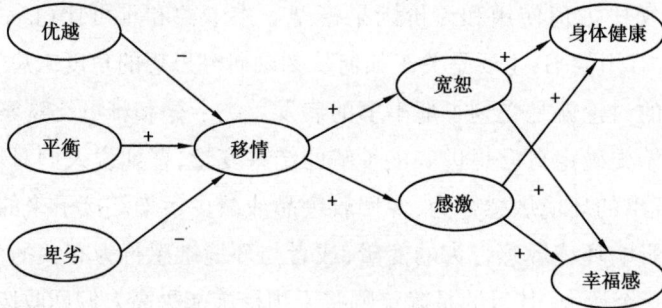

图2.4 一理论框架的因果关系图

来源：《自我图式、宽恕、感激、身体健康以及幸福感》，W. MacNulty，Self-Schemas，Forgiveness，Gratitude，Physical Health，and Subjective WellBeing，未公开出版博士论文，Fielding Graduate University，Santa Barbara，CA. Copyright 2004 by W. MacNulty。经作者同意后使用。

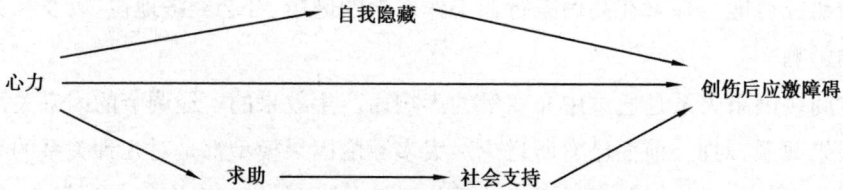

图2.5 联系心力和创伤后应激障碍的有中介变量原初模型

来源：Knetig，2012，p. 52。经作者同意后使用。

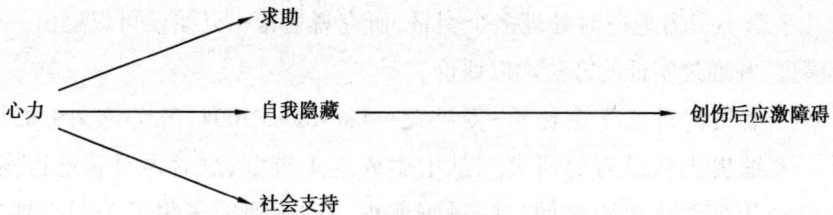

图2.6 联系心力和创伤后应激障碍的有中介变量最终模型

来源：Knetig，2012，p. 52。经作者同意后使用。

另一个例子取自珍妮·奈迪格（Knetig，2012）的博士论文。这篇论文的研究对象是现役军人，他们都患有创伤后应激障碍（PTSD）。奈迪格猜想，有心力（或具有心智化能力）能使一些军人以某种方式感觉并解释自己及他人的认知和情感状况，于是就可以促进他们的恢复和求助行为，进而减轻重压对他们造成的负面影响。一开始，奈迪格以自有文献和自我经验为基础，假设这些变量之间可能具有图2.5所示的那种关系。

到了研究的结束阶段,她已经采集到了自己的数据,并对数据进行了一系列的统计分析(典型相关分析)。于是,奈迪格就对自己开始提出的模型做了修正(图2.6),使自己的模型能更准确地反映参试者的不同经历。

总之,数据暗示,心力更强的军人隐藏自己思想和感情的可能性更小。数据还暗示,心力和症状之间的关系,要通过自我隐藏变量这一中介。

## 生成可研究的问题

为了帮助学生把自己感兴趣的思想转化成可研究的问题,我们用了一种叫作头脑风暴的练习。练习由一两个变量开始,然后生成第二个或第三个变量。头脑风暴练习就是要学生在给定的时间内把自己所有的想法先罗列出来,以后再回过头来逐一仔细鉴别分析,把那些无趣的、没有意义的或不切合实际的想法删除掉。当然,最终还是要通过文献分析来确定研究选题是否可行,因为文献传承着学术探索的传统,所记载的信息远远超过你个人的知识限度。

我们建议,一起参加头脑风暴练习的人数不要太多。这样更便于咨询人记录下其他小组成员的想法(框2.1)。咨询人先说出自己已经部分成形的题目,其他组员发表各自的想法,每5到10分钟换一个咨询人。我们一般以三四个人为一组。这样,学生就可以经常换组,更多同学不会受到之前想法或思维定势的影响,能从他们的现场反应中汲取营养。

头脑风暴练习要暂时停止批判性思维,从而使各种新的想法自由流露出来。这种方法特别适合发散型思维的人。他们会觉得,海阔天空,让自己的思想自由奔放,既令人兴奋也不乏创新。对于这种方法,收敛型思维的人则会感到多少有点茫然。不过,到了那些需要自制力、细心和精确性的研究阶段,收敛型思维的人就会有成就感。学位论文的每一个章节,都既包含发散元素,也包含收敛元素。

注意,并不是所有值得做的研究都关注三个(或更多的)主变量。很多研究就只关注两个变量或概念之间的关系;少数描述性的研究甚至只涉及一个变量或构念。当然,这种情况一般出现在有关课题的早期研究阶段;此时,人们对相关选题的了解还很少。有些研究者是开路先锋,是新研究课题的开发者。他们竭力了解一个现象的尽可能多的方面,并生成更多的有效假设供后来者检验。虽然如此,我们还是相信,大多数学生都低估了人们目前对大多数主题的已有知识;我们也相信,那些最为有趣、最为实用、最具理论价值的研究,很可能是关于多个变量之间关系的课题。

头脑风暴法只不过是生成研究问题的多种方法中的一种。杰卡德和雅可比(Jaccard & Jacoby, 2010)的著作就列举了26种不同的启发方法,可用来对你感兴趣的问题或现象进行有创造性的思考。其中,有些是用来分析自我经历的,有些是关于案例使用的，有些是在田野做专家访谈用的，还有一些是做角色扮演和思想实验用的。如何做思想实验的方法也许会颇有帮助。在杰卡德和雅可比眼里，思想实验就是你在自己的心里做实验，就像你在真正获取数据并对结果进行分析一样。于是，你就可以试着增加一些新的变量，或者把不同的情况引入实验情景，例如反事实情况（Tetlock & Belkin，1996）。所谓反事实情况，就是"要是出现"的情况，例如不是让行政管理人员而是让家长来主管公立学校。采用这种策略，研究者可以处理一些一般思维下不可能提出，或不受待见的理论选项。

---

**框 2.1　头脑风暴练习**

先定义一两个感兴趣的变量或构念。然后，生成一个其他变量或构念清单。这些变量能在某些方面扩充原始变量，或者，能阐明原始变量之间的关系。在你最终挑选上的研究问题中，这些列出的新变量可能是自变量、因变量、调节变量或中介变量。有了这个头脑风暴生出的清单后，再回过头来删除那些你不感兴趣或看起来不值得研究的问题。最后，再看看你能否定义出一两个研究问题。这些问题能比较好地契合事先确定好的那两三个变量或构念间的关系。随着研究工作的推进，你终归要对每一个变量进行操作性定义。

下面几个例子是头脑风暴练习的结果，取自不同的专业。

**政治学**

假设对公民参与市政会议感兴趣。列出可能影响该变量、可能受该变量影响或者与该变量有关的变量或现象。示例研究问题是："市民参与市政会议对立法决策有什么影响？"

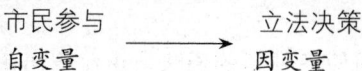

市民参与 ────────→ 立法决策
自变量　　　　　　　　　因变量

**教育学**

假设对享受福利而重返学校的单亲妈妈感兴趣。列出可能影响该变量、可能受该变量影响或者与该变量有关的变量或现象。示例研究问题是："为享受福利的单亲妈妈提供儿童托管服务，这对她们重返学校有什么影响？"

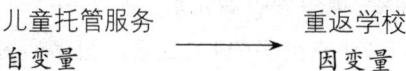

儿童托管服务 ────────→ 重返学校
自变量　　　　　　　　　因变量

**刑法学**

假设对邻里犯罪协防计划与抢劫率之间的关系感兴趣。列出可能影响或扩充这两个变量之间关系的各种变量。示例研究问题是："在城市和乡村环境中，邻里犯罪协防计划对抢劫率有什么影响？"

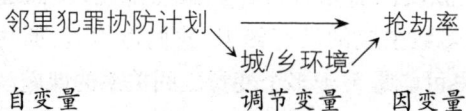

邻里犯罪协防计划 ────────→ 抢劫率
　　　　　　　　↘城/乡环境↗
自变量　　　　　　调节变量　　因变量

**心理学**

假设对体貌吸引力与自尊之间的关系感兴趣。列出可能扩充或影响这两个变量之间关系的各种变量。示例研究问题之一是："体形和貌相吸引力对自尊有什么影响？"另一个示例研究问题是:"体形在体貌吸引力与自尊之间的关系中有什么中介作用?"

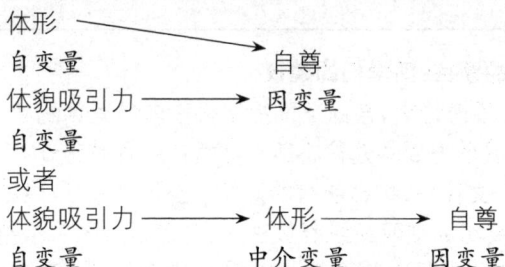

体形 ⟍

自变量　　　　　　→　自尊

体貌吸引力　——→　因变量

自变量

或者

体貌吸引力　——→　体形　——→　自尊

自变量　　　　　　　中介变量　　　因变量

现在,让我们借助框2.2,以提纲的形式来结束本章的讨论。该框会提示你,在撰写开题报告过程中你需要考虑和回答哪些问题。大体上,你的开题报告应该在三个方面说服论文指导委员会。

1. 你的问题是否清楚,是否有研究价值? 对问题的回答能否扩展相关研究领域的知识?

2. 你的问题是否植根于之前研究的背景? 你是否已经充分掌握并考虑过相关的背景文献?

3. 拟采用的研究方法是否适合探讨你的问题?

---

**框 2.2　开题报告过程中学生需要完成事项的提纲**

**文献综述**

　　本领域中的经典、权威或有影响的研究有:

　　拟研究课题所在领域的专业学刊有:

　　我希望自己有所贡献的子领域的文献有:

　　自己研究领域的专家有:

**问题表述**

　　通过本研究,我可能帮助解决的学术问题是:

　　通过本研究,我可能帮助缓解的道德、政治、社会或现实问题是:

**方法**

　　我准备用来回答问题、证明论点或获得更多详细、更实质性知识的方法是:

　　其他可用的方法有:

　　使用拟用方法的三项重要研究是:

　　拟用方法适合我的问题、假设或主题的理由是:

　　拟用方法的可能弱点是:

　　使用拟用方法所需的技能有:

　　关于这些技能,我所需要获得的有:

　　我获得这些技能拟采用的方式是:

## 窍门箱2.1

**选择合适的题目：同学们的建议**

多年来，同学们就如何顺利完成硕博论文，彼此之间提了很多非常有用的建议。下面的建议是关于论文早期工作的，其他方面的建议将适当穿插在后面的章节中。

1.在你自己的计算机上建立一个文件夹，把你所有的好想法都放进去，以供将来使用。把所有自己将来可能要做或要用的东西统统都放进去，包括要从图书馆借阅的书和文章，可能要引用的文字，未来要做研究的灵感，未来可能有用的半成熟想法，等等。

2.把自己的选题看作一幅很大的有缺块的拼图。这个缺块就是你要通过研究为本领域所填补的内容。为了发现到底缺了哪一块，你就得阅读大量的文献资料，越多越好。

3.动手之前，先阅读几篇论文指导委员会主席推荐的优秀学位论文。

4.随着论文工作的推进，为了把研究规模控制在一个人单独可以完成的范围之内，你就得压缩问题。不要泄气，即使是很小的问题，也可以服务于很大的目的。

5.为了使选题在整个过程中始终有意义，一直要想象一组很想知道你的研究结果的听众群。哪怕你想象的是世界上只有25个人在乎你的研究结果，也要使他们活灵活现，时刻出现在你心中。

6.尽早动手，并建立一个论文工作进度表。同学们和我都发现，这样做帮助很大。进度表能使每个人明确每个阶段的工作目标，方便定期性的进度检查。把进度表与家人朋友分享并张贴在大家都看得到的地方，这样大家就可以天天看到，效果会更好。

7.和那些自己可能感兴趣的专家取得联系。这不可能有什么坏处，却可能非常有帮助。

8.至少参加一次在异地召开的自己感兴趣的专业学术会议。我参加过一个有我感兴趣的家暴问题交流的学术会议。会议让我发现，关于自己的题目，我知道的远比自己想象的多。我和一个交流者分享了自己的研究想法。回来之后，我精神大振，急不可耐，很想一下子完成自己的学位论文。

# 探究的方法：定量和定性的取向 3

　　相对于非正式的、直觉式的探究，学术和科学探究的主要特征是，它通过理性的方式来拓展知识，这些方式又被学术界公认为可信、有效。学位论文的写作过程是你融入学术界的礼仪，所以作为学生，掌握本专业的学术方法是必要的。到底要用哪种方法，取决于你所在的学科和具体研究问题的性质。在社会科学中，虽然还没有普适的路线，但是，却有着不可忽视的丰富多样的研究传统以及对于方法的共识：所用方法必须经得起理性论证。这就是说，科学方法与非正式探究方法的不同是，科学方法凭借已经效验过的公开程序来生产可靠的知识。

　　在社会科学中，目前就什么构成知识，什么又构成获取知识的方法，仍然存在不少争议。研究是如何向专业知识库贡献知识的？看待这一问题的方法之一是我们的同事玛琳·弗雷姆斯(Marilyn Freimuth)所提出的三级知识结构(具体陈述如下)。

　　**价值观/认识论层级**。这是基本的世界观假设，是研究领域中内容和方法的基础。认识论是对知识本质的研究，价值论则是对伦理、价值和审美观的研究。因果关系解释原则和开放系统概念都是价值观/认识论层级构念的例子。

　　**理论层级**。这指的是模型和理论层面。理论是数据解释的前提；更通俗些讲就是：理论就是让数据来说明事情是怎么发生的。例如经济学中的损失厌恶理论(Tversky & Kahneman, 1991)和心理学中的大五人格理论(McCrae & Costa, 2003)。在社会科学中，"理论"和"模型"两者并非泾渭分明，所以两个术语经常交换使用。在最基础层面，"理论"和"模型"指的都是概念之间的关系。在我们的讨论中，"模型"指一种高阶理论，是一种更抽象层面上的表征系统。这个系统既可以给其他理论提供信息，也可以接受其他理论提供给它的信息，很像指导性框架或世界观，即托马斯·库恩(Kuhn, 1996)所谓的"范式"。这样，就可以把精神分析看作一个模型，一枚广角镜。通过它，就可以观察和了解人类行为的奥秘。每个模型都含有一定的假定。精神分析说的假定就包括，把因果决定论和无意识动机统一起来很重要。请注意，这里的"模型"与第2章"工作模型"中的"模型"有些不同。

**经验层级**。在认识论里，"经验主义"坚持，知识是通过感官的体察而获得的（这是希腊语中"经验"一词的本义）。经验主义常与理性主义形成对照。理性主义是哲学和宗教传统中得出结论的一种更自然的方法；它坚持，知识是纯粹通过思考和推理取得的。这里经验层级，包括了科学研究中的假设、方法，以及数据/资料。假设是对问题的暂时回答，通常是基于理论的回答。

在这个三层级的框架中，研究的主要作用就是把理论与经验联系起来。一方面，理论需要数据/资料的支撑以维持其活力；另一方面，方法所包含的假定本质上就是理论性的。请注意：研究发现对价值观/认识论层级，甚至基本模型层级，并没有什么直接贡献。这两个层级反映的是基本价值取向和个人偏好；这些取向和个人偏好很少会因数据的增加而改变，尤其是学术研究所产生的数据。很难想象：一位精神分析心理学家转变成为行为主义心理学家，或者，一位共和党人投入民主党的阵营，而他们的价值观却没有发生重大转变。但是，做一系列研究所能积累的智慧并不太可能导致这种重大转变。由于大多数的研究者对特定价值都有强烈的认同感，且在工作中带有个人偏好，因此，学会把信念与观点区分开，把信念与可核验的、有数据支持的想法区分开，就显得尤为重要。

简要回顾一下科学史就会让我们更加谦逊，知道通过研究发现真理只不过是一种误解，应该识破。开颅术曾被认为是驱散精神病魔的可行方法；太阳围绕地球转的观点距今也不算遥远。谁又会知道今天的哪些科学真理，明天会成为类似的笑话呢？其实，研究的贡献，不过是一系列能发人深省的、能支持或质疑理论有效性的观察结果；而这些理论却是建立在一组很大程度上无法检验的信念和假定之上的。每隔一段时间，学术界就会适逢良机，发生巨变，出现一个新的范式；它似乎能更好地解释已有数据，并为进一步的研究提供向导。

社会科学中的每一个学科和每一类研究者，似乎都有自己所偏好的生产知识的方法。例如：公众舆论研究通常凭借调查法；婴儿精神分析研究好用观察法；组织有效性研究可能使用行动研究法和案例分析法；政治和社会事件的历史研究，所依赖的是档案记录和内容分析；知觉过程的实验室研究，则注重实验控制和假设检验。一定要问清楚，在你所选择的领域，怎样的研究才能算作合法的可信知识。毫无疑问，答案部分地取决于认识论上的假定和价值观。当然，研究所用的策略也会因研究问题和研究结果的不同而异。后面就会看到，选择方法时最为重要的，似乎是研究者与所研究课题之间关系的本质。

我们认为，社会科学领域的研究生，在学位论文选题时常常比较短视。大多数的社会科学学生很早就学过：自变量与因变量不同；实验研究意味着通过操作使自变量发生变动，从而观察因变量所受到的影响。这一基本的、老牌的策略，在系统评价化肥对农业生产能力的影响方面已经有一段历史了（Cowles，2000）。在社会科学以人作为研究对象的研究中,这一策略仍然是研究的基石。但是,它肯定不是唯一的方法。

科学知识中唯一普适的是:要通过符合逻辑的论证和证据来得出结论,且这些结论是被认定为暂时性的、有待进一步修正的结论。出色的科学家们在行动中常常会偏离"正统"的科学观和规范的方法论。美国心理学协会前主席威廉·贝万(Bevan, 1991)就曾经指出:

> 如果你想了解真正的科学方法,那就不要去听那些富有创造力的科学家说他们的正统信念体系是什么,而是要去看他们如何做研究。在好的、有效的科学研究中,研究者一定会全身心地投入研究,而不会有意识地去思考自己的信念系统;相反,他们会非常实际,一切都从拟解决问题的具体需要出发。(p. 478)

评价一项研究的关键是:**所选用的方法对研究问题是否足够严密,是否适当;研究是否有概念和理论基础**。你对各种其他研究策略越熟悉,你所选取的研究方法就越适切。常见的问题是,学生出于对某种研究方法的钟爱,在还没有确定研究问题之前,就确定好了要用的研究方法。除非论文是对某种新的、很有前途的方法做例解,否则这就是本末倒置。一般而言,方法取决于所研究的问题,问题决定着方法。

## 定量取向

整个20世纪,社会科学中大多数探究的认识论基础都是逻辑实证主义这种思想范式。根据这种范式,一切知识都来源于直接观察以及基于直接观察结果的逻辑推断。对人类问题进行客观研究的这种想法,在很大程度上源自社会科学家对自然科学的迷恋;为了探求了解自然,自然科学隔离现象,观察现象,并用数学模型来描述自然现象的规则性。目前的社会科学研究,受经验传统和定量传统的影响已经很深。

对于揭示各种关系和规则性,并将这些规则性用数字表述出来,统计方法非常有用。描述统计对规则性加以描述;推断性统计则根据概率论,把在样本中的发现推广到有关的总体之中。克林杰(Kerlinger, 1977)重点关注推断过程,把统计学定义为:

> 一种对样本观察所获数据进行分析的理论和方法,其目的是研究和对比现象的各种变异来源,帮助做出接受或拒绝现象之间关系的假设,辅助人们根据经验观察做出可靠的推断。(p. 185)

要注意的是,自然科学研究范式的重点是研究平均或群体效应,而不是个体差异。因此,根据该范式所得到的推断是关于人群或事件群的,即概率性的(例如:"调查发现,大多数人认为警察在与罪犯打交道时过度使用暴力","情感表露与有效应对自然灾难相关联"）。

在实验性研究中，人们用定量研究设计来确定组间或类间的总体差异。因此，非常强调精确测量和对无关误差来源的控制。这样做的目的自然是把所关注的变量（自变量）离析出来，使之变化，并观察变化对第二个变量（因变量）的影响。这一过程通过对无关变量的"控制"，使研究者可以推断两（多）个所关注变量之间的因果关系。

控制的方法通常有两种，皆建立在随机原理之上。一种方法是随机抽样，另一种方法是随机化处理。随机抽样就是从潜在的参试者对象中"随机"地抽取受试；这样，总体中的每个成员都有相同的机会或已知的概率被选上参加实验。随机取样允许研究者把样本研究结果推广到总体。随机化处理则是把参试者随机地分派到不同的参试者组或者不同的实验条件之下，从而使每个受试都有相同的机会被分派到每个组或者每个条件之下。这样，除了实验操纵或处理之外的任何受试特性，都会呈随机分布。于是就可以推断：各组之间的结果差异，一定是析出变量所引起的结果。

不幸的是，在以人作为研究对象的社会科学研究中，这种实验控制经常都行不通。例如，在心理学中，实验室研究因其严格的实验设计而享誉历史；但是，对于临床或社会领域里的研究，就无法按照实验方法的要求实施控制。在社会学、教育学，以及政治学的田野研究中，这一难题同样突出。例如，普利策奖获得者地理学家和生物学家贾德·戴蒙（Diamond, 2005）就曾做过定量的"自然实验"，以考察太平洋诸岛去森林化的问题。他和同事巴里·罗来（Barry Rolett）对太平洋上81个岛屿的去森林化程度进行了量化定级，并通过统计，用9个变量（如降雨量、远离人类的程度、土壤肥力恢复）一起对这样的结果进行了预测。在实际生活中，是不可能用两种截然不同的方式养育儿女的；在道德上也无法容忍通过有控制地对孩子施虐来研究虐待对儿童的直接影响。不过，可以使用纯实验设计来模拟研究这些变量。例如，可以让父母在孩子表现出某种行为时采取具体的干预。对于变化问题的研究（例如评价某种处理或某个项目的有效性），实验法也可能适用。即便如此，也可能无法把受试随机地分派到接受处理或干预的组和不接受处理或干预的组。关于如何对需要处理的受试不施加处理，已经提出了不少的巧妙方法以解决其中的伦理问题，糖衣丸法和等候名单控制法就是其中的两种（Kazdin, 2002）。

更典型的情况是，可供社会科学选择的研究方法似乎是某种准实验法；这种方法虽然在实验控制方面有些放松，但仍然保持了实验研究的论证和逻辑（Kline, 2009; Shadish, Cook, & Campbell, 2001）。这是一种系统的实证研究方法。研究并不使用控制组，或者，不把受试随机地分派到各种条件之下，原因是事件已经发生，或者，本来就无法充分操控。在准实验设计中，所谓的因果陈述变成了相关性陈述，尽管依然可能以因果形式对事件序列做出推断。这就是为什么，以理论模型作为基础对实证研究是至关重要的。模型本身的作用，就是告诉你怎样解释研究结果才有意义。但是，由于准实验研究缺乏真正的实验操控，很难在一定的置信水平上进行因果推断，所以，通常把自变量叫作"预测"变量(Kline, 2009)。

不管什么时候，只要有受试自愿进入某个组别的现象，在解释结果的意义时就得谨慎。有这样一个笑话，美国各州的骡子数量与博士人数之间存在明显的负相关关系。一个州的骡子数越多，该州的博士人数就越少，或者反过来，一个州的骡子数越少，该州的博士人数就越多。在统计学上，对这个经验观察结果可以用一个相关系数来描述。要是没有作为基础的理论模型把这两个变量通过第三个(中介)变量(例如城市化)联系起来的话，那么，研究者就会受迫得出：这两个变量之间存在因果关系。请注意，这一简单的相关研究，至少在理论上是可以转化为实验研究的。例如，将大群骡子赶入某些州，看博士们是否会因此离开；或者，让博士离开某些州，看骡子数量是否会增加。

尽管这并不是一本专门探讨研究设计的书，但还是要指出，你所采用的具体研究策略是会影响你的论文的最终形式的。无论一项研究所采用的是真实验设计、准实验设计，还是横向调查设计，社会科学中最常用的策略是群组间的比较。这就是说，对每一个实验或控制条件，都有一个独立(随机分派)的受试群组与之对应。这一策略的最常见变体是前测—后测对照组设计。这种设计要用到两个等价的受试组，两个组都要接受前测和后测；唯一的区别是，只对其中的一个组进行实验处理(参见表3.1)。

由于有了对照组这个比较基准，对干预结果进行评价就有了可能。例如，可以用这种设计来评价配偶进入康复计划后，心脏搭桥病人在术后护理中是否更加配合。也可以设计一项研究，评价汽车加上气囊后对乘客受伤情况是否有影响。同一款车，有的装上气囊，有的没有装，这样，受伤种类和比例的变化就是因变量的量度(气囊的影响)。

前测—后测对照组设计直截了当，足可以把实验干预的效应归因于干预本身，而不是其他无关变量。但是，如果受试不是真正随机地分派到不同条件之下时，按照这种逻辑对研究结果的解释就要打些折扣了。例如在上述安全气囊研究中，如果汽车和驾驶员都不是随机分派的，那么，天性求稳型的司机很可能会选择安全性更好的汽车。由于分派并不总是随机的，因此，对于两个组的"等价性"的论证就至关重要，哪怕这两个组并不是源自同一个受试总体。论证的方法之一是，在对于解释结果非常重要的关键变量上使两个组的受试相匹配，例如在年龄、性别、症状学等指标上匹配。在本例中，参试者以前的驾驶记录就是关键变量。

在前测—后测对照组研究的基本设计中，并没有充分控制前测有可能对受试产生的影响。有些评估可能会让受试敏感，使他们意识到自己是在参加一项研究，或者只提供自己的实践体验。这都会污染后测结果的有效性。虽然只需对后测简单设计

表3.1  前测—后测对照组设计

|  | 前测 | 处理 | 后测 |
|---|---|---|---|
| 实验组 | 有 | 有 | 有 |
| 对照组 | 有 | 无 | 有 |

就可以解决这个问题,但却很少有人这么做(Campbell & Stanley, 2005)。不管你如何选择基本研究设计,你都得自己认真地、创造性地思考两个方面的问题:一是潜在误差源问题,二是关于发现的其他可能解释问题。

实验设计大都是上述"处理和对照组"范式的某种变体[1]。这种设计的好处是,研究者可以对变量之间的关系做因果推断。相比之下,相关(或自然观察)设计通常并不能揭示变量之间的因果关系。任何关于因果关系的结论,只能根据现象背后的理论来推断,而不是根据研究结果来推断。

无论是实验设计还是相关设计,都可以产生一定的数据;对于这些数据要进行适当的统计推断分析。方差分析(ANOVA)、$t$检验等统计技术经常被用来评价干预是否有效或组间是否存在差异,也被用来比较组间差异的大小(如处理效应)和由于个体差异引起的组内差异的大小。这些技术是实验研究的传统代表。但是,相关研究范式的逻辑则非常不同(Cronbach, 1975)。相关研究靠的是对两组数据分布进行比较,这两组数据广泛地分布在两个不同的维度(如寿命和饮酒情况)之上。在社会科学研究中,由相关分析传统发展出来的统计技术(如回归分析)深受问卷型研究、调查型研究,或者量表和连续变量之间关系研究者的青睐。在典型的相关研究中,通常无法把受试随机地分派到不同的群组,于是,我们就有了第二种社会科学研究的主要控制手段——统计控制。统计控制试图通过复杂的统计程序来消除组间差异或关系量度结果中的各种无关变异,即由自变量之外的其他变量引起的变异。但是要清楚,就变量之间的关系能做什么样的陈述,起主要决定作用的并不是你选择了什么样的统计方法,而是你采用了什么研究设计。

对于评价定量数据,实验传统和相关传统都有各自的适当地位。鉴于本书的主题,对此两者的详细比较只好割爱。重要的是要记住,虽然统计分析是科学推断的不可缺少的工具,但无论应用得多么恰当,都无法弥补研究设计本身的缺陷。在很多情况下,源于实验范式的统计方法和源于相关范式的统计方法都同样合法有效。事实上,对于同一组数据,我们通常可以用多种方法来分析。例如,如果你是在考察预防控制点与门诊次数之间的关系,那么,你既可以使用相关系数来表述这种关系,也可以根据控制点的人格特征将样本分为两个或多个组,然后再比较各组的门诊次数。一般来说,把数据"扔掉"并不是什么好主意(例如,有连续的控制点值,你却随意地把连续值缩减成两个或多个离散值,如内部或外部类型等,这就是在扔掉数据)。但是,

---

1  还有其他许多可以控制外生变量的统计模型,此处说明的只是最常见的两种。

要进行诸如此类的决策是需要统计专业知识和理论功底的。

表3.2总结了在研究设计中如何控制无关因素的方法技术。

关于定量研究的使用,这里我们还想补充两点。第一,社会科学中存在过分强调发现的统计显著性而低估发现的实际意义或社会显著性的倾向。换言之,单凭差异在某一概率水平上(通常为0.05或0.01)显著,还不能说该差异就有什么实践意义。例如,在抑郁量表上5个分点的差距很可能在统计学上有意义,但在实际应用上却不一定有意义。学生经常以为,研究的目标就是追求统计显著性,而不是对行为做出有意义的推断。统计效力分析之父雅各布·科恩(Cohen,1990)关注相关分析的主要原因是,相关性分析要产生一个$r$值,它能度量效应的大小。也就是说,与概率($p$)值不同,相关系数能够直接显示变量间关系的大小,比统计显著性提供了多得多的信息。科恩(Cohen,1990)接着指出,有些时候,研究者从所见中得到的信息,要比从计算中得到的信息更多。因此他主张,在进行复杂的统计分析之前,要更多地用图像展示数据,用简单的散点图和"茎叶"图展示数据,或者用类似这样的具体图像展示取代复杂的统计分析。(第6章在讨论结果展示的策略时,我们将进一步探讨这个话题。)

第二,在考虑社会科学研究者可以使用哪种设计和控制时,我们强烈建议你了解一个基本的两难问题:好的研究是在控制与有意义之间不断地取得平衡。一个极端强调,消除尽量多的混杂变量的影响,从而控制变量的观察和测量结果。这样的结果可能是,得到了一个严格的实验室研究,发现也具有信服力,但发现本身却没有什么特别的意义。另一个极端则要求,对复杂的人类行为进行实地观察时要不加任何控制,于是得到的结果看上去很迷人,但却很不可信,很难重现。社会科学研究一直就在两个极端之间来回摆动,一端强调测量结果的精确性和研究结果的概括性,另一端却强调研究的深度和对情景的说明。今天,这一钟摆似乎摆向强调意义的一端。对研究认识论的重新评价,再加上巨量的研究策略方法,加快了这一摆动的速度。

**表3.2 控制无关因素的方法:对比组,控制组,统计方法**

| 技术 | 控制类型 | 例子 |
|---|---|---|
| 随机化 | 方法 | 把案例随机地分派到实验和控制组 |
| 精确匹配(两两配对) | 方法 | 在处理相关变量上对受试配对,并把受试随机地分派到不同的处理条件下 |
| 频数分布匹配 | 方法 | 实验组和控制组的平均值在处理相关变量上匹配 |
| 对比组 | 方法 | 对比两个相似组,无随机分派或匹配 |
| 层次回归 | 统计 | 在评估主研究变量之前把潜在混杂效应引起的变异剔除掉 |
| 协方差分析 | 统计 | 在评估主效应和交互效应之前把"协变"引起的变异剔除掉 |

## 定性取向

使用实验设计和准实验设计的研究者，试图把研究过程尽可能地控制住，把注意力集中在相对小一些的行为范围之内（常常通过操控实验条件，把研究对象进一步缩小成一个变量），使自己与受试保持一定距离，以一个超脱的、客观的行动观察者介入研究，让研究结果不受影响。社会科学研究的另一相反趋势则呼吁，大家要躲开实验研究中的造作和狭隘，为此，应该提倡使用那些研究者可以更自发、更灵活地在自然环境中探索各种现象的方法。这些方法中，有些对传统社会科学研究在认识论和哲学基础上发出了挑战；传统研究更兼容这样的文化信念：存在一个可知的世界，社会行为具有共性，真理要通过方法才能获得（K. J. Gergen, 2001）。在后现代主义者的世界观中，研究要坚守逻辑经验路线，这并非天衣无缝；这挑战了科学方法是获取真理的工具这一信念的神圣性，并倡导信念和明显"现实"都是人类所造而非自然所赐，因此才在不同文化、不同时代，以及不同环境中以不同形态表现（Neimeyer, 1993）。"建构主义"这种认识论认为，被人们看作客观知识和真理的东西不过是视角的产物。在建构主义者看来，知识不是从已有事实中"发现"或"发掘"出来的，而是由某些活跃的、有吸引力的头脑发明构建出来的。

尽管建构主义流派很多（关于建构主义多种路线的概要，请参见 Holstein & Gubrium, 2008），但焦点都是，人类如何创造意义系统以理解自己的世界和经验。"社会建构主义"通常认为，典型的意义并不是在个人的认知过程中创造的，而是在作为社会交流过程组成部分的人际关系中创造的。可见，关注的焦点不再是孤立的认知者，而是知识如何植根并依赖于历史因素、文化因素及环境因素。描述人或事件不再只是像镜子般映现"那儿有什么"，而是理解意义是如何在社会活动中建构出来的，是如何受语言和价值观介质的影响的。

定性方法通常与建构主义认识论联系在一起，因为，定性方法倾向于从身在其中的生活参与者的角度理解生活经历。然而，事情并非必须如此。定性研究世界中充满了各种其他观点。在一个极端，有人质疑在人类行为和社会系统研究中用逻辑实证主义是否有效，认为中立的、超脱的调查者只不过是一种理想，根本就不可能存在（参见 Feyerabend, 1981；Popper, 1965；Toulmin, 1972）。受现代物理学的启发，质疑者提出：观察者的出现必然会改变所要观察的内容；事实上也不可能把调查者与所要调查的内容截然分开。女权主义理论家又提出其他的理由来批评传统的实验方法，指出实验法造就了一种权力等级制度，让万能的研究者（经常是男性）指挥、观察、记录，有时甚至是欺骗受试（Peplau & Conrad, 1989）。还应该指出的是，用不用实验法，与研究者是否在自己的研究中搞性别歧视并不挂钩。

表3.3　定量与定性研究在策略上的常见差异

| 定量 | 定性 |
| --- | --- |
| 1.用数字表述数据 | 1.用文字表述数据 |
| 2.假设演绎 | 2.归纳 |
| 3.控制研究环境 | 3.自然发生和具体情境 |
| 4.隔离操作性定义的变量 | 4.整体现象观 |
| 5.追求客观性 | 5.关注主观性 |
| 6.强调预测和说明 | 6.强调描述、探索、寻找意义 |
| 7.研究者指导、操纵、控制 | 7.研究者参与、协作 |
| 8.统计分析 | 8.文本分析 |

科学哲学层面上的这些发展，对研究方法的影响非常深远，特别是最近20来年。目前，已经演化出了很多备择的研究范式。社会科学中的很多研究生，都在使用这些范式进行自己的学位论文研究。这些方法带着各种标签，包括"现象学""阐释学""自然主义""体验主义""辩证主义"等。关于这些不同研究策略的最常用类属标签是"定性研究"。克罗迪（Crotty，1998）坚持，定量研究与定性研究之间的根本区别在方法层面，而不在理论或认识论层面。而且，定性研究者并没有一套专属的方法（Denzin & Lincoln，2011）。他们会充分利用访谈法、文本分析法、调查法、参与式观察法，甚至统计法。随着时间的推移，就演化出了不同的研究传统，每个传统都有自己研究特定课题的独特视角。例如，对儿童进行精神分析，对文化进行民族志研究等。在这些领域内，研究者可能使用多种具体方法，例如民族志研究者既用访谈法又同时用观察描述法。一般地，定性研究更强调过程和意义，而不是量值、强度及频次（Denzin & Lincoln，2011）。如前所述，新一代的定性研究者强调现实的社会构建性本质，强调研究者与研究内容之间的密切关系，强调影响研究的综合环境。

随着不同专业为了满足自身需要而改变自己看待方法的角度，定量研究与定性研究之间的界限越来越模糊不清。在此，冒着过度概括的危险，我们列出定量研究与定性研究之间经常强调的八大区别。这些区别也浓缩在表3.3中。

1.最明显的区别是，在定量研究中，数据是用数字表示的，而且数字是量度、描述、检验和概括研究者所关注变量的规度。在定性研究中，所选择的表述工具是语词。不过，在有些定性（或混合）研究中，可能对词语编码、分类、以数字形式表示并加以定量分析。

2.定量研究倾向于沿假设—演绎逻辑设计研究，在采集数据之前就规定好了变量和假设的细节。也有一些研究不是，例如调查研究和因子分析研究就不是。这类研究更具探索性，解释发现的逻辑也不是演绎性的，而是归纳性的。相反，定性研究则从具体的观察结果开始,逐渐朝着找出案例中的一般规律方向行进。开始观察之前,研究者既不携带某种组织结构,也不对数据之间的相互关系做任何假定。但是,这并不意味着事先就没有对研究进行彻底规划。

3.定量研究者常常试图控制研究场所和研究环境,以便把焦点放在少数几个变量上。实验研究尤其如此,准实验研究的程度要低一些。而定性研究者则试图在现象的自然发生环境中了解现象,让环境保持原本的复杂性。但是,不能因为一项研究是田野研究,就断定它是定性研究。

4.定量研究寻求对少数几个变量进行操作性定义,把变量隔离出来进行观察和研究。这与定性研究形成反差。定性研究则更具整体性,旨在通过对完整现象的探索,来了解一个人、一个项目或情景的心理丰富度和深刻度。

5.定量研究寻求客观性,尽可能地使各种程序和方法标准化,加大研究者与参试者之间的距离。定性研究者则注重参试者的主观性,并不把参试者的独特性看作"误差"来消除或最小化,而把独特性当作研究环境的不同方面加以关注。

6.定量研究的目的是预测、控制、说明或检验理论,或者三方面都有。预测在什么环境下一些事件会引起其他事件,或者,一组变量与其他变量相关联,这有助于说明社会科学中的很多重要现象。定性研究的目的则更注重描写、探索、寻求意义或理论建设。定性研究的路线更倾向于发现些什么。

7.在定性研究和定量研究中,研究者的立场是不同的。定量研究者通过操控研究条件和提供给参试者的信息来推动研究;定性研究者通常邀请受试参与研究,有时作为正式的合作者,向研究者提供某些不可观察方面的体验。这些体验,研究者是无法通过其他方法获取的。

8.定量研究依靠统计方法来分析数据。具体包括使用描述和推断统计来确定各变量之间的关系、团体差异的显著性或者干预的效应。在定性研究中,要对有些文本进行分析,从而把反应划分成不同类型,并找出主题,然后加以主观评价,以阐明所关注的现象。尽管也会探索个体差异以加深对于现象的了解,但这些个体或团体差异已不再是研究的焦点。定性研究用差异来建立理论或促进理论发展。

研究方法的选择是否适当,这需要具体情况具体分析,而且还在很大程度上取决于专业领域内部的具体标准。例如,定性方法就尤其适合19世纪出现的人类学和社会学中的民族志和田野研究。几乎同一时期,心理学家和精神病学家也发展出了详细的研究病人案例史的方法。尽管任何关于定性方法的分类都可能失之过简,但是,今天使用定性方法的研究生学位论文却非常普遍。当代社会科学研究生学位论文中常用的方法有:现象学研究,民族志调查,扎根理论,叙事研究。本书对这些方法做了较为详细的介绍。

正如克罗迪(Crotty, 1998)澄清的那样,一切方法论和方法(方法论可以看作是指导选择具体方法的策略、行动计划或设计，是数据采集和分析的程序和技术）都来自为方法选择提供理论背景的哲学立场。理论和方法需要合乎逻辑地联系在一起。尽管如此，不同的理论观点也可能使用非常相似的方法。例如，案例研究有在文献中采集数据的丰富传统。不过，观察知名政治人物，了解政治运动战术，与测量自闭症儿童干预处理前后的社会行为之间，存在着很大的差别。虽然所有这些例子都可以根据形式归为案例研究，但是，它们却源自不同的研究视角。由于各种研究范式之间存在严重的近亲繁殖现象，因此提醒大家要能容忍类别重叠现象（Lincoln & Guba，2000）。我们再次建议，要根据对所研究问题的敏锐性和适切性来选择方法，而不要管方法的来源。

### 现象学研究

现象学家对实证科学提出异议，认为科学世界并不是我们每日所体验到的"鲜活"世界。被誉为现象学创始人的埃德蒙德·胡塞尔（Husserl，1970）认为，传统科学使人远离生活在其中的真实世界。把理论、概念、假设放到一边，就可以开始对纯人类体验有直接的无偏见赏识。本身，现象学运动就是胡塞尔"回到事物本身！"这一名言启发的产物。

如果读者对现象学哲学基础的来龙去脉感兴趣，请参阅克罗迪（Crotty，1998）、乔治（Giorgi，2009），以及甘勃林、荷尔斯泰因（Gubrium & Holstein，1997）的分析。具体而言，克罗迪坚持，现象学研究实践（尤其在北美）对参试者主观体验所接受的主观性和随意性程度，都超过了理论所建议的程度。甘勃林、荷尔斯泰因（Gubrium & Holstein，1997）讨论了现象学如何成为各种解释性研究策略的哲学基础，包括民族志方法学（研究日常谈话和社会交往的意义）和会话分析（研究这类谈话和交往的结构）的哲学基础。

正如通常的理解，现象学研究关注的是人的体验及其语言表达，是尽量忠实真实生活的语言表达。因此，现象学研究试图描述和阐释人类体验的意义。与其他研究形式不同，现象学试图通过自我体验描述，直达意识之下的结构，即思想的本质。现象学取向的研究者的典型做法是，把访谈或拓展对话作为数据来源。对于现象学研究者，倾听、观察、与受试建立友善关系等，都是重要的研究技能。研究者对出现的主题要始终保持警觉，但也要自我克制，不要在时机不成熟时就贸然对观察结果的意义套上结构或进行分析。基础观察结果记录下来之后，就可以把数据缩减、重构，或者作为公共文件加以分析。

绝大多数作者都很少区分两种现象学研究（Polkinghorne，2010）。一种叫作"经验"现象学研究的分支直接源自胡塞尔的哲学观点，其代表为杜肯（Duquesne）大学的研究传统,开始于范·卡姆(Kaam, 1966)的"感觉被理解"研究。乔治(Giorgi, 2009)的研究工作是这种方法的很好例解:研究者通过开放式问题以及与参试者的对话来收集关于某现象的朴素描述材料,然后再通过对参试者故事的反思分析和解释来描写体验的结构。这与胡塞尔的观察一致:心智把事物辨识为类别指标,而不是辨识为原始感觉数据。

第二种主要类别是"存在"或"解释"现象学研究(Polkinghorne, 2010)。这种越来越受青睐的研究路径,汲取了胡塞尔学生海德格尔的存在论贡献。海德格尔感兴趣的是个体的独特性,而不是把人分门别类的方案。解释现象学是关于不同个体如何赋予和理解类似生活事件意义的学问。研究中的不同参试者如何理解和讲述自己退伍回家的感受,这也许就是一个很好的例子。

现象学研究创始人之一的穆斯塔卡斯(Moustakas, 1994)把自己的现象学研究方式叫"启发式研究",意思是"去发现"或"去寻找"。[1]该方法要求研究者一开始先提出一个问题。这个问题,只对研究者个人了解自己与世界之间的关系有意义。穆斯塔卡斯早期关于孤独感的研究就是一例。根据穆斯塔卡斯的观点,启发式研究与杜肯式研究的一点不同是,与结构分析法相比,在启发式研究的整个过程中,研究者都与参试者个体故事保持更密切的接触。同时,启发式研究的范围比参试者的单一生活片段更宽广;除了叙事描述之外,还从故事、自我对话、札记、日记,以及艺术作品中采集数据。

我们的好几位博士生,就是以现象学取向的定性访谈为基础做的学位论文。例如,劳瑞·弗朗西斯(Francis, 2012)关于教育领导方向的学位论文,就用访谈和写作活动来确定,什么样的教学经历能够影响教学领导者养成自己在课堂上严格执行课业规矩的能力。还有一个学生探索人是如何从意料外死亡危险经历中获取意义的。维罗妮卡·克拉克(Clark, 1997)对十个经历过运动场死亡威胁的参试者做了开放式访谈。她对采访结果的分析和反思以无韵文和无韵诗(叙事诗的一种)的形式表述,揭示了死亡威胁事件如何迫使参试者体验到多重现实,如何更深刻地理解人类的多层次体验。最后再举一个名叫莎龙·佘曼(Sherman, 1995)学生的例子。她所完成的博士学位论文,在很大程度上属于现象学研究。论文探讨的是哮喘病患者的生活意义。通过对成年哮喘病患者的访谈,她创建了一个理解这类病人体验的概念模型。

### 民族志研究

民族志研究范式包括人类学描述、自然主义研究、田野研究,以及参与式观察。民族志研究者通过对特定人群行为模式、习俗,以及生活方式的观察,试图捕获并了

---

1 穆斯塔卡斯所著的《现象学研究方法》已经由重庆大学出版社引进出版。——译者注

解这些人群生活的具体方面。研究的焦点是，从信息提供者那里取得关于自己在自然环境中所表现出的日常行为的完全且详细的描述。特别强调对特定社会现象本质的探索，而不是对假设的检验（Atkinson & Hammersley，1994）。为了得出对人类行动意义的明显解释，民族志研究者倾向于用未编码的、未结构化处理的数据。民族志研究是文化人类学和社会学领域中的显要研究方法。

民族志研究的应用范围很广，从相对单纯的描述到对文化、社会和组织生活的更有理论指导的说明。在靠近归纳的一端，研究者从描述和解释过程中提炼出理论；在靠近演绎的一端，研究者则在已经确立的理论框架下打造自己的研究。典型做法是，研究者花很长时间接触或沉浸于所关注的情境；与此同时，还要尽可能与研究问题保持分离。自然环境可能是埃尔文·戈夫曼（Goffman，1961）50多年前工作中所探讨的精神病院，也可能是利博（Liebow，1968/2003）经典研究中无业黑人所居住的街道角落。再举两个传统的人类学研究范例。一个是米德（Mead）、马林诺夫斯基（Malinowski）对于生活在保留地上或沉浸于非西方文化之中的美国土著人健康习惯的研究；另一个是法兰茨·鲍亚士（Franz Boas）这位大名鼎鼎的民族志研究专家的研究，就是他把社会相对论一度推为美国人类学研究的主流形式。作为在信息提供者之间生活几个月的准备工作，调查人员可以查阅有关的档案记录和人工制品，以便对该文化的历史有一些初步了解。在田野研究期间，研究者要对全部的观察和交往做好田野记录，或许，还要随观察做一些深入性的定性访谈。要把数据逐字逐句地记录下来，如有可能，要使用参试者的语言；然后再对数据进行缩减，以方便分析和展示。如果对更详细的民族志研究介绍感兴趣，可参阅申苏尔等人（Schensul, Schensul, & LeCompte, 2013）和费特曼（Fetterman, 2010）的两本当代教材。

在进行民族志研究时，要在客观、超然观察者与动情、卷入参与者之间保持一股基本张力（Mertens，2005）。研究者要在竭力理解特定人群行动、信仰以及知识的同时扮演两种明显不同的角色，即持局内人视角的主位（emic）角色和持局外人视角的客位（etic）角色。乔治·赫伯特·米德（Mead，1934）这位19世纪晚期、20世纪早期的社会心理学家和哲学家曾经指出，要进入一个社区，就必须扮演他人的角色，这种用他人角度看问题的方法进入了民族志研究。今天，随着批判性研究的渗入，民族志正在经历着自身的转变。这就意味着，不仅要竭力了解一种文化，还要站在该文化的内部角度来探讨它的政策制度议题（Crotty，1998）。传统的民族志研究，把研究者作为事实的客观记录人放置在研究的背景之中（即"现实主义"观）；而一些当代的民族志研究者，则倡导研究者要更靠近受试一端，因为这类受试经常代表着社会中被边缘化的群体。这后一种叫"批判"性视角（Madison，2012）。民族志研究的另一个分支叫自我民族志（autoethnography），在这里，研究者自身就变成了研究的客体。斯塔塞·赫曼·琼斯（Jones，2005）向我们展示，作为定性研究者，要如何把自己的性别、阶级以及文化信仰和行为都纳入研究对象，使其和其他参试者一样接受研究。

民族志研究是莎拉·麦克道格尔（MacDougall, 2005）博士学位论文的基础。这篇富有创见的论文，探讨的是当代社会中，群体中的同辈精神（Peer Spirit）如何影响个人，使其发生转变。麦克道格尔的证据采自古代和当代土著文化，这是一些代表了"圆圈围坐讨论"方式在问题解决方面效能的文化。论文研究用到了焦点小组、参与式观察、访谈以及自我民族志法，旨在说明实践是如何促成一个人的转化，并进而发展成协作性的社会行动的。丽贝卡·司各特（Scott, 2007）在加利福尼亚大学圣科鲁兹分校完成了一篇社会学学位论文，这篇优秀博士学位论文试图了解，美国西弗吉尼亚州的采煤文化如何使人们同意用山顶移除这种破坏环境和社会的方法开采煤炭。这项研究需要花时间对当地的采煤文化进行体验，对当地的利益相关人进行访谈。

### 扎根理论

扎根理论是定性研究方法中较为重要的一种。克罗迪（Crotty, 1998）认为，扎根理论是民族志研究的一种形式，一种依靠一系列明确成形的程序提出理论的方法。使用"扎根理论"这个术语时，研究者通常指的是那些（在第7章中讨论的）分析步骤；当然，该术语也可以指研究方法本身。扎根理论植根于符号互动论，一种也曾经影响过民族志研究的理论（Crotty, 1998）。通过乔治·赫伯特·米德（George Herbert Mead）的一系列原创性贡献，符号互动论演化成了一种实用的研究社会互动现象的路数。该理论认为，每一个人都是社会人；也就是说，在使用语言、交流以及社区之类的工具与社会进行互动的过程中，自然人变成了社会人。从社会互动主义的角度看，研究者必须把自己放在他人的位置，才能看到他人眼里的世界，理解他人行动的意义（Crotty, 1998）。

作为方法，扎根理论是一种把个体群组的体验的相似性提炼成概念的研究路数，是一条以发现为取向的研究路数。该路数为研究者提供了一套采集数据和建造理论的程序。研究者有研究问题，但却很少有理论命题或假设为研究发现的解释添彩。

格拉泽和斯特劳斯1967出版的那本著作（Glaser & Strauss, 1967）十分成功，使得扎根理论作为一种研究方法流行了起来。该书出版几年后，两位作者便结束了合作，开始分头出版作品。斯特劳斯与同事朱丽叶·科尔宾（Strauss & Corbin, 1990）合作出版著作，格拉泽（Glaser, 1998）则单独出版著作。两人在研究路数上的差异，使阅读很有趣味（参见例如Rennie, 1998）。关键的差异之一是，在没有研究人先入之见的情况下，理论在多大程度上可以算是真正得以发现，而不是得以核验。核验，主要是传统的假设—演绎范式中的环节。于是，一些扎根理论家便担心，斯特劳斯和科尔宾等的研究,在分析定性资料的过程中,会因过分注重规定性而在详细编码程序编写方面变得束手束脚。因为分类本身就可能反映研究人的志趣和倾向,这些编码程序就会把演绎元素加入研究过程。从扎根理论的传统角度看,解决的方法是:研究人要把自己沉浸在参试者的生活经历(即数据)之中,要更直接一些地浸入,不过浸入的方法可灵活多变。

　　使问题更加复杂化的是:一方面,绝大多数的权威人士认为,斯特劳斯,尤其是格拉泽的研究取向是实证性、客观性的;另一方面,近期的作者却更明显地属于建构主义者和后现代主义者。例如,威利格(Willig, 2013)就指出:"发现"一词就隐含,研究人是在刻意寻找本就存在于数据之中的意义;然而,意义并不是从现象中**自显出**的,而始终是研究人在与数据的相互作用中**建构出**的。因此,谁都不可能完全不让研究人的影响进入数据解读,无论其约束有多严。当代扎根理论研究的这一社会建构面向,在卡麦兹(Charmaz, 2005, 2014)[1]的著述中得到很好的例解。很清楚,卡麦兹的焦点是对现象进行解释,而不是进行报告或核实。她坚持,在扎根理论研究中所生成的理论,是由研究人塑造的,是在研究人与数据的有意相互作用中推导出的。这样的理论,仅仅是众多可能理论中的一种,而不是唯一的所谓"真理"。卡麦兹(Charmaz, 2005)还特别指出,其实与她的取向相反,扎根理论方法原本是向研究者提供一种能获得实证主义者认可的定性研究的方法。

　　作为学生,到底沿哪个路数来采用扎根理论方法,这并没有多大关系。关键是,你要了解自己在做什么,知道为什么要做,并确保前后一致地做。在第5章,我们会更详细地介绍用扎根理论进行研究的程序。

　　维克多·切尔斯(Victor Chears)的博士学位论文《站在他人的立场上》(*Taking a Stand for Others*),是一个很好的使用经典扎根理论,即格拉泽和斯特劳斯(Glaser & Strauss, 1967)所推荐的扎根理论的例子。切尔斯让理论缓缓地从数据之中出现,而不去核验任何他探索"管事人"过程中的先入概念。这里的"管事人"指的是,对其他个体或对明确其目的是促进他人完成重要生活转变的组织起领导作用的个体。理论就来自管事人在工作过程中所采用的方法策略。管事人一边建立自己的领导角色,一边出现或可能随时出现在顾客的面前,帮助他们发展自己完成转变的能力。佛吉尼亚·海吉斯(Hedges, 2003)的博士学位论文,就是用扎根理论方法来考察美国拉美裔学生成功的故事。这些学生在公立学校系统中转来转去,很是成功。海吉斯用持续比较法(见第7章),对从一对一开放式访谈中收集到的数据进行了分析。论文用到的扎根理论概念类型有鼓励、家庭、有意义关系,以及目标取向等。其中,目标取向能说明拉美裔学生强化其文化身份的过程。另一篇使用扎根理论的博士学位论文是坎蒂丝·奈特(Knight, 2005)做的。这篇学位论文探讨的是,重大培训经历对于卓越人本

---

1　即《建构扎根理论》,此书已经由重庆大学出版社"万卷方法"书系出版。——译者注

主义精神病理学家的所感能力发展有什么作用。14名参试者来自美国和加拿大各地。通过对其访谈录像的文本稿的数据分析，最后形成了一个多元理论培训模型。

## 叙事研究

叙事研究是我们这里介绍的第四种主要定性研究方法。介绍的部分原因是研究文献中这种方法用得越来越多，而且我们的很多博士生似乎也在用这一模型做学位论文。简单地说，可以把叙事研究看作这样一种定性方法，它以当事人叙述的方式来处理生平资料（Chase, 2012）。叙事研究的前身包括生活史这一早在20世纪初就为社会学家和人类学家所拥戴的方法。通常，生活史依据的是来自各种值得关注的文化或亚群的广泛自传。莱维斯（Lewis, 1961）的著作《桑切斯家的孩子》(The Children of Sanchez)，是一项关于一个墨西哥家庭的著名研究。就是在这部著作中，莱维斯引入了"文化贫困"这个概念。其他对叙事研究发展有影响的人物包括社会语言学家和女权主义者。这些社会语言学家研究日常生活经历的口头叙事；这些女权主义者探讨女性叙事的特征，例如贝兰基、科林其、古德伯格、塔鲁尔（Belenky, Clinchy, Goldberger, & Tarule, 1986）的著名研究《女性的知事方式》(Women's Ways of Knowing)。

根据蔡斯（Chase, 2012），叙事可以是口头的，也可以是书面的，是取材于自然的对话、访谈或田野工作。叙事研究中的叙事可以是具体事件（如一次工作面试或浪漫邂逅），也可以是生活中的重大事项，如某项体育赛事或死亡之事等，甚至可以是某个人的整个一生。当代叙事研究路数的特征是，把焦点放在意义的挖掘之上，而不是只把历史或经历记载下来。叙事研究者需要接受大量的访谈技能训练，因为在叙事人构建和组织自己以前经历的同时，研究者就必须听取且勾勒出叙事人的思想、情感以及解释。每一个人的叙述都独具一格，这不仅因为每个人的思想过程是独特的，而且还因为每个人讲述的场景也是独特的。蔡斯（Chase, 2005, p. 657）把"叙事"叫"社会情境中的互动表演"的目的是想让人知道，"叙事"是叙事人和听事人为了特定目的在特定时间和地点走到一起的果。

在叙事研究的最后阶段，随着对自己诱导下所叙之事的解读和阐明，研究者自己也变成了叙事人。在这项工作中，研究者和被研究者的主观性就成为研究过程的组成部分。研究者的思考，包括诠释和判断，就成为数据池的一个部分并记录了下来。这种回过头来对自身的思考叫作反思性（Josselson & Lieblich, 2003）；这一概念已经成为当代叙事研究的基本构念。

叙事研究的具体路数，可能会因学科的不同而略有差异（Chase, 2012）。心理学家倾向于看重故事的内容，可能对生活故事与身份发展之间的关系感兴趣（即，虽然生活与故事彼此不同，但可能会相互影响）。例如，丹尼斯·汉弗莱（Humphrey, 2003）

的博士论文就使用了叙事法,对封闭收养制度下,被收养妇女与其养父母、生父母和亲生孩子之间的错综关系进行了探讨。通过科胡特(Kohut, 1978—1991)的自体(self-object)需要和自体功能概念,汉弗莱对这些妇女的访谈叙事做了解读。汉弗莱得出:对于被收养的女性,成为妈妈有一种修复性的作用,有助于她们弥补收养过程中的缺憾。另一名学生艾伦·斯凯特(Schecter, 2004)的学位论文发现,如何从性别身份角度看性取向变化问题,对妇女,尤其是女同性恋,目前我们知道的还很少。通过深刻的定性访谈,她考察了一些长期女同性恋者的经历,这些人在中年曾与男性建立过亲密关系。从这些女性的叙述中,斯凯特发现了一些共同的主题。于是,便提出了一个新的概念模型,以揭示社会关系和个人关系何以能塑造出适合个人特性的性别身份。

与这些心理学研究明显不同的是,社会学家的研究可能会聚焦在参试者如何在特定的机构或组织背景中构建自己的经历(即,对于鲜活经历的叙述)方面,也可能聚焦在参试者如何理解自己生活的某些侧面方面。凯瑟琳·雷斯曼(Riessman, 1990)对男女离婚问题的经典研究就是一例。有些人类学家,把叙事研究与民族志研究之间的联系把握得最好。他们长期与一个或几个社区成员打成一片,把自己的所见所闻做成叙事。

### 定性研究对于学位论文的意义

定性研究与定量研究之间的差异,对学位论文开题报告和论文自身的撰写都有重要意义。定性研究设计的典型用意,并不是为了证明或检验理论,而更可能是收集数据后让理论浮现(即用归纳法,而不是传统的演绎法)。但这并不意味着,研究者就可以忽视文献综述所引用作品中的理论观点。值得注意的是,有些定性研究者主张,在分析本研究的数据之前,不能以已有的研究推断为基础考虑任何理论知识。我们大体上赞同迈尔斯和休伯曼(Miles & Huberman, 1994)的中庸立场,并不完全否认理论在自然研究中的作用。他们把概念框架看作是研究者所探索领域的现行地图(p.20)。这意味着,随着研究的展开,框架可能会发生变化。预设结构到底能到什么程度,取决于研究者通过文献对所研究现象知道了多少,可动用的手段或工具有哪些,可用于研究的时间有多少。如果研究设计不严谨,研究者就要收集一大堆数据。这些数据乍看起来可能非常重要,但实际上却无关紧要,甚至毫不相干,而且还得花大量时间筛选。有一个概念框架,至少探索类似问题的不同研究者可以相互交流,可以比较彼此的经验和结果。

采用暂时性的概念框架后,研究者就可以把精力集中并限制在研究的对象和内容之上。迈尔斯和休伯曼(Miles & Huberman, 1994)选择用各种图形"盒"来刻画自己的概念框架,用不同的盒子分别表示事件、背景、过程,以及理论构念。他们认为,研究者会带着关于盒子里的内容的某些想法开始自己的研究工作。例如,一项关于监狱行为的定性研究可能反映,工作决定是关注当前行为,而不是以前的历史(事件),是高度安全的监狱(场景),是犯人之间以及犯人与看守之间的互动(过程),是权威关系和组织常模(理论构念)。自然,这些选择和特色是在对理论和实证文献了解的基础上做出的。

有了理论框架之后,接下来的工作就是提出研究问题。要以阐释理论假定的方式提出问题,以把研究者(或论文指导委员会)导向主要研究目标和任务的方式提出问题,且不至于降低好奇心和发现欲。一个人不可能研究监狱生活的各个方面。而且,所锁定的、以研究问题形式表述的议题,会直接影响研究方法的选择。例如,"犯人与看守之间是如何化解冲突和如何在关系中表达力量"这样的焦点问题,会影响到研究要抽取什么样的行为事件样本,要采用什么样的研究工具获取信息(例如:田野记录,访谈笔录,日记,监狱文件)。**在定性研究中,随着研究的进行,可以不断修订或重新提出研究问题。**

选择定性设计的学生,需要说服各自的论文指导委员会,要让论文指导委员会相信你懂得定性研究对研究者的角色要求,包括在自然研究中亲自做敏感问题访谈。访谈过程中,调查者既要不带任何事先拟定好的提纲进入参试者的世界,同时还要始终保持足够的科学严谨性。由于研究者是作为一个自然的人进入场景的,而不是作为一个完全超凡的科学观察者进入的,所以就必须做现实场景所要求做的一切。因此,理解、承认,以及共同分享自己的价值观、假定、期望,这些都至关重要。这一点应在论文的"文献综述"和"研究方法"章节中说清楚。至于研究者的主观性,这是可以通过各种数据处理方法降低的。有没有用录音或录像扩充田野笔记? 这些材料的范围是如何精简的? 有没有通过试点研究来检验研究程序的合适性? 出版之前要不要把结论拿给信息提供者核实(成员检查)? 对这些问题的具体说明,是在开题报告这一契约中必须公开的,是拟做研究规划是否严密的富于说服力的凭证。

由于定性数据可能包括人们关于自己经历和信念的直接引语,包括了关于事件、情形,以及行为的详细描述,论文中的"结果"一章也要受到直接影响。我们发现,学生常常错误地认为,定性研究比较好做,因为既没有具体的假设要提出,也没有统计检验要做。然而,一遍又一遍地筛选大量的文字转录和开放性回答,以整理出条理分明的模式,这些所消耗的精力和引起的困惑,一般并不会比想要逃避的统计工作少。要把研究做好总是需要某种付出的。

# 学位论文可能用到的其他路数

## 阐释学

阐释就是解读文本或文字转录材料的意义(Polkinghorne，2000)。人们用阐释学的路数解读数据，为的是更好地理解赋予数据意义的语境。作为一个专门的研究领域，阐释学是由圣经学者在17世纪开创的。当时，这些学者就是通过对文本的分析和解读来得出宗教文本的意义。后来，社会科学研究者和文学批评工作者把阐释学的应用扩展到了对世俗文本的解读上。

在阐释学的内部，争论一直不断。其中的客观主义者认为，文本的含义独立于解读者存在；而其他人则认为，积极解读是一切理解的基础。这后一种观点，与科学哲学中的现代建构主义者的看法类似(Winograd & Flores，1986)。根据这种观点，理解是现象与解读者视角的融合。每个人在完成解读任务时，都会带着自己的生活经历和期望。但是，即使是人对自身的理解也会受到限制，只可能部分表达，所以，与文本意义相互作用的结果，可能是对观察者和观察对象的更深刻理解。正如马赫尼(Mahoney，1990)所言，在文本与读者的积极碰撞中，意义得以新生或改变(p. 93)。

例如，各种古代文化文本，就可以放在各自的历史背景之下分析，但目标是要把解读出的意义应用于当前的问题。这样的理解——让现象的意义必须既让研究结果的消费者看得懂，还忠实于受试的参照系——也许就可能引出更正式的研究问题。在阐释学中，要把数据交给研究者，但在标准的现象学研究中，研究者要帮助一起创造出文字转录本的叙事，通常是通过对参试者进行访谈获得的叙事(Hoshmand，1989)。由此可见，现象学研究可以用阐释学作为基础，这是一种解释性多描述性少的基础。史密斯(Smith，1998)关于家庭/离婚调解人的研究，堪称采用这种方法的学位论文的典范。这些调解人在竭力化解要分手双方争执的同时，还能保持内在平衡和不失焦点。史密斯对七位全国认可的调解人做了三次深度访谈，对访谈结果的文字转录进行了归纳分析，揭示了调解人意识中的各种心声。作为一种研究方法，阐释现象学也可以利用文献、诗歌、视觉艺术和视频之类的数据资源，同时又保留参试者关于自身经历的口头或书面描述(Hein & Austin，2001)。这种阐释学方法，在艾略特(Elliott，1997)的博士学位论文中得到了例解。论文对五次"加拿大复兴"会议进行了研究，所研究的材料包括会议工作坊和大会的录像带、正式和非正式论文及报告、新闻稿、媒体报道等。最后，获得了对各种交际性互动质量的条件的理解；这些条件，在消除差异的努力中要么起促进作用，要么起阻碍作用。

阐释学的研究进路十分复杂。由于语言被看作理解的核心,研究者要经常返回到数据的源头,与说原话的人开展对话,问说话者本人当时所说的话的意思是什么,并尽量把说话人的意思和研究者的意思整合在一起。这种探究问题的方法有时也叫"阐释循环法"(hermeneutic circle method),最早是由威廉·狄尔泰(Dilthey, 1996)在19世纪作为一系列的研究步骤提出的。其目的是,发掘整个文本如何让作为自己构成部分的文本片段具有意义,而片段的意义又如何使整体文本的意义清晰可见。虽然狄尔泰站在客观主义立场上努力创造一门"主观科学",以便可以用来重构文本的意思,但是后来的阐释学家对此做了一些修正,例如伽达默尔(Gadamer, 2013)和哈贝马斯(Habermas & McCarthy, 1985)。修正之后的理论承认,我们永远都不可能真正进入文本作者的内心。我们的解读,肯定是建立在我们对自己所在环境的理解之上的,因为并不存在什么唯一正确的解读或客观意义(Packer, 2010)。虽然每当我们寻求了解事物、思想,以及感情的环境时,都会有阐释的倾向,但在社会科学中,作为一种正式的研究进路,阐释学探究却相对鲜见。雄心勃勃的著名阐释学研究例子,有艾瑞克·艾瑞克森(Erik Erikson)的《年轻人路德》(*Yong Man Luther*)和卡尔·荣格(Carl Jung)的作品。荣格从原型和神话视角,描述了当代问题。

与其说阐释学是一种具体的方法,还不如说它是一种理论角度。根据马丁·派克(Packer, 1985)的观点,阐释学这一进路对于研究一切人类行动都适用,只要把行动看作和文本一样具有篇章结构。研究者所研究的,是人们日常活动中的所作所为。在人类行为研究方面,使得阐释学有别于那些更倾向经验主义或理性主义取向的是,阐释学认为:一项具体活动,只有结合它所发生的环境才能理解,而不能作为抽象事件或一组因果关系来理解。正如派克(Packer, 1985)所言:

> 理性主义或经验主义说明与阐释学解释之间的差别,有一点像一幅城市地图与熟悉这座城市大街小巷的居民对自己城市的描述之间的差别。(p. 1091)

地图正式而抽象,居民心中的地图则有个性和倾向性。

最近,大卫·瑞尼(Rennie, 2012)提出,一切定性研究都可以从"条理分明的阐释学"(methodical hermeneutics)视角来看。瑞尼把定性研究的路数分为三种:(a)体验性(experiential)方法;(b)推理性(discursive)方法;(c)体验/推理性方法。其中,体验性方法就是把所体验到的意思通过概念构造成各种结构、叙事、范畴或主题,包括现象学、叙事分析、扎根理论;推理性方法是用来研究语言使用或功能的,包括会话分析和语篇分析;体验/推理性方法包括主题分析法和案例研究法。瑞尼认为,阐释循环这种最早由狄尔泰(Dilthey, 1996)提出的分析方法,适合所有的对言语文本进行以发现为方向的分析,而这种分析贯穿了几乎所有的当代定性(又称"质性")研究。

### 案例研究

**案例研究**这一术语通常指专门针对单个人、单个组织、事件、项目、过程或斯特克(Stake，2000，p. 436)称作"特定、独特有界系统"所进行的研究。许多院系部门对以案例研究作为学位论文持谨慎态度，原因是这些部门怀疑，从单一的例子中能学到多少有学术价值的东西。尽管如此，不仅一些传统的社会科学部门使用案例研究，其他一些实务型的学科也经常使用案例研究，这样的部门有教育学、社会工作、管理科学、城市规划以及公共管理等(Yin，2013)。的确，可以用很多方式从定量和定性两个视角来思考案例研究。经典实验传统中的定量路数，就可能有那种一直被称作单被试或 $N = 1$ 的设计。这种设计是一种与特定统计程序相联系的经验实证方法(见 Gast & Ledford，2009；Richards，Taylor，Ramasamy，& Richards，2013)。单被试定量研究可以用来评估一个现象随时间发生的变化情况，可以用重复测量的方法，通过剔除或逆转因变量中的干预和评价差异，来评估一个具体处理所产生的影响大小。单被试研究尤其适合制订或改进新的干预，也适合用来深入检查个体被试的行为。

但是，案例研究通常更多是和定性设计联系在一起。因为，在定性研究中，要花大力气在复杂情景之中深入理解单个研究单位。研究问题可能会变，但全面了解整个案例这一目标始终不可能变。斯特克(Stake，2005)建议，要把最好的才智用在事件发生的过程之上(p. 449)，要把你的各种观察和思考技能都用上来挖掘意义。

把结果概括到较大总体之上到底有多么重要？这要看具体情况。在斯特克(Stake，2000)看来，内在型案例研究与概括毫不相干，因为这种研究的吸引力是了解独特(甚至是典型)的人、独特的群体或事件。斯特克认为工具型案例研究则不同。这类研究的目的是弄清楚一个问题，检验一个概括，而并不关注案例本身。我们认为，纯描述性或探索性的案例研究并不能达到人们对博士学位论文的期望，除非论文还包括了一些具有理论意义的说明性元素。这就意味着，研究者需要把案例研究的结果概括到理论上去，而不是概括到其他可能的案例上去。这还意味着，研究问题更倾向于"怎么"或"为什么"类型，而不是"谁""什么""哪里"这些属于调查和其他应用类研究的描述性问题。不过我们也意识到，这并不是普适标准。对案例研究有兴趣的读者，可参考斯特克(Stake，2000)和殷(Yin，2013)的著作，书里有对案例研究的上述方面和其他相关问题稍微不同角度的讨论。

最后还应该指出的是，一项好的案例研究可以根据具体问题，同时采用多种不同的方法采集数据，譬如说访谈法、行为观察法、参与式观察法(像在民族志研究中那样)、文件法、档案记录查阅法等等。经典的案例研究有林德(Lynd & Lynd，1929)对中西部小镇"中镇"(Middletown)的社会学描述，有威廉姆·怀特(Whyte，1955)的《街头社会》(*Street Corner Society*),还有弗洛伊德(Freud, 1905—1909 / 1997)的《多拉:对一个歇斯底里案例的分析》(*Dora:An Analysis of a Case of Hysteria*)。可见,最好不要认为自己是要用案例研究这一方法来做学位论文,而是在研究一个案例的过程中要用到某种方法。我们学校的案例研究型博士学位论文中,就有关于 Esalen 学院创办人之一的理查德·普莱斯(Richard Price)的心理传记研究。该传记研究所采用的视角是主体间性(intersubjectivity)理论,数据取自档案文件、个人历史,以及对同事、朋友和家人的访谈记录,目的是找出在普莱斯主观世界中反复出现的主题和模式,以阐明这些主题和模式如何影响了他,使他在格式塔理论以及 Esalen 学院的实践和发展方面做出了如此的贡献(Erickson, 2003)。另外一个非常与众不同的案例研究博士学位论文出自波拉·霍尔茨(Holtz, 2003)之手。该研究通过对三桩心理动力心理治疗案例的简短事后研究,调查了每个疗程中治疗师与病人言语行为在时间上的自我调节、互相调节,以及协调配合的全过程。研究采用的是重复单案例设计,言语行为采用计算机评分,统计技术采用时间序列分析法。研究多项发现之一是,为心理分析中的双边对话系统观提供了切实证据,表明确如双边对话系统观所指出的那样,每一位治疗师或病人都会根据对方的言语行为,自我调节自己说话的时间长短。最后一个例子是克里斯蒂娜·巴尔波亚(Balboa, 2009)在耶鲁大学完成的博士学位论文。这是一篇获奖优秀论文(获"鲁德尼纪念奖"),一篇定性比较的案例研究学位论文,研究的是环境非政府组织及其运作情况。巴尔波亚对位于巴布亚新几内亚、帕劳、菲律宾境内的三家私人(环境)保护网络的责任情况进行了研究和评估,研究借鉴了多种当代组织结构和组织风貌理论。

### 混合模式:定量加定性研究

在学位论文设计中,越来越多的人喜欢把定量和定性方法组合起来使用。这样的设计,既可以发挥实验、准实验或相关性设计以及量化数据的严谨性和精确性,又可以发挥定性方法和数据对于理解的深刻性。混合模式可使不同方法相互补充,研究者能在不同层面展开分析。混合模式的方法多种多样。塔萨科里和泰德利(Tashakkori & Teddlie, 2009)的著作对几种可能的混合模式做了讨论,其中包括混合方法研究。这是一种在整个研究过程中都组合使用两种范式不同侧面的研究路数,也是一种实用主义的研究路数,它以方法问题为辅,以指导调查研究的总框架或世界观为主。这样,就有可能把本质上是确认性的研究假设与本质上是探索性的一般问题糅合在一起,把结构化访谈和量表法这些定量的方法与开放式访谈和观察这些定性的方法以及那些汲取两种传统营养的各种分析方法结合在一起,从而扩展发现的意义。例如,玛丽·乔根(Gergen, 1988)用了一种创新型的混合方法,研究了妇女对绝经的看法。乔根把几位女士邀请到她自己的家里,让她们填写一个关于绝经态度的调查问卷;然后,让她们就绝经话题展开小组讨论。她的研究报告结合了对问卷回答的定量分析和对讨论所生成主题的定性分析。再举一个可能出现在其他领域的例子。要分析木材移位对砍伐社区的影响,就涉及对经济影响进行定量评估,也涉及对行业工人和家庭的情感影响进行定性评估。

采用混合模式的学位论文,方法混合会贯穿研究的数据收集阶段、数据分析阶段以及数据解释阶段。简单地说,供我们选择的混合方式可能有两种:一种是定量、定性两种方法先后使用,或两者同时使用;另一种是此法嵌套于彼法,或用此法来确认用彼法得到的发现。如果采用了先后策略,研究者就可能先使用一种方法,然后再使用另一种方法来深入或扩大之前的发现。变通之一是,在基本上是定量性的研究之中增加一些定性的成分,以帮助说明或扩展研究的发现。另一种选择是,在开始阶段使用定性方法,在后面某个时间点上加入定量数据收集。这种设计的好处是,可以让定性研究中产生的理论接受定量研究的效验(Morgan, 1998)。如果你在设计一个评估工具,用理性或质性方法编写或挑选项目,那么,你就可以选择用这种方法来对量表进行统计效验。

在同时使用型(又称"平行")设计中,研究者要同时收集或分析定量和定性两种形式的数据。最常见的一种变通是,在同一研究中同时使用定量和定性两种方法,互相补充,用其中每一种方法来确认或效验通过另一种方法所得到的发现,从而使研究结果得到加强。研究者总是希望,一种方法的优势能够弥补另一种方法的劣势。

在嵌套设计(Bazeley, 2009)中,其中的一种方法为主导方法,另一种方法镶嵌在主导方法之内,从而使研究者从更丰富的视角观察所研究的现象。研究者可以用主导方法研究一个问题,用嵌套方法研究另外一个不同的问题。常见的一种应用是,先对一个人团体进行定量评估,然后再从中抽取 个子样本进行定性访谈,获取更进一步的信息。另一种应用是,在一项主导方法为定性法的研究中收集定量数据,以了解参试者的更多情况。在贝兹利(Bazeley, 2009)和塔萨科里、泰德利(Tashakkori & Teddlie, 2009)关于各种混合方法设计的讨论中,这些都是新近进入研究文献的设计。

混合方法最常见的应用也许是,在田野研究或实验研究中,用标准化量表和测量工具来对大量的参试者进行评估,然后,再对原始样本的子样本进行开放式访谈,以获得关于所研究现象的更丰富的了解。举一个很好的例子。我们的博士生斯兰格(Slanger, 1991)想了解是什么造就了"极端"运动员(例如,那些能徒手攀爬立陡悬崖的人),于是就对行外人眼里的自残性行为进行了研究。在最终的学位论文中,学生既采集了客观的定量数据,也采集了主观的定性数据。定量数据是关于刺激寻求和自我感觉到的能力情况,用的是效验过的测量工具;定性数据是通过开放式访谈获得的,访谈对象是全组的一个随机子样本。斯兰格发现,不同的方法互相补充,长短互济：测量所得的数据揭示了关键预测变量是如何把极端风险运动员、高风险运动员以及娱乐性运动员区分开的；定性访谈则引出了灵性（spirituality）和心流（flow）这两个概念（Csikszentmihalyi，1991）。

我们的又一个校友克里斯滕森（Christensen，2005）就采用了混合设计方案来研究教友会学校（这是一种从贵格会角度教育孩子的学校）管理层面的冲突问题。通过对托管人、焦点小组，以及学校董事会顾问的访谈，克里斯滕森收集了大量的定性数据，并利用电子调查的方式对更多的学校代表进行了调查，用所取得的定量数据补充了访谈得到的定性数据。这些组合数据，使她找出了组织动力增加的预测因素，并继而设计出了一套以模块为基础的寄宿教育培养方案。

用类似的方法，哈代（Hardy，2011）研究了研究生师生关系中的越界和冒犯体验，参试者是咨询和临床心理学专业的研究生。通过含有案例插图的网络问卷，哈代采集了自己需要的数据。研究对三个与越界冒犯及其定义和知觉有关的假设做了统计检验。参试者也提供了各自的越界和冒犯叙事以及这些经历对自己造成的个人和职业影响。研究的定性部分是对这些叙事的阐释学分析。

最后一个例子是大卫·诺贝尔斯的博士学位论文（Nobles，2002）。这篇论文采取了一种非常不同的混合模式，探讨的问题是小布什（George W. Bush）总统毒品控制政策实施的言语举动。诺贝尔斯从三种不同研究模式的角度，对33个不同的话语作品做了分析研究。体裁包括演说、与媒体的交流以及其他公开的谈话。三种研究模式分别是戏剧理论、隐喻分析以及沟通理论。前两种模式接近话语批评，后一种模式以意义协调管理和社会构建主义的形式出现。研究发现描述的是，"毒品战争"这一隐喻如何对毒品使用和毒品控制政策产生影响。

在决定沿混合模式路径做学位论文时，学生有一系列的决策要做。例如，优先使用哪种方法（如果有的话）？如何确定数据收集的顺序？如何解释并整合那些不一致的发现？是否需要用一个更大的理论框架来统领整个研究设计？等等。关于这类战略性选择的标准，克雷斯韦尔和普莱诺·克拉克（Creswell & Plano Clark，2011）的参考书很有帮助。

对混合方法有所迟疑的人，主要是那些在认识论上笃信定量研究或定性研究的学者。在这些学者眼里，这些研究路数的底层假定是不兼容的。冒着重复和过分简单化的风险，定量研究者一般把自己的基础建立在客观主义认识论的传统之上。该传统通过匹配研究者所声称的知识与真实世界中的现象状况，取得对知识有效性的验证（真理符合论）。在这种认识论传统中，理论是以需要实证检验的普遍性假设提出的。定性研究则可能衍生于建构主义的传统，与后现代主义运动有关联。在这里，知识是被发明的，而不是被发现的。而且，知识还是存在于具体环境之中的，是由当地的实践严重决定的；是要经过内部一致性和社会共识效验的。在实践中这就意味着：研究者要保持对现象的开放性的好奇心，因为理论从数据中浮现；并不存在一种真现实，好让人据此以演绎的方式来效验理论。

摩根（Morgan, 2007）把这种进退维谷的现象作为范式转换在学术共同体内而加以讨论，认为在研究设计中，实用性比坚持固守某种认识论立场更加重要。她建议用实用主义路向代替溯因（abductive）推理、主体间性以及可迁移性。

> 代替溯因推理。要把理论与数据联系起来，就要用实用主义代替溯因推理，即代替定性研究中的纯归纳推理，或定量研究中的纯演绎推理。

> 代替主体间性。研究过程中，在涉及定性方法的主观性或定量方法的客观性问题时，要用实用主义代替主体间性。

> 代替可迁移性。在根据数据做推断时，如果只是为了强调语境（定性）或把结果从样本推广到总体（定量），要用实用主义代替可迁移性。

在本语境中，溯因指的是在归纳和演绎之间来回移动的行动，从而从观察走向理论，再进而从理论走向现实世界。主体间性指的是强调具体群组内部的共享意义，而不是寻求"真理"或完全依赖于知识的主观性。就其根据数据做出推断而言，可迁移性指的是强调从一个语境中学到的东西如何能够用到另外一个语境之中；这个意思既不同于从样本推广到总体，也不同于局限于研究获取知识时的语境范围。我们承认，并不是所有的人都同意摩根的假定，但我们很欣赏她为改善不同研究范式之间的沟通和理解而寻找实用出路的努力。这是一些经常被认为是不可协调的两极化研究范式。

我们的观点是，定量和定性这两种研究都可以在多种理念下探讨。我们鼓励学生，要先想清楚自己的研究课题，然后再确定拟使用的研究方法，从而使自己得出的回答对于自己所感兴趣的研究问题最具有意义，并与自己的价值观保持一致。我们建议，在开始研究工作时，你要先提出一个基本问题，然后再问问你自己必须要做什么来说服自己和其他人，使其相信支撑证据的有效性。在你的研究旅程中，要警惕对方法规则的死守硬套，要清楚地了解一个方法的优势、局限（即适用范围），以及它是否使关于所研究现象的假定打了折扣，并在此基础之上汲取任何方法的营养。

### 理论性学位论文

另一种可能是，写一篇理论性的学位论文，把数据收集完全避开。但是，这绝不是一个可以让你轻松的选择。做原创性的理论贡献是对研究者知识的巨大挑战。就文献知识的需求而言，标准定量研究或定性研究与理论研究之间的差别，就相当于当本国人和当游客之间的差别一样。作为一个身在异国他乡的游客，为了尽可能多地了解旅游目的国，自然需要查看地图、查阅当地的习俗、学习当地的语言等。尽管如此，你怎么也不能像本国人那样掌握那个国家的情况。研究工作也一样。要想在某一领域做出真正原创性的理论贡献，就得对有关研究的整个领域了如指掌，并十分熟悉该领域中的核心议题和各种争议。如果你才开始审视一块自己感兴趣的领地里的文献以确定要做什么研究，那你最好还是从实证研究开始。当然，大多数的博士论文都要求要源自理论，要有理论价值，你所收集和分析的数据完全可能为你所选择的领域打开一条全新的思路。但是，这与一开始就期望要创建一个崭新的意识理论，或者谦虚一点说，修正关于短时记忆的理论，可是完全不同的。

如果你选择要做理论性学位论文，那就期望你通过对文献的综述提出对于某现象有一种和迄今为止不同的理解方式。在社会科学领域做理论性学位论文，更可行的方法是，把两个之前明显不同的领域拉到或整合到一起。例如，我们的一位研究生就曾认为，精神治疗理论和实践之间存在着严重脱节，这一看法后来发展成为一篇关于精神治疗中个人理论相关性的宏大的、高质量的理论性博士论文（Glover, 1994）。还有一个学生完成了一篇非常有学术价值的足有一本书篇幅的理论性博士论文，题目是《有机建构主义与生活过程理论：一个统一建构主义认识论和知识理论》（*Organic Constructionism and Living Process Theory: A Unified Constructionist Epistemology and Theory of Knowledge*, Krebs, 2005）。在精神分析的驱动理论和生物学最新进展的启发下，拉伊纳尔迪（Rainaldi, 2004）在次一级的抽象层面发展出了一种新的融合性女性性学理论。

## 元分析

元分析（meta-analysis）是对已有数据进行二次分析的一种形式，目的是总结和比较关于同一课题的不同研究的结果。元分析在社会科学文献中越来越常见，因为它能把整个研究界的有关单个研究汇总在一起，这样，读者就能了解一个现象状态的更加丰富的知识，这是任何单个研究都不能办到的。

元分析一词源自格拉斯（Glass, 1976）的"分析之分析"。牛顿、鲁德斯坦（Newton & Rudestam, 2013）的著作对各种元分析方法做了较全面的讨论。各种元分析之间的差异，是分析单位的不同（例如，是以整个研究为单位？还是以研究中的单个发现为单位？）以及用来整合单个研究从而就整体研究得出结论的统计技术的不同。

进行元分析的第一步是，根据方法的严谨性筛选出有关的单项研究。接下来，是用统计技术把所有的研究发现转换到一个共同的量规之上。最后，使用新扩展了的样本，通过总结分析，得出各个变量之间关系强度的信息（效应大小）。

当然，所有学位论文都要对相关题目的专业文献进行批评性评述。在元分析中，单单这种对文献的批评性评述,包括专用的统计分析,就构成了研究的全部。我们认为,一项认真进行的元分析研究,完全适合作为博士学位论文。关于如何做元分析学术研究,我们建议大家阅读博伦斯坦、海吉斯、希金斯、罗特斯坦(Borenstein, Hedges, Higgins, & Rothstein, 2009)的指导教材。

## 行动研究

行动研究(action research)是完成学位论文的又一条可能路数,虽然这对大多数研究生来说是非常大的挑战。行动研究是一种生成知识诉求的研究形式,其具体目的是采取行动以促进社会变化和社会分析(Greenwood & Levin, 2006, p. 6)。由于行动研究一般源于希望解决某确定组织或社区内的某一特定问题,因此与以纯学术探讨为目的的理论研究有所不同。另一个明显的特点是,行动研究绝对不会"针对"某人进行,而是由组织或社区的内部人或与组织或社区的内部人合作进行。行动研究是一种系统展开的反思过程,包括在一定的践行环境中创建理论,并用特定的实验干预来对所建理论加以检验(Herr & Anderson, 2005;Stringer, 2013)。

大多数行动研究者都承认,库尔特·勒温(Lewin, 1948)对行动研究有奠基性的贡献,他执着于社会变革。本质上,行动研究既可以是定量的,也可以是定性的,因为它从诸如调查法、访谈法、焦点小组法、民族志法、生活史法、统计法等多种方法中都汲取了营养。在行动研究的早期,研究者试图在一个具体方向上引发变化;近来,变化的目的和目标,是由群组成员自己通过参与式问题解决的方式来确定的。研究过程中,构成研究焦点的组织或社区的成员变成了研究的合作者。因此,在行动研究中,研究者是研究工作的促成人,他/她需要良好的群组工作技能,以有效地动员团体参试者,让他们自己来研究自己的行为,其中包括自己对于变化的防卫性反应。

库尔特·勒温(Lewin, 1948)提出的规划—行动—观察—反思循环,是一个很好的行动研究进程。

1. 规划阶段的工作是确定问题,形成假设,并制订要达到一个或多个目的的程序。
2. 行动阶段的工作是实施干预。
3. 观察阶段的工作是记录行动以及行动对欲达到目的的影响。
4. 最后反思阶段的工作是,重审行动计划和所采集的数据,提出新推断,进入作为持续学习过程组成部分的新研究循环。

我们赞成赫尔和安德森(Herr & Anderson, 2005)的建议:为了达到博士学位论文的水准,行动研究就应该贡献一些可概括性、可转换性的知识,一些对研究情景中人有用的知识。例如，行动研究可以生成一个适用于其他情景中类似问题的新理论，也可以生成有更广泛用途的新工具或新产品。赫尔和安德森还指出，要想用行动研究做博士学位论文，还应该注意一些潜在的复杂问题。一是，行动研究可能"很杂乱"，即研究过程和结果都难以预测。因此，论文指导委员会成员需要对潜在结果保持灵活态度，应该理解，研究方法和过程可能需要不时修改。二是，学生需要认识到，做行动研究就是自己在走钢绳。研究中既要当学生，也要当研究者、参试者，甚至还要当某个组织的雇员。这就意味着，做选择时学生要充分认识到可能出现的后果和伦理问题。最后要指出的是，尽管其他人也一起参加了研究工作，但作者自己的贡献必须明显可见。

　　在我们学校，大多数行动研究的博士学位论文出现在教育学和组织发展领域。不过，社会工作、医护和犯罪学等领域也青睐这一方法。例如，薇特（Witt, 1997）的学位论文就用了行动研究循环。她探索的问题是，某社区学院在其计划和决策过程中如何使用合作组织学习。这项研究是薇特和学校管理人员及教职员工一起完成的。在团队中，每个成员都发挥了自己的专长。当然，这位博士生所提供的是她的专业技能。为了评价该机构的学习过程的有效性，对有关档案、会议、事务、访谈，以及参与者田野观察笔记材料都做了分析。

# 第二篇
## 论文的内容：学位论文的章节结构

# 文献综述和问题陈述 4

前面各章介绍了社会科学的研究取向,并就如何确定适当的课题提了一些建议。本章要探讨的是,如何通过文献综述来形成研究问题。

## 引言章

博士论文的第一章通常是简短的引言章,之后才是文献综述章。引言章要概述研究尚未解决的问题,说明该问题为什么值得探讨,或者拟开展的研究对于理论和/或实践有什么贡献。引言章常常只有短短几页。虽然引言章一般以拟做研究的大背景开始,但很快就要把焦点集中到对问题的定义之上。引言的形式对于开题报告和学位论文本身是一样的,尽管在研究完成后对研究问题的理解可能会有些变化。有点讽刺意义的是,在完成文献综述章和研究方法章之前,引言章通常是不可能定稿的,因为这两章将充实研究问题的内容,为研究问题的操作化架桥铺路。

表述研究问题的措辞要足够醒目,让最漫不经心的读者都能一目了然。引言的第一句话不妨这样写:"本研究试图评价环境保护立法对化工行业环境污染物排放情况的影响。"接下来,引言章就要提出研究的假定和假设,确定关键变量,并说明探索问题答案要用的程序。引言还要包括论证过程的梗概,以说明为什么提出这样的研究提问,为什么要做这项研究。最好是援引一项或几项直接相关的研究,说明它(们)对拟进行研究的启发,或者作为拟进行研究的经验或者理论依据。不过,这是引言,不是综述文献的地方,所以引言要避免具体细节,要短小精悍。

## 文献综述章

引言章之后,紧接着的就是文献综述章,这往往是开题报告中篇幅最长的部分。在这一章要交代拟做研究的背景,要说明拟做研究的重要性和适时性。因此,在这一章要讲清楚拟做研究与有关已做研究之间的关系。你需要使你的读者信服,要做的研究不仅有独到和不同之处,而且值得一做。这一章也是你展示自己学术鉴赏力的地方。**很多学生都错误地认为,文献综述的目的只是让读者信服,作为作者的"我"了解了很多他人做过的工作。在这一错误信念的引导下,很多学生把自己的文献综述搞得像洗衣店的接衣单一样,被"史密斯发现……""琼斯认定……""安得森指出……"之类的句子所充斥。这不仅仅是拙劣的文笔,而是完全使文献综述失去了本来的意义。**

我们的同事杰瑞米·夏皮罗(Jeremy Shapiro)说到了点子上,投入到写作中的劳动大都是白费力气,因为这些劳动并不是建立在对文章或学位论文目的的清楚理解之上(Shapiro & Nicholsen,1986)。有这么一条普适规则:如果你在基本写作技能方面吃力,例如文法、转承连接、主谓关系、简明扼要等,一篇研究性的学位论文会把这些弱点统统暴露在光天化日之下,使你论证问题的逻辑和说服力大打折扣。在我们今天的教育体系中,对语法的重视远不及从前。要学好语法的最正当理由也许是:标点符号是一种礼节,目的是帮助读者畅通无阻地理解故事(Truss,2003,p.7)。可见,标点符号就像交通信号灯一样,目的是让读者知道什么时候要暂停,什么时候要注意,什么时候要绕道,什么时候要停下。请看下面的英语例子。两句话的单词完全一样,但标点符号不同,意思也不相同。

> A woman, without her man, is nothing.(没有了自己的男人,女人就什么都不是。)

> A woman: without her, man is nothing.(女人:没有了她,男人就什么都不是。)(Truss,2003,p. 9)

有效的学术写作技能是可以学会的。我们建议你,要想办法补上基础写作这一课。而且还要注意,研究性论文的写作风格与文学作品的写作风格很不一样。科学写作倾向于更直截了当,很少使用那些花哨的和抒情的语言。在第10章中,我们将专门讨论写作风格和过程。

要提出一个合适于某项研究的问题,一个好办法是,找到你自己在乎什么?被什么东西所困扰?或什么撩拨起了你的好奇心?你一边思考一两个可能的问题,一边从其他关于相同或相关问题的观察和想法中汲取知识。你这么做,实际上就是在进行自我的论证。论证的场地就是文献综述，论证的形式就是你和读者之间的对话。为了使对话有效，作者必须预测读者在以批评的眼光审读你的论证时会提出什么样的问题，会做出什么样的理解。学术论文的评审意见经常是"你这里到底想说什么？""你为什么这样想？""你的证据是什么？""那又怎么样呢？"之类的尖刻评语。对读者的可能提问估计得越充分，你的论证也就越容易被读者理解。学位论文需要几易其稿，反复修改。修改过程就是从一个谨慎且有见地的读者的角度出发，不断地提问，不断地回答。

文献综述不是对事实和感受的堆砌，而是一个前后连贯的、能引出拟做研究的论证过程。论证的方向不应该是任何神秘的东西。（在综述文献的过程中，你要不断地问自己，"这么做为的是什么？"）一开始，就要明确说明论文的目标和论证的路数结构。到文献综述结束之时，读者应该能够得出这样的结论："是的，目前情况下的确需要做这项研究，以便把该领域里的知识向前推进一步。"综述的目的，是通过充分的逻辑和经验支持，让读者相信你的论断的合法性。在论证的过程中你需要不断地确定，哪些断言对于读者不证自明，哪些断言需要数据支撑。例如，如果你断定，自杀未遂者需要专业人士的帮助，那么，同行读者很可能就想知道你做此断言的基础是什么，会要求你提供关于自杀者需求的证据以及专业人士（而不是非专业人士）为什么有必要的证据。要避免基于"常识"的论述，因为常识很容易被证明是不成立的。例如，有人可能会这样论述：近年来离婚率飞速上升。这一论述不仅不真，而且"近年来"所代表的时间段也不清楚。不过，说弗洛伊德是精神分析之父，这根本不需要任何支撑，因为在心理学专业圈里，这几乎是既成事实。

完全可以从他人的精心论证中汲取营养，把这些养分融入自己的研究之中。这与研究者对科学发展过程的认识非常一致：大多数科学的发展是一种增长和累积过程（Kuhn, 1996）。[1]但需要指出的是，训练有素的研究者是从原始资料中汲取营养，而不是从综述文章和二手资料中汲取营养。因此我们建议，在小结报告从二手资料中得到的统计发现时要特别小心，因为这些东西经常既不完整又误导他人。对于任何对核心论证非常重要的研究结果，我们建议用一手资料，并要仔细审查其设计、分析及结果。

贝克尔（Becker, 1986）曾用拼图游戏来比喻一项研究。拼图中的有些拼块是你自己设计的，有些则是从别的研究中借来的预制品。此外还值得注意的是，过于沉浸于文献可能会扭曲你的论证，从而使自己丧失在研究中应占据的中心地位。不要因为缺少了一篇参考文献就拖延你综述章节的前进步伐，以后总是可以把缺失的文献补上的，或者把新的文献加上的。无论何种情况，使用其他来源的思想一定要有完整的引证，这是对他人的应有尊重。

---

1  库恩（Kuhn）也将范式转变等同于科学思维演化中的非连续性的、断裂性的变化。

## 常见问题

研究新手在项目每一阶段的最大的失败,是放弃自己的权力和权威,尤其是在文献综述阶段。作为研究者的你必须清楚,自己是该项研究的负责人,而且,对于博士论文这样的研究,最终你自己很可能就是世界上关于该自选课题的领头专家。放弃权威的方式之一是,在综述中折服于他人的权威,想当然地认为,既然艾米尔·杜克海姆(Émile Durkheim)或约翰·杜威(John Dewey)都这么说了,那就必然是这样,如此等等。阅读或引用他人著作时,要用批判的眼光。为什么要把"约翰发现……"之类的句子用得越少越好呢?因为不然的话,你就会把读者的关注点从你自己的论证转向他人做过的工作。较好的办法是,你先提出自己的主题,然后再引用有关作者的工作来支撑自己的论点,或者为你自己的观点提供佐证,或者为需要考虑的观点提供反面佐证。请看下面两个虚构的例子:

> 通过对西雅图和圣地亚哥两地居民一年中不同时期抑郁症发病率的比较,伊拉米拉特(Illuminatus, 2010)研究了季节性光照对重度抑郁症的影响。他假设,北部城市的抑郁症人数超过南部城市,冬季的抑郁症人数超过夏季。他的发现确认了他自己的假设。

这种展示文献信息的方式,把综述的中心转向了另外一个研究者的意见。

> 有理由相信,季节性光照差异影响抑郁症的患病范围。例如,据报道,在西雅图这个北部城市,居民的抑郁症的发病率高于南部城市圣地亚哥的居民,而且这种差异在冬季还会加剧(Illuminatus, 2010)。这表明,相对的黑暗可能会使情绪紊乱恶化。

这种展示文献信息的方式,把综述的中心紧扣在现象之上,而把其他研究发现仅用作实证性的支持。

限制自己权威的另一种方式是,过度引用他人的文字。引用他人的文字过多,可能使作者失去对自己论证的控制。因此,要严格限制自己,只引用有特别影响的文字,或者极其精辟而难以转述的文字。此外,用自己的语言复述复杂的概念,有助于使自己(也让他人)相信,你确实把材料吃透了。

读完相关领域的文献后,你可能很想把自己现在所知道的一切都报告出来。**一定要克制住这种冲动!**好的文献综述必须要有所选择,而且,你所读过的绝大多数材料理所当然是不能直接进入你的文献综述的。这倒不是说就没有必要阅读这些书籍和文章。相反,这些文献是你做出自己贡献所必需的专业知识。但是要切记:学位论文的任务是立论点,而不是建图书馆。我们有个同事把这一过程比作法庭审理,其中，所有允许的证人证言都必须跟所审理的案件及问题相关。你要经常问自己："我为什么要引用这项研究或这条参考文献？"同样，论文中的一字一句都要服务于明确的目的：要么是提供相关的内容，要么是促进沟通，绝不能用来凑字数。

虽然学位论文的主要任务是立论点，而且也期望你展示出自己的观点，但是，把那些与自己意见相冲突或质疑自己观点的参考文献都剔除掉，这也是不公平的。你一定要足够客观，把正反两方面的观点都展现出来，并明确指出哪个证据在哪个方面支持哪个观点。综述自始至终都要给读者竖起明确的路标。方法之一是告诉读者：你具体做了些什么？根据现有证据你得出的结论是什么？你还要使读者信服，你对现有文献的掌握已经非常广泛深入，足以满足拟做课题的需要。仅仅说关于你的课题或问题尚无相关研究，这绝对不能构成你立题的充分依据。因为，很多事情根本就不值得研究。

文献综述的部分目的是：让自己及读者能够生成假设，并把假设置于理论背景之中。因此，几乎所有的高级学位论文必须有自己的理论基础。但这并不意味着简单地评论一下几个与自己研究可能有关的理论就可以了，而是要你就这些理论取向如何支持你要做的研究亮明自己的立场。最后还要指出的是，作为学生的你们有时会以为，学术著述需要学究气十足，需要干巴巴的，或者索然无味，这也许是导师教你们的，也许是从文献阅读中感悟到的。其实并不是必须这样。关于这一点，我们将在第10章中详细论述。毫无疑问，学术著述的首要目标是清楚且准确，但是要是你能够写得更风趣一些且不用专业行话，这当然再好不过了。毕竟，文献综述是在讲故事，那自然这个故事就可以讲得有趣一些。吉尔伯特等（Gilbert, Pinel, Wilson, Blumberg, & Wheatley, 1998）发表在《人格与社会心理学报》（*Journal of Personality and Social Psychology*）上的论文就是一个很好的例子。这篇论文的文献综述向我们展示，可以通过论文综述把文章的读者定位在更一般的群体之上，让那些即使不具备你所关注领域专业知识的读者也能读懂论文的要旨。

### 对文章做批评

对于相关研究，你需要做的是批评，而不是报道。你的批评能让读者知道：有关领域中的哪些知识是可靠的？哪些知识是错误的，是需要在未来的研究中避免的？阅读现有文献时，你需要保持批判的立场，需要依据研究自身的优劣，或通过与相同或相似问题的其他研究的比较，来对一项研究进行评价。批评并不是说，你对读到的每一项研究都要挑出重大毛病或缺陷。有时候，学生对文献的批评，读起来就像研究方法文献中关于某个方法的"缺陷"的清单。这样的批评很少会有价值。

你评价研究内容的目的是把它应用到自己的研究之中。这就意味着，对于所有的实证研究,你要特别注意下列三个要素。

1. 问题是如何定义的? 该定义与你目前正在构思和定义的问题及其相关概念和变量是类似,还是不同?
2. 使用了什么测度方式把变量操作化,来评估群体之间的差异或干预的效果? 这些测度方式与你准备使用的是类似,还是不同?
3. 研究的是什么总体,样本是如何抽取的? 与你准备研究的总体是相似,还是不同? 样本的抽取是随机的,出于方便的,还是有偏的?

对这些问题的回答,有助于你对文献研究的相关性和概括范围,相对于自己拟做的研究进行评价。除上述主要方面外,问问自己根据该研究设计能得出什么结论,这始终不失为一个好主意。例如,该研究能否使你得出的结论说,研究中变量之间存在因果关系? 或者,变量彼此之间仅仅存在相关关系?

框4.1是一组关于如何批评研究性文章的综合建议,但并不是每一条都适用于每一篇所综述的文献。到底一项研究需要投入多少注意,这取决于这项研究与拟研究问题的直接关联性,且不损害论证的流畅性。无论怎么说,这些建议都是一份提醒清单,提醒你要如何阅读或批评性地评价一篇研究性文章对拟进行研究的贡献。

### 远景与特写

我们的同事约瑟夫·汉德隆(Joseph Handlon)曾经把文献综述和拍电影做了个类比。拍电影时要拍"远景""中景"和"特写",这些指的是摄影机与拍摄对象之间的距离。作为比喻,远景表示所用材料是特定选题的背景。背景材料需要简单提及,但不需要像对前景材料那样做细节处理;背景材料是不引起读者特别关注的图景。例如,一项关于工作调动对心理压力影响的研究就可以这样开头:

> 对心理压力进行实证研究有三种基本方法。第一种是把压力当作自变量,把焦点汇聚在压力源头的性质和强度之上,例如荷姆斯和瑞尔(Holmes & Rahe, 1967)的实证研究。第二种方法是把压力当作因变量,把焦点汇聚在压力事件的生理和心理影响上,例如汉斯·塞尔叶(Selye, 1956)的开创性工作。第三种方法是把压力当作刺激与反应之间的相互作用,通过一组认知变量来调节。这种研究方法在拉扎鲁斯及其同事的著作中有详细论述(Lazarus & Folkman, 1984),这是本研究的理论基础。

虽然以上例子中的文献都很老,但它们都很经典,所以像以上的情况就需要引用。

---

**框 4.1　关于如何批评研究性文章的建议**

**1. 概念构思**

　　a. 主要研究问题或论题是什么？

　　b. 主要概念的定义／解释的清晰程度如何？

**2. 理论框架和假设**

　　a. 有没有一个清楚表述的研究问题？

　　b. 有假设吗？假设表述得清楚吗？

　　c. 主变量之间的关系明确吗？合理吗？

　　d. 假设是否表述得可接受检验？

**3. 研究设计**

　　a. 研究设计能否充分控制外生变量？

　　b. 设计是否可以改进？如何改进？

　　c. 变量的操作化是否清楚，是否合理？

　　d. 分类或分割点的选择是否站得住脚？

　　e. 对相关测量工具的信度和效度是否有讨论？

　　f. 量度方式的选择是否恰当？

　　g. 对于研究问题，所用的总体合适吗？

　　h. 有无关于样本的具体说明？样本合适吗？

　　i. 在该样本基础上，结果能否进行合理概括/推广？能概括/推广到什么总体？

**4. 结果与讨论**

　　a. 数据对于该研究合适吗？

　　b. 所用统计技术合适吗？对统计技术的描述充分吗？

　　c. 数据分析中对控制变量的处理充分吗？

　　d. 是否还有其他控制变量应该考虑进来但却没有？

　　e. 研究得出的结论与统计分析结果一致吗？

　　f. 其他与数据一致的结论讨论了吗？解释了吗？

　　g. 对结论的理论意义和实践意义做了充分讨论吗？

　　h. 指出研究的局限性了吗？

**5. 总结**

　　a. 对探讨所研究的问题而言，你对该项研究的充分性的总体评价是什么？

　　b. 就该项研究对该专业领域的贡献而言，你的总体评价是什么？

---

　　再举一个作为"远景"引用文献的例子。例子中，只粗略提及一些代表性的研究，但并没有任何的深入讨论。因为，这些研究和所提出的研究问题并无直接关联。例子选自彼得·埃尔斯沃思（Ellsworth, 2013）的博士论文开题报告。

　　　　几项使用MMPI/MMPI-2分数的研究都是以性犯罪者为群体展开的（Craig,

2005）。这些研究都是比较受试的 MMPI/MMPI-2 分数。例如，有的研究比较了性犯罪者与非性犯罪者（Davis & Archer，2008）；有的比较性犯罪惯犯与非惯犯（Erickson，1987；McCreary，1975）；有的比较高冒险性犯罪者与低冒险性犯罪者（Coxe & Holmes，2009），根据静态因素划分；有的比较神职与非神职性犯罪者（Longevin et al.，2000）；有的把神职儿童性骚扰者与全国常模进行比较（Plante & Aldridge，2005）；有的比较治疗中心的神职儿童性骚扰者与各种其他类别人群的情况（Terry, et al.，2011）。

中景介于远景和特写之间，需要稍多一些的描述性材料。例如，假如研究者想探讨社会上对人工流产的抗议和暴力威胁对流产诊所员工生活的影响，那么恰当的做法是，先就潜在暴力社会抗议在其他背景下的影响得出一个概貌，并对为意外怀孕妇女服务的诊所工作人员的情感需求做一个很好的了解。对那些与这方面问题有关的研究，虽然不需要交代细节，但一定要进行总结。而且，总结要足以让读者清楚了解当前的研究状况，看出它们与拟做研究的取向有关。

最后谈谈特写。由于特写要求对研究做详细剖析，因此应该只对那些与所提议的研究问题最直接相关的研究做剖析。有些情况下，这指的可能就是某一两项研究；对这一两项研究做一些修正或重大修改，就构成了你拟做研究的基础。更多的情况是，需要特写的是一组关于相对窄小课题的研究，它们在拟做课题中明显地处于核心地位。无论属于哪种情况，对于这些研究都不能仅仅提提就完事，还要进行批评性的审查，从而使读者清楚地了解，关于相关现象哪些已经知道，根据这些工作所得出的结论在多大程度上可靠、有效；拟做研究将如何处理之前研究的局限性，把该领域向前推进。假如你要研究不育症治疗对夫妻间沟通的影响，那么，对于两项最最相关的（虚构）研究，你可以先详细描述这两个文献中的样本、测量工具以及研究程序，之后，再对文献做如下的特写：

> 在与本研究最相关的两项研究中，斯特里尔（Sterile，2010）发现，经历长时间的不育症治疗后，夫妻间的沟通得到了改善；但瑞普和弗泰尔（Ripe & Fertile，2012）得出的结论却是，医疗干预持续的时间越长，不育夫妇之间的行为交换上升为争执的也越多。对于斯特里尔的研究需要特别关注的是：由于访谈是在夫妻双方同时在场的情况下进行的，因而回答问题时并不完全诚实，因为夫妻一方的回答可能会受到另一方回答的影响。除了这一点对研究有效性的威胁外，两项研究中得出的互相冲突的发现也暗示我们，关于不育症治疗对夫妻沟通模式的影响，还需要进一步做更有决定性的研究。

借助文氏图（图 4.1）做文献综述，这是一个很好的方法。图 4.1 是三个相交的圆，是根据前面如何表述研究问题的讨论演化而成的。远景，或用广角镜拍摄的图像，是

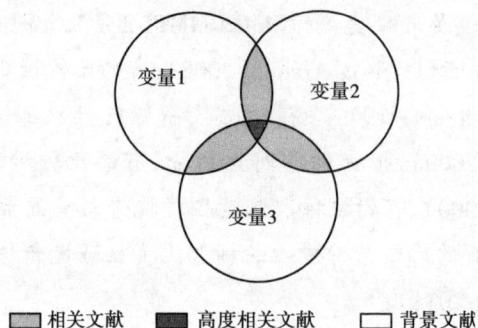

■ 相关文献　　　■ 高度相关文献　　　□ 背景文献

图 4.1　文献综述的文氏图

三个主要变量分别独立于其他两个变量的部分;中景是任意两个变量的相交部分;特写,或用窄角镜拍摄的图像,则是三个变量共同的相交部分。一般规则是:已有文献中任何包含拟做研究的全部三个主要变量或构念的研究,都需要仔细审查,因为这些研究成果与拟做研究特别相关;对于那些包含两个主要变量的研究成果,需要做一些简要的描述;那些只包含一个主要变量(也许同时也包含了其他的、不太相关的变量)的研究,就只能用作背景材料。这样的研究通常太多,无法逐个细读;而且,这类研究包含了大量与拟做研究不相干的内容。

举个例子。为了关注中年男性的不举现象,当然并不需要评述所有关于性功能障碍的研究,也不需要考虑所有以前与男性或中年有关的工作。不过,性别课题和中年发展课题是拟做研究的重要背景材料和理论基础。而且,研究者也不需要非得介绍每一项关于不举问题的研究,而只需要熟悉前人在本领域所做的广泛工作就可以了。

## 定性学位论文中的文献综述

每一种研究传统都有它自身的独特学位论文写作方法。前面刚才讲过的只是社会科学中的主导模式。不过,定性研究可以采取不同的文献综述方法。由于很多定性研究都是归纳性的或理论建设性的,而不是来检验理论的,因此很多正式的文献综述可能会出现在论文快结束处的讨论部分。作者是在理论浮现之后,再接着把理论置于已有的文献之中。

朱瑟琳·乔塞尔森(Josselson & Lieblich, 2003)这位出自叙事学研究传统的学者认为,有必要通过文献综述,让读者了解现存的文献,但她同时也担心,搞不好,文献综述会限制学术探索,而不是开拓学术探索。她怕过于全面或过于集中的文献综述,会使研究者无法把数据确定在适当的开放、好奇和疑惑层面。她所赞许的文献综述章节更像开题报告。这样的文献综述能显示作者对于文献（包括已有的理论和相关的实证研究）已经充分熟悉，只不过是把焦点放在了让读者了解拟做研究的界限及研究自身。通俗些讲，在这样的背景材料中作者可能会说："这是我所感兴趣的现象；这是一两个现已提出的理解这一现象的相关理论；这是先前研究者尝试理解该现象的一些实证方法；这是目前为止的发现；我姑且非常好奇地认为这个很重要。"这样就可以鼓励研究者在研究的进程中不断地阅读文献，并把自己的发现写进讨论一章，使这一章非常彻底，十分充分。

不过有一次，大卫·瑞尼（Rennie，1998）这位有名的扎根理论研究者在担任我们一位博士生论文的外审时忠告这位学生，要她大幅削减开题报告那长达100页的文献综述。瑞尼认为，该文献综述太包罗万象，不适合以发现为取向的定性研究，并鼓励学生在文献综述中重写那些后来受访者所提到过的内容。这些内容在等数据收集并审查完毕之后才能知道。持相同观点的还有威廉·格拉泽（Glaser，1992）这位扎根理论领袖。他认为：

> 不要去综述所研究领地里的每一篇文献，这是必要的。否则，就会污染那些真正适合本研究的数据，就会受制于这些文献，从而影响、妨碍，甚至阻碍研究人员从真正适合本研究覆盖范围的数据中生成范畴类别，生成每个范畴类别的属性，生成理论编码。（Glaser，1992，p. 31）。

不难看出，即使在扎根理论内部，对于在研究展开之前是否就接触（如果不是掌握）相关文献，也有人持更为温和的态度。

可以想象，同一种归纳性的、以发现为取向的思想定势，也会进入学位论文的"问题陈述"和"方法"章节。随着下面章节中我们对论文相关部分的探讨，这些区别就会明显可见。**在任何情况下，学生都要首先注意各自专业和院系所规定的论文格式和写作惯例。**

## 问题陈述

到了文献综述的结束部分，你应该让读者对拟做研究有一个比较清楚的了解。到了这个时候，你已经巧妙地表达出了你的论点。随着综述章节的推进，读者也进入了论文的思路。通过对有关现存文献的评述和批评，你应该使读者深信，你已经掌握了有关课题的情况，清楚该课题的背景。接下来的挑战是，如何从文献综述过渡到论文的下一部分："问题陈述"。一种方法是，对文献综述做个小结，使文献综述部分看上去与拟做研究相互连接。这个小结，要圈点出你的主要结论，简述最相关（前面已评述过）的文献，并让读者对你接下来的步骤产生期待。

　　"问题陈述"有时可以单列一章，也可以放到文献综述章的末尾处。虽然在论文前面的引言部分你可能已经对问题做过一个笼统性的陈述，但是，这里要对问题做更具体的陈述。问题陈述要明确而具体，这一点很重要。研究问题会包括一系列的未确定关系，但把研究问题理解为这些未确定关系的堆砌则是一种误解：研究问题要比这种关系堆砌简短得多。问题陈述通常用一两个研究问题或假设表述。虽然我们推荐的一般性标准是，用正式的假设，但是不是非得这么做，还取决于研究的类型，对问题都知道些什么，以及相关专业和所在系部的惯例。问题陈述还可能包括对主要概念的定义，在研究领域中对有关概念的定义存在争议时（例如，指出拟研究的是特质性焦虑而不是状态性焦虑或其他意义上的焦虑，这可能很重要）尤其应该这样。

　　至关重要的是，研究问题要有一个说明性的基础。这就是说，"问题陈述"应该包含对拟做研究的概念基础的简要总结。沙尘暴（dust bowl）经验主义虽然有些贬义，但却常被用来指那种短射程研究路数：只看眼前发生的，不去费心提出一个令人信服的前提假设及论据链条，从而对现象进行预测。要是只想知道性别、音质与劝说力之间的相关程度，这根本就不存在什么研究问题。因此，也就不适合把它当作问题来陈述。与问题不同的是，"假设"自身就有是研究问题说明性表述这一优势，因为，假设就意味着对变量之间的关系坚守某种特定的理解。

　　有些研究问题并没有具体的假设。例如，"在女性犯罪中，重要男性他人有什么作用？"这个研究问题蕴含的研究工作，就包括从犯罪女性那里或其他方面获得关于犯罪女性的信息，这些信息事关男朋友和其他男性熟人对女性犯罪活动的影响。仅就这一问题进行的不带预测性假设（可能由于缺少相关材料）的研究，可称作"探索性研究"。我们发现，太多的情况是，学生把自己的学位论文搞成探索性论文，只是为了避开两项挑战性的任务，一项是深入思考基础概念，另一项是把自己的思想与相关领域已发表的工作联系起来。

　　大多数情况都是有可能提出假设的。即使有关范围内的研究相对匮乏，关于拟做课题也可能有一些研究和理论，能为拟做研究提供信息。在前面的例子中，研究者从自己所知道的妇女发展理论以及同辈团体在犯罪行为中的作用中，可能已经产生了一些关于研究问题的能说得过去的想法。这些想法有可能就反映在一两个假设之中。

　　例如，"正面身体形象与隆胸动机之间负相关"和"面对冲突，稳定但不幸福婚姻中的夫妻比稳定且幸福婚姻中的夫妻更多采取回避方式"就是两个可能的假设。第一个假设暗示，在要做的研究中，身体形象与隆胸动机这两个变量统计相关；而第二个假设暗示，在要做的研究中，要使用两组夫妻进行研究，以比较他们管理冲突的情况。无论在哪种情况下，都要对假设中的变量做"操作化"处理，即明确指出要如何测量变量的值。有关这样的细节，通常在"方法"一章中进行具体说明。在第一个例子中,研究者可能会预测,隆胸者在身体形象量表上的得分与隆胸动机负相关(Ewing,1992)。在第二个例子中,像"稳定婚姻/不稳定婚姻"以及"冲突回避方法"这样的术语则需要概念界定和操作化,还需要确定是什么样的两组夫妻。

把研究问题和假设表述清楚、简明且有意义,通常需要多次反复修改。需要注意的是,假设通常要用现在时态,要用肯定式的断言语式。不能把假设写成"零"假设。读者可能知道,推断统计是建立在拒绝零假设这一假定之上的。零假设就是认为组与组之间没有显著差异的假设,或者变量之间不存在显著关系的假设。所以,不应该把研究假设表述成零假设,而应该表述成带有方向性的假设(即指出了变量间关系的假设),从而与前章中确立的论点相呼应。零假设是令人混淆不清的研究假设,因为它与前面提出的论点恰好相反。如果所述假设的逻辑基础还不完全明显,那么,最好在每一条假设之前或之后加上一些简短的说明,以提醒读者,这条假设是如何根据前面文献综述中所确立的理论命题提出来的。

关于好假设,有几个标准值得推荐:无歧义;表达出两个或多个变量之间的关系;隐含着实证检验(Locke, Spirduso, & Silverman, 2013)。经常掉入的陷阱是,把几个假设塞进一个复杂的陈述之中。例如,"与挣钱比丈夫少的女性相比,挣钱比丈夫多的女性更为自信,有更多的朋友,干更少的家务活"。

有些学位论文既有带假设的研究问题,也有不带假设的研究问题。假设覆盖关系可能涉及那些对之前工作的直接挑战,或者对理论的检验;而那些不含假设的独立问题则机会更为开放,从而能更好地满足个人的好奇心。例如,一个研究心理治疗师自我宣泄模式的学生,也许会对宣泄与友谊之间的关系提出某些具体假设(例如,"病人具有高自我宣泄的心理治疗师朋友更少"),但对宣泄与治疗阶段之间的关系(例如,"医师和病人间的自我宣泄与心理治疗阶段之间有什么关系?"),可能并没有清楚的预期。

把研究问题与假设结合起来的另一个更常见办法是,把研究问题作为更一般性的调研主题,随后就是能以检验方式预测的具体假设。下面的例子选择珍妮弗·米歇尔(Mitchell, 2012)的博士学位论文。这是一篇实验型的学位论文,研究的是瑜伽练习作为辅助干预对于缓解产前抑郁症的作用。论文既有研究问题,也有研究假设,具体表述如下:

> 研究问题1:参加瑜伽训练计划能显著降低抑郁感吗?
>
> 假设1:瑜伽训练组在流调中心抑郁自评量表(CES-D)上的前测与后测得分差异,将大于接受育儿教育的控制组的得分差异。
>
> 研究问题2:瑜伽训练计划对哪种抑郁症状的影响最大?
>
> 假设2:瑜伽训练组在流调中心抑郁自评量表抑郁情绪和躯体植物症状子量

表上的前测与后测得分差异,将大于接受育儿教育的控制组的得分差异。(Mitchell, 2012, p. 12)

再举一个选自艾伦·古德伯格(Goldbergl, 2003)博士学位论文的例子。该论文开始先提出一个一般性的研究问题:"哪些父/母和孩子因素能预测糖尿病自我护理行为,特别是在家庭和学校环境中围绕预防、检查以及低血糖处理方面的自我护理行为?"与米歇尔(Mitchell, 2012)的双组实验设计不同的是,古德伯格研究的主要假设是用来描述变量之间关系的,是暗示要对结果进行相关分析。具体表述如下:

假设1(a):父/母对低血糖的恐惧与父/母对孩子在学校糖尿病自我护理自治中的责任的期望值负相关。

假设1(b):父/母对低血糖的恐惧与父/母对孩子在家庭糖尿病自我护理自治中的责任的期望值负相关。

假设2(a):父/母对孩子性情规则性和任务定向性的知觉,与父/母对孩子在学校糖尿病自我护理自治中的责任的期望值负相关。

假设2(b):父/母对孩子性情规则性和任务定向性的知觉,与父/母对孩子在家庭糖尿病自我护理自治中的责任的期望值负相关。

假设3:父/母对家庭环境中的糖尿病自我护理自治的期望值,要低于父/母对学校环境的期望值。

假设4:父/母对糖尿病自我护理自治的期望值,与代谢的控制情况负相关。

(Goldbergl, 2003, pp. 51-52)

对上述假设中的变量,也要进行操作化。在本例中,艾伦·古德伯格(Goldbergl, 2003)检验假设所用的测量工具就有"低血糖恐惧调查"和"糖尿病患者家庭责任调查问卷"等。例子中的研究问题和假设代表的是一些比较直白的研究设计,这些都是基础实验范式和相关范式的典型代表。今天,我们看到越来越多的学位论文研究都包括了调节变量和中介变量,这样的研究也涉及更复杂的数据分析。关于这类研究的例子,我们放到了讨论如何展现结果的第6章。

在表述假设时学生遇到的最大障碍是,不能把假设说清楚。下面我们举例讨论两个假设,并通过点评,提出一些如何改进假设的建议。

**例一 原来的假设:**在少年中,平衡的自我观与显著的心理变异负相关。

**点评:**该假设的表述有两个问题。假设中,学生在竭力表明,随着自我观变得更加平衡,心理变异现象就会减少,因此,该假设指向一种逆向关系。然而,"平衡的自我观"属于变量"自我观"的范畴,而作为变量,自我观却在平衡和不平衡之间连续变化。所以,该假设参照的并不是变量,而是变量取值的一个端点。第二个问题是,"显著的心理变异"的意思不够明确。"显著的心理变异"自身就含糊不清。"显著"指的是两变量之间的关系统计显著？还是在某个量表上的心理变异值超过某临床分界点，于是病症变得显著？我们建议把这个假设修改为："随着少年自我观的改善，他们得抑郁症的可能性就会减少。"另一个可能的表述是："少年的自我观与他们得抑郁症的可能性负相关。"这个表述暗示，所要开展的研究并不是纵向设计。

例二　原来的假设：早发型慢性抑郁症个体将处在认知发展的前运算阶段，他们的阿林形式推理测验得分是7分或以下。

点评：这个表述就不构成假设，因为它并没有表述任何关系，而只指明了一个群体（早发型慢性抑郁症人群），并指出该群体在某认知发展测验上的期望得分。要使比较组明确，把该表述转换成假设，学生不妨这么写："早发型慢性抑郁症个体将处在认知发展的前运算阶段，他们的阿林形式推理测验得分是7分或以下，而非抑郁症个体在阿林形式推理测验得分更高。"这样，就明确有两个由不同个体组成的组和两种可能结果：一组有早发型慢性抑郁症，一组没有早发型慢性抑郁症；一种结果是，那些在阿林形式推理测验中得7分或以下的个体处在前运算阶段，那些得分在7分以上的个体不处在该认知阶段。

有些学位论文指导委员会要求学生，在假设的陈述中要有概念操作化所用测量工具的名称，有些学位论文指导委员会并没有这种要求。我们更倾向于后一种，但也不反对前一种。我们只想指出，包含测量工具名称会使假设变得很长，因此很难付诸实施。于是，我们就可能有下面两种假设表述："那些诊断出有早发型慢性抑郁症的个体与那些没有早发型慢性抑郁症的个体将处在显著不同的认知发展阶段"；"那些用贝克抑郁量表诊断出有早发型慢性抑郁症的个体，比那些用阿林形式推理测验诊断出没有早发型抑郁症的个体更可能显著性地处在认知发展的前运算阶段"。

### 定性研究中的问题陈述

什么确切形式的问题陈述才算好的陈述呢？这取决于你所在的学科以及你所沿用的研究传统。定性研究更可能支持开放性的问题。在现象学传统中，一篇探索生育问题的博士学位论文可能会提出这样的笼统问题："生孩子是什么样的体验？"在穆斯塔卡斯（Moustaksa，1994）的引导下，有人可能选择具有丰富个人意义和社会意义的题目。这是一种既能反映研究者自身体验，又能激起他人兴趣的题目。问题应该具有下列特征：

　　1. 寻求对人类经验本质和意义的更充分揭示；

　　2. 寻求对行为和经验中定量而非定性因素的揭露；

　　3. 使参试者始终全身心地参与，并保持个人的热情参与；

　　4. 不寻求对因果关系的预测或确定；

> 5.是通过对经验的仔细且全面描述以及生动且准确的解读来加以阐明,而不是通过测量、评级或打分。(Moustaksa,1994, p.105)

其中,奥托·李(Lee, 2009)的博士学位论文就是采用这种视角的现象学研究,论文对社区学院领导的"创新者困境"做了探索。这一困境涉及如何在面临各方阻力的情况下奋力开展必需的创新,阻力包括职工方面的、学术传统方面的以及其他方面的。李的核心研究问题是:"社区学院领导在做关于学院改革方面的决策时会遇到些什么?"

虽然绝大多数的定性研究都只有一个总的研究问题,但是,很多研究者还是采用一个核心问题加多个子问题的模式,有的甚至有一个以上的主要问题。例如,我们有个名叫萨拉·卡茨(Katz, 1995)的研究生,她完成了一项关于应对慢性复发性阴门疼痛问题的本质上属于现象学的研究。这是一种罕见的病痛,既折磨人又极其难治。她的几个主要研究问题如下:

> 1.妇女如何应对慢性阴门疼痛?
>
> 2.患慢性阴门疼痛的妇女是如何定义自己的疾病、自我和环境的?
>
> 3.妇女对自己阴门疼痛的肉体知觉是如何发展、变化并引起后果的?
>
> 4.妇女对自己阴门疼痛的情绪反应是如何发展、变化并引起后果的?
>
> 5.自我塑造与慢性阴门疼痛妇女患者如何理解病痛感觉以及情绪反应的意义之间有什么关系?

请注意,所有这些问题都是围绕定义病痛感受经历的主题和环境提出的,都有助于提供这样一个结构,好把关于该经历的种种感觉和思想联系在一起。这些问题反映出现象学传统是如何征询经历或现象的意义的。

在扎根理论研究中,主要研究问题的措辞有可能是一个提问过程,尽管诚如上述例子表明的那样,实践中,扎根理论和现象学研究传统经常会有些重叠。还是前面提过的生孩子主题。用扎根理论时提出的典型问题可能是:"在管理完备的医疗保健条件下,妇女是如何为孩子生产做准备的?"对于定量研究,这种提问显然过于宽泛,过于开放。不过回想一下,扎根理论的主要目的是提出与该被研究现象有关的理论。

在主要问题之后,通常还有一系列的进一步的问题或提示。这些都对数据分析有着直接的意义。例如下面的问题:

- 过程是如何随着时间发展的?
- 过程中值得关注的事件有哪些?
- 是什么在促进过程?
- 是什么在阻碍过程?

- 过程的关键参与者是谁？他们的作用是什么？
- 都有些什么结果？

我们一个叫劳伦斯·董(Dong, 2003)的学生的博士论文设计,就是为了生成/发展扎根理论视角下的东亚和东南亚少年犯种族身份形成过程。董的研究基于下面几个主要研究问题,这些问题也是他学位论文研究的向导。

1. 东亚和东南亚少年犯的种族身份是如何发展的?
2. 这些少年的种族身份形成过程都有什么模式或共性?
3. 他们的种族身份形成过程都受到什么因素的影响?
4. 他们的种族身份形成过程如何影响他们的犯罪冒险行为?
5. 有没有什么种族文化保护机制可以缓冲犯罪行为?(Dong, 2003, p. 68)

在民族志研究中,研究问题的措辞倾向于把焦点放在对文化侧面的描写之上,这里的"文化"是广义的文化。还是接着前面那个孩子生产的例子。一个可能的总问题是,"如何描写和解读都市大医院的产房文化?"这个问题隐含了要对分娩环境进行描述,对主题进行分析,对病人和医护人员的行为进行解释。朱利安·林奇-兰桑的博士学位论文(Lynch-Ransom, 2003)用的就是民族志方法,论文研究的是互联网对一家中西部公司的组织文化的影响。林奇-兰桑的研究是在以下问题的引导下进行的。

1. 隐藏在该组织所独有的制造信得过产品这一文化背后的思想或价值观是以何种方式显现的?
2. 通过符号、信念以及行动模式构造意义的过程,是如何引起组织成员的认同和不认同的?
3. 通过符号、信念以及行动模式构造意义的过程,是如何像互联网小组文化那样促进领导采取行动的?
4. 在组织被收购后,认同和认同形成过程是如何通过符号、信念以及模式出现在文化融合过程之中的呢?

叙事研究假定,人们是通过讲故事和回忆来构造生活对于自己的意义的(McAdams, Josselson, & Lieblich, 2001)。在这一传统中,一项关于生孩子问题的研究就可以问,生孩子和养孩子的经历如何影响妇女的自我感,如何影响她和男人之间的关系以及她和其他妇女之间的关系。有一篇采用叙事方法研究不同发展课题的心理学博士学位论文就提出下面的研究问题:

1. 当伴随女性成长的是和父亲挣钱一样多且获得同样成就认同的母亲时,这些过程在母女关系中都起什么作用?

2.对女儿自身的能动性体验有何影响？

3.她们对自己童年家庭里的权力平衡是如何感受的？这些感受是如何塑造她们对自身可能性、欲望以及女性意义的理解的？

4.这些感受如何影响她们自己的工作和关系选择，如何影响她们自己能动性的体验？

5.她们是如何理解工作、人际关系、经济回报以及个人成就的意义的？

6.她们指出哪些（如果有的话）童年经历为自己的成年生活有所铺垫？（Jersild, 2007, p.65）

在另一篇使用叙事方法研究的博士学位论文中，作者艾尔克·施拉格（Schlager, 2013）提出的总研究问题是："新手妈妈与自己母亲以及其他早年管养人的关系如何影响她适应母亲角色？"此外，作者还提出了下面的几个子问题：

1.根据自身是否得到自己母亲的支持，新手妈妈对自我的感觉如何？

2.孕期和产后的抑郁感与女性想做母亲的欲望或原生家庭文化有什么关系吗？

3.什么样的母女关系（或关系感觉）对产后抑郁症显得更有保护力？

4.什么样的母女关系置女性于更危险之地？

5.还有什么弹性因素能够保护一些新手妈妈免受产后期的抑郁困扰？

6.在女性来到美国的背景下，她们是如何理解生孩子的意义的（例如，学校教育、赚钱机会、职业发展）？

其他研究传统也都有自己提出研究问题的模式。例如在行动研究中，斯金格（Stringer, 2013）在完成文献综述后就并没有提出研究问题。相反，却把"问题陈述"镶嵌进了引言一章，其中包括以下要素：

- 本研究要回应的议题或问题
- 本研究的开展地以及利益有关方
- 影响研究问题的组织、政策、计划和服务
- 本研究的目的
- 本研究的意义
- 以后各章内容的概述

文献综述既包括对学术文献的综述，也包括对有助于解读所研究议题的官方和非官方文件（政府政策、组织会议手册、报告、新闻报道等）的综述。按照斯金格（Stringer, 2013）的观点，要对这些材料加以解构，以暴露出隐藏在材料深处的那些支撑各种主张的假定、概念和理论，为随后的研究方法搭好舞台。这些部分，甚至整篇论文，都可以写得更像叙事一些，而不是像实验研究报告那样。

汉米德·威廉姆斯(Williams,2006)完成了一篇参与式的行动研究博士学位论文,目的是了解生活在纽约市大都会区的非裔男同性恋的社交世界。他的主要研究问题反映了这一目标:"在他们所参与的一项具体化、非洲中心式、合作研究探寻过程中,有同性恋经历的黑人群体能提供关于他们自己社交世界的什么见解?"

对于研究问题的陈述,连同对研究问题和/或假设的精确阐述一起,构成了从文献综述向研究方法的过渡。第5章,我们就研究方法的撰写提一些指导和建议。

## 参考文献的管理

参考文献的管理是最适合用计算机做的事情,因此我们强烈建议写学位论文的学生,要用文献管理软件,把文献的定位、组织和总结任务通过专业软件完成,不管文献是书,是期刊文章,是公共文件,是其他任何形式的书面、录制或视频材料。目前,已经有30多种能完成这类任务的专业软件,并具有其他多种功能。这些软件分三大类:开源软件,零售软件,基于网络的软件。开源软件一般是免费的,只要有版权人所提供的密钥就可以获权对软件进行学习、修改,传播给任何人,不管出于何种目的(St. Laurent, 2004, p. 4)。零售软件是公开销售的软件,需要下载且需要密钥。我们的研究学生用的是Endnote软件,其他常用软件还有Biblioscape,在苹果Mac OS X操作系统下运行的Bookends软件 ,同时有免费版和高级版的Qiqqa软件,这款软件堪与Endnote软件媲美。基于网络的软件一般要安装在网络服务器或集中托管网站上运行。

在你选择使用开源文献管理软件之前,我们建议你问一问自己以下几个问题:(1)这款软件能在我的操作系统下运行吗?(2)这款软件能导入、导出我所用的文件格式吗?(3)这款软件能导出我论文格式所要求的引用格式吗?(4)我校图书馆使用并推荐哪种软件?(5)我的文字处理软件兼容这款软件吗?(6)这款软件能导入我可能使用的学术数据库或搜索引擎参考文献吗?(7)我可以从线上支持团队处获得帮助吗?(8)有在线电子教员吗? 你得用心挑选,使用的时候才顺手。

除了用程序管理参考文献外,有些基于网络的程序还能校读你的学位论文,检查论文的语法、拼写、格式及标点符号。ErrNET和Whitesmoke就是两款这样的程序。ErrNET是一款基于网络的应用程序,有免费试用和每周、每月、每年的密钥。Whitesmoke是一款零售程序,有年度和终身两种密钥。这些程序的语法和拼写检查功能比大多数的文字处理软件要强很多,因此可以改进你的写作质量。

**窍门箱 4.1**

**文献综述和问题陈述：同学们的建议**

1.从一开始就要使用APA格式的最新版。养成良好的引证习惯比写完后再返工修改格式要容易得多。对于直接文字引用尤其如此，直接引用一定要标注页码。Endnote之类的软件可以帮你自动完成APA格式的文内标引和文后参考文献单制作，会使你的文献引证工作容易很多。

2.读着读着，你会觉得所读的作者和引用文章变得熟悉，再继续阅读似乎变得多余，这就是你该结束文献综述的时候了。

3.要自创一套属于自己的组织和分类知识的体系。例如，我一开始就在所读之书和文章的页边做上记号，数字代表所涵盖的题目，发现一个就标记一个，最后算算共有38个，几乎涵盖了所有方面。为了便于信息提取，后来我改用电脑，根据分类代码对参考文献进行整理。

4.对你所研究的理论，一定要读理论家本人的原著，不要只读他人的转述。我发现，人们经常会歪曲原著的意思。例如皮亚杰（Piaget），他在美国就被严重误读。此外，原著是更为丰富的资源。先相信自己，后相信他人。要花些时间，把自己不是很清楚的地方标记出来，因为这些地方往往是高级思想的所在，一定要花气力搞懂。

5.学生常见的问题之一可能是，要通过不同学科跟踪一个研究主题，例如社会心理学、社会学、人类学、传播学、跨文化研究等。一个学科领域中的研究经常和其他领域中的研究相互隔离，原因并不是各自有不同的哲学取向，而是支离破碎的学术组织之类的社会性障碍。对于同一个主题，在不同专业中的名称甚至都不一样。

6.一开始阅读就记录下文献资料的完整来源信息，这比以后再做要容易得多。写完整篇文章后再寻找文献的出版日期或信息所在的页码，这既耗费时间，还让人有一种挫败感。

7.文献综述部分要多用小标题，这样，文章既井然有序，也流畅易读。要确保标题足够清楚，能把读者引向接下来的内容。

---

**文 献 选 择 和 综 述 小 贴 士**

1. 了解本专业的数据库（例如，PsycNFO, Medline）。要知道，你在数据库之中所能找到的文章，取决于你搜索时所使用的检索词。要使用尽量多的其他检索词搜索。

2. 从最近的研究报告、综述文章和书籍开始，逐步向过去的文献推进。

3. 找出"经典"研究和本领域中被认为特别重要的研究。

4. 不要忽略与自己观点或假设不一致的研究，也不要忽略取得负面结果的研究。

5. 即使到了论文的后期，也要不断浏览最相关学刊每期的目录，看是否有更新的研究出现。

6. 学会快速阅读技巧。文献实在是太多，无法——细读时，先阅读摘要，然后快速略读每部分的开头和结尾；接着往下读，除非这是一篇特别重要的文章。

## 文 献 选 择 和 综 述 小 贴 士(续)

7. 按主题和类别对论文进行分组;考察各研究之间有何相关,有何不同;寻找文献中的研究空白。

8. 不要宣称有关某一课题"还没有人研究",这只是说明用你的方法什么也没有搜索到。此外,要做好准备,扩大你的搜索范围,看其他相关或对你的研究有启发意义的领域是否有你需要的文献。

## 写 作 和 语 法 小 贴 士

下面是我们关于如何处理学位论文中常见语法问题的建议:

1. 多做几次小结,把各部分间的过渡写得足够清晰。

2. 学会正确表述"谁是"和"谁的"(例如,"它是"与"它的")。

3. 确保代词与其所代的单复数一致(即,在同一句话中,代词的单复数要保持一致)。例如,"一名军事人员参加战斗,他们就面临创伤后应激障碍风险"这句话中就包含了代词与其所代名词单复数不一致的问题。这句话应该改成:"军人只要参加战斗,他们就会面临创伤后应激障碍的风险",或者,"那些参加战斗的军事人员,他们都会面临创伤后应激障碍风险"。

4. 学会正确使用现在时和过去时。如果是一次性发生过的事情,那就要用过去时;如果发现事情永远是这样,那就要用现在时。一般来讲,特定研究发现是关于样本的,而该研究结果的概括则指向总体。例如,在提到以前的研究时可以这样说:"灰熊在露营者放上音乐时它们的攻击性变小了。这就使得研究者得出结论[或使我们得出结论]认为,音乐对野兽有安慰作用。"

5. 学会正确使用逗号和分号。分号用来连接几个完整的句子(一般都有自己独立的主语和谓语动词),这种情况下,句子之间没有"和""或者""但是"之类的连词。分号是告诉读者,前后两个部分是相关的,或者,是同一思想的不同部分。例如:"琼斯对男性和女性都进行了调查;史密斯只依赖男性。"

6. 避免用俚语和专业行话。

7. 一定要避免剽窃。不属于自己的思想和文字都需要引证。

我们的同事朱蒂·史蒂文斯·龙格(Judy Stevens Long)为学生提了下列的睿智(可能有些夸张)性建议,想帮助学生改进他们的英语学术写作。

1. 不要把一句话写得超过三行(约 30 个英语词)长;长句子往往很难理解。

2. 在一个句子中不要用三个以上的介词短语或不定式短语。这样的句子会使读者的注意力脱离句子的要点。介词短语以 in、through、under 这样的词引导,不定式短语则以"to+动词"引导,例如,to discover 和 to prepare 等。

---

### 写作和语法小贴士(续)

3. 把主语放在句子的开头,让动词尽量靠近主语。这样,读者就更容易了解你的意图。动词在学术作品中往往被严重低估,所以你要尽量用一些生动的动词,而不要老用 is 和 was。

4. 副词是动词的敌人。very、really、uniquely 之类的副词并不必要。准确的动词本身就够了。

5. 形容词是名词的敌人。如果找到合适的名词,就可以减少形容词。

感兴趣的读者,可以在线上文件 Fussy Professor Starbuck's Cookbook of Handy-Dandy Prescriptions for Ambitious Academic Authors or Why I Hate Passive Verbs and Love My Word Processor 中找到更多的写作贴士。

---

### 文 中 引 用

APA 格式规定了如何在行文和参考文献单中正确引用其他研究。在行文中,至少可以用两种方式引用某一作者的研究。请注意两个例子中的括号位置和句号位置。

a. 已经确定,与女性相比,男性更不愿意问路(Knowitall, 2004)。

b. 诺威陶(Knowitall, 2004)的研究确定,与女性相比,男性更不愿意问路。

引用多个作者时,还有一个细微但重要的差别,即 and 与&之间的差别:

a. There is reason to believe that women enjoy shopping more than men do (Bargain & Spend, 2005). 〔有理由相信,女性比男性更享受购物。〕

b. Bargain and Spend (2005) found that women enjoy shopping more than men. 〔巴干和斯本德发现,女性比男性更享受购物。〕

---

### 学 习 使 用 图 书 馆

对于几乎所有的研究活动,尤其是学位论文,其中最关键的一部分内容是对本领域和相关领域学术(或专业)文献的快速有效探索。关于如何探索文献,已有多部著作专门讨论。本书由于重心不同,无法充分讨论资料探索(包括图书馆和网上)所需的各种重要技能。我们图书馆的管理员斯蒂芬·克莱姆(Stefan Kramer)和玛格利特·康纳斯(Margaret Connors)就如何使用图书馆做研究有以下建议:

1. 只依赖免费网络搜索引擎和目录,这对于研究生层次的研究是远远不够的。

2. 花几个小时或几天学习图书馆查询技能,学习有效的搜索技术,完全可能为你节省数周或数月的令人沮丧的、似乎没完没了的、白白浪费的搜索时间。

3. 要是以前的研究工作还没能使你熟悉搜索技能,你就应该去找本校的图书馆的参考资料管理员。此类管理员受过专门训练,能为你提供深度图书馆文献研究和一对一咨询服务。本校的图书馆网站可能有电子教员、资源指南、短小专题讲座等,具体取决于本校图书馆的资料情况。

| 学习使用图书馆(续) |
| --- |
| 4. 看图书馆能提供什么样的与研究有关的服务——学费包含了这些服务!<br>a. 选择与你课题领域有关的适当在线数据库和其他信息资源。<br>b. 交叉使用多种在线资源进行有效搜索。<br>c. 通过相关引用/摘要查找全文。<br>d. 使用引用索引查找其他引用过有关文献的作者或被他人引用的作者。<br>e. 使用各种技术来"对准"你的主题搜索范围,要么扩大搜出的引用数量,要么减少搜出的引用数量。这包括如何使用嵌套式布尔逻辑搜索[(a 或 b)和(x 或 y 或 z)类型的查询结构)]。使用不完整词和万用符来有效搜索词的不同变体;使用近似操作符(包括短语搜索)控制查询中搜索词语间的距离和顺序。<br>f. 如果可能的话,使用近义词词典或叙词表[1],以获得最丰富的主题搜索结果。<br>g. 选择网上数据库的特定域/索引进行焦点搜索。<br>h. 保存并组织搜索结果。<br>i. 使用格式手册和文献管理工具。<br>j. 尊重版权。 |

---

1　叙词表,就是把代表同一概念的不同词语都罗列出来。——译者注

# 方法章：说明你的研究计划 5

不管是学位论文、期刊文章，还是开题报告，方法部分都要确切说明为检验假设或回答研究问题所要采取的具体步骤。因此，就像文献综述之后要紧接研究问题一样，方法部分自然紧跟在问题的陈述后面。本章的目的，是如何清楚、完整地描述研究所采取的具体步骤。对步骤的说明必须足够详细，要能让新手读者重复你的研究。

在第3章中我们曾建议学生，要先选择一个合适的问题，然后再选择适当的方法来研究这个问题。但在有些学位论文中，事实上方法可能就是研究的课题。在选定合适问题之前，学生就很可能激动不已，很想使用某种数据采集技术或方法。当然，绝大多数情况是，先深入思考研究问题以及回答这些问题所可以使用的方法，在此基础之上再确定适当的研究方法。本章接下来的材料将分成两大部分：一部分主要集中讨论定量学位论文，另一部分主要集中讨论定性学位论文。我们强烈建议，这两个部分你都要阅读。这两个部分所讨论的问题并不是彼此截然分开的，而是在相当程度上互相重叠的。

## 定量论文中的方法章

在方法章，你要一五一十地交代自己检验假设所采用的具体步骤。典型的方法章包括三个小节："受试/被试/参试者"节，"工具或测量"节，"程序/步骤"节。此外，在学位论文开题报告中，方法章通常还包括"统计分析"或"数据分析"节，以简要介绍处理数据的路数方向。使用特殊设备的研究，经常还要加上"设备"一节，以介绍所用设备的性质和种类。

方法章初稿中的常见错误是，把文献综述或问题陈述部分（见第4章）的材料改头换面后再拉扯进来。我们应该把方法章主要看作是开展具体某块研究时所遵循的一组指导语。下面，我们就从这个视角，逐节讨论方法章的写作。

### 如何写好方法章的开头

一种开启方法章的不错方式是,撰写一个引介段介绍一下研究设计情况和本章的组织安排。这样,就为读者阅读后面的内容做好了铺垫,同时也为本章接下来的材料提供一个总框架。引介段的任务是告诉读者:"这是方法章,它是这样组织的,我用的是这种设计。"引介段最困难的地方可能是如何陈述研究设计。专门介绍研究设计的图书,市面上至少也有几十种。我们写引介段的目的并不是对如此浩瀚的材料加以评述,我们是要用一两个短句告诉读者,我们的研究设计属于哪种一般类型,还有什么适当的语言标签。基础研究设计比较简单。一款设计可能是实验设计、准实验设计或相关设计。设计要么是横向的,要么是纵向的。纵向设计可能在一段时间使用相同的参试者,也可能不是这样。一开始就要把这些基本情况交代清楚,这很重要。

例如,设想你要做一项是横向设计的研究,想用5个预测变量作自变量,用两种关于结果的量度作为因变量。吉尔伯特(Gilbert, 2007)的博士学位论文就是一项采用这种设计的研究。论文的方法章是这样开始的:

> 本研究采用的是定量横向研究设计,有五个自变量(依恋组织、负面情感、述情障碍、情绪感觉察水平、体象障碍),两个因变量(暴食的频度、情绪化过食的频度)。本研究的主要目的是,调查每个自变量单独或几个自变量一起如何与暴食以及情绪化过食水平关联。(p. 96)

要确切确定哪种设计最适合你的研究,任意参考一本关于研究设计的著作就可以了(例如:Goodwin, 2010; Shadish, Cook, & Campbell, 2001)。再好的华词美句,都比不上把研究的结构叙述清楚重要。例如,扎哈里亚季斯(Zachariades, 2012)关于慢性疼痛症患者认知行为疗法失眠自我管理的研究有如下描写:

> 本研究采用的是随机化受控效能研究设计,在三个时间段内(前处理、后处理、后处理三个月之后的跟踪评估)对两组参试者(接受失眠自助认知行为治疗手册的干预组,见附录A;接受标准护理或常规处理的暂候控制组)的情况进行了测量。随机化处理是由研究者用随机数字生成器(Hahr, 2010),在参试者参加他们的基线筛查之前做的。(p. 36)

### 说明样本

在方法章的参试者(受试)一节,要对你准备用的参试者的来源和数量加以说明(如果是开题报告),或者,对你研究中实际得到的受试的来源和数量加以说明(如果是已完成项目）。请注意，今天，在指称人类时，"参试者"已经在很大程度上取代了"受试"，尽管"受试"已经使用了好几十年。当然，分析的基本单位也许并不是人；研究的对象可能是组织或事件，是文件或从电视节目里剪辑出来的商业广告片段，甚至是某个社会整体，就像人类学研究中经常出现的情况一样。方法章的这一小节的目的之一是，说明为什么选择了特定的分析单位，是怎么选择的。

我们发现常出现的问题是，学生把对于参试者样本选取的说明，和对于从这些参试者身上采集数据程序的说明混到一起。虽然很难把这两个方面的抽样完全分开，但前者属于"参试者"一节的内容，后者则属于"程序"一节的内容。对于"参试者"一节，尤为重要的是所用的具体抽样程序、选择给定数量受试的理由，以及受试的来源。要抽取哪种类型的样本：随机，分层，还是有目的？你的参试者在什么地方？对于你的特定设计，必须要多少参试者？这些问题，每一个都很重要，都要在"参试者"一节一一交代。下面，我们就逐一讨论。

**抽样设计**。就像一般的研究设计一样，抽样问题也很复杂。不过，作为研究者，你的目的并不是讨论抽样这一棘手问题。你要做的是向他人说明，在考虑了理论问题和实践问题的条件下，你在自己的研究中是如何完成抽样工作的。当然，关于各种抽样设计的知识，是你对具体抽样问题进行适当说明的前提。

下面的两个例子，对你确定自己的抽样路线也许会有帮助。

例一：

> 参试者是患有慢性疼痛的成年门诊病人，通过加拿大渥太华医院康复中心和渥太华医院总院麻醉科的疼痛诊所征募。病人被诊断出有慢性骨肌源及/或神经病变源疼痛，可以到渥太华医院去接受评估及跟踪预约，并无其他疾病影响睡眠，并未处在危急状态或受同期重度精神障碍（即精神错乱或狂躁症）困扰，18岁以上65岁以下，能够使用英语。如果参试者服用处方类安眠药，不把此作为排除标准。(Zachariades, 2012, p. 36)

例二：

> 大约一半的参试者($N = 410$)都是用"多址进入技术"(Reips, 2000)从互联网用户群体中招募的。在菲尔丁大学临床心理与人类组织发展专业的列表服务上发出本研究的通知；关于本研究的链接也放置在相关的两个网站上；个人邀请函通过电邮发给对本研究表示有兴趣的人，并邀请他们把该邮件转发给其他人。不要求通过网站完成调查的人提供任何除人口统计参数之外的其他个人身份信息，他们也不会收到任何形式的参加激励。会告知他们，研究结果什么时候会在网站上公布。
>
> 对有效性的一个潜在威胁，来自基于网络的参试者是自我选择参加本研究这一事实(Buchanan, 2000)。完全根据自愿原则招募参试者可能会严重限制回

应的范围。出于这方面的考虑,其余参试者($N = 392$)是从北加利福尼亚州的一所州立大学招募的。这些参试者都在修习一门本科水平的研究方法课,参加本研究他们可以获得1个学分。(MacNulty, 2004, p. 84)

在很多研究中,要获得严格意义上的随机样本并不现实。即使是大二学生这一很多在大学中进行的研究经常使用的群体,本质也是一个经过挑选的组群,其自身的独特性会限制人们把发现推广到一般人群。那些针对相对不寻常现象的研究,例如研究那些和父母一起生活到中年的男性或那些在寄养家庭长大的成年人,就会依赖滚雪球或其他非随机技术来获得足够多的参试者。非随机抽样是否合适,这取决于研究对该方法固有潜在偏差的容忍度。例如,卡罗·克莱恩(Crane, 2005)的博士学位论文就需要找到足够数量的患某种罕见神经心理病的参试者。定性研究更是经常用滚雪球技术来找到参试者。例如,戴安·阿姆斯特朗(Armstrong, 1995)那篇令人着迷的、探讨18位盲人的梦的本质的博士学位论文,以及德冯·乔希尔德(Jersild, 2007)那篇探讨与非常成功的母亲一起成长的女性的博士学位论文,用的都是滚雪球技术。

今天,通过互联网寻找参试者和采集数据已经变得越来越普遍。把研究要用的所有问卷和测量工具都放到网站上,那些合乎要求的参试者能够在自己的家里在自己选择的时间完成问卷和测量。参试者的回答都在一个数据库中,对结果进行处理和统计分析很方便。有时,参试者是在同一网站或通过互联网讨论组名单招募,因为这种互联网讨论组能吸引那些符合参试者条件的个体。

我们的学生就用过两种不同的方式。一种是设计自己的网站。特雷西·齐曼思基(Zemansky, 2005)就自己设计网站完成博士学位论文。她的论文探讨了戒酒互助协会长期会员的康复过程。短期内,她就获得了164位符合要求的参试者。自己设计网站采集数据很费时间,未必是你的最佳选择。另一种做法是,使用某种现有服务,从而使研究者能把自己的测量工具挂在专门从事这类调查和数据采集活动的公共网站的安全域内。研究者通过电子邮件、电子讨论名单、信函或个人联系的方式招募潜在参试者,把他们引向该网站,邀请他们生成一个安全的网上识别码和密码,让他们键入适当的调查号码进入研究。该网站上还提供必要的参试者知情同意表。科林·古德温(Goodwin, 2006)就是用这种网上研究服务完成了博士学位论文。论文探讨的是临床心理医师培训中监督关系的质量问题。令她非常高兴的是,通过这种方法,她也在短期内就获得了超过预期数量的参试者。

那么,根据上网的意愿选择参试者并以电子方式完成调查的做法都有哪些优点和缺点呢?目前,虽然我们对于线上线下样本的可比性还了解不够,但是我们的所知已经令人鼓舞,而且已经有相当多的研究探讨这个课题(试比较 Duarte Bonini Campos, Zucoloto, Sampaio Bonafé, Jordani, & Maroco, 2011; Gosling, Vazire, Srivastava,

& John，2004；Tourangeau，Conrad，& Couper，2013；van den Ber et al.，2011；Wright，2005）。有证据表明，线上完成问卷的比例与线下完成纸笔问卷的比例相当（Sue & Ritter，2007）。诚然，有无网络和会不会使用电脑导致样本偏差，但是，通过这种方法也有可能获得传统数据采集策略所无法采集到的来自各种不同地域的样本的信息。而且，很多参试者都似乎信任并喜欢与机器打交道而不是直接与研究人打交道，因为，这样他们更有匿名感。当然也有相应的风险：使用这种没有人味的方式，参试者回答问题时更可能会敷衍。确实很明显，研究者可以通过互联网非常高效地获得大量的回答，而且收集数据的方式使他们分析时相对少了一些痛楚感。前面的讨论并没有穷尽所有可能的互联网数据采集方式。由于这些对学位论文太为重要，所以我们在第11章中专门深入讨论各种互联网数据资源以及通过互联网采集数据的策略。

**适量的参试者**。对于给定的研究设计，确定多少参试者才适量是最大的抽样难题之一。通常，考虑到时间和经费的限制，学生希望获得论文指导委员会所允许的最低数量的参试者；但是，这一决定可不能任意。如果你低估了所需案例或受试的数量，那么，你的研究的效力就可能不够，你就会漏掉那些支持你的假设的重要效应。如果你高估了参试者的数量，那么，你就会把时间、钱以及精力没有必要地花在一些你并不真正需要的数据采集之上。大多数学生都会低估从数据中得出有意义结论所需要的参试者数量。试想有一项教育心理学领域里的研究，研究者希望比较公立学校学生与只接受家庭教育的孩子的自尊心水平。假定两者之间确实存在差异，那么，研究者就必须采集足够多的数据才能使这一有意义的差异统计显著。实际差异越小，研究者所需要采集的数据就越多。

估算参试者数量的最好办法是统计效力分析。通过分析效力，研究者就能知道下列给定条件下要检验出自变量效应所需要的参试者数量：（1）总体中这些变量效应的大小；（2）所采用的统计检验类型；（3）研究的显著性水平（即 $\alpha$ 水平）。统计效力的水平用概率表示，它告诉研究者能避免第 II 类错误的可能性有多大。如果零假设为假，研究者却未能拒绝它，这就犯了第 II 类错误。未能拒绝零假设的意思是，实际存在某种效应，但研究却没有把该效应检测出来。随着第 II 类错误概率的升高，研究的效力就会降低。事实上，效力就等于1减去犯第 II 类错误的概率。因此，如果犯第 II 类错误的概率是0.15，那么，研究的效力就是0.85（1 - 0.15 = 0.85）。通俗些讲，一项效力不够高的研究，它所获得的很可能是没有显著性的发现。

长期以来，统计效力的计算一直都很难实施，学生和论文指导委员会经常也只是依靠经验来大体估计多少参试者才算合适。现在，计算机程序简化了这些计算过程，因此我们强烈建议大家，在规划学位论文时做统计效力计算。大多数的效力分析软件要么购买后可以独立运行，要么购买后要加到其他已有软件上使用。例如，nQuery

Advisor 就是一个可单独购买使用的程序。nQuery Advisor能帮助研究者确定,对于广泛使用的统计方法和设计方案,进行有充分效力的研究需要多大的效应和多大的样本。SPSS 的"样本效力"模块就是一个附加程序。这类程序的一个问题是,程序可能相当贵。不过,与学术共同体的深度合作,对学生会有很大的折扣。请咨询一下你所在大学的软件服务商,看此类软件的确切价格是多少。另外一种办法就是用免费软件 G*Power。我们学生大部分都用这款免费软件,它既有 Windows 版,也有 Mac 版。

这里,我们向读者推荐三本书:《行为科学统计效力分析》(*Statistical Power Analysis for the Behavioral Sciences*)(Cohen,1988);《统计效力分析:传统和现代假设检验的一个简单且一般模型》(*Statistical Power Analysis: A Simple and General Model of Traditional and Modern Hypothesis Tests*)(Murphy,Myors,& Wolach,2008);《现代统计方法基础:大幅提高效力和准确性》(*Fundamentals of Modern Statistical Methods: Substantially Improving Power and Accuracy*)(Wilcox,2010)。最后,关于效力和效应大小的详细讨论,请参考我们自己的教材《你的统计顾问:数据分析问题解答》(*Your Statistical Consultant: Answers to Your Data Analysis Questions*)(Newton & Rudestam,2013)的第4章。在该章中,我们对这里提出的问题以及统计假设检验逻辑的其他表述形式都做了扩展性讨论。

在前面那个家庭教育与传统学校教育对青少年产生的影响的例子中,$t$检验就可以用来比较两组学生在创造力水平上的差异。表5.1就是一个效力分析的例子,它要回答的问题是:"如果要在0.05显著性水平上以0.80的效力检验这两组受试的平均差异,我需要用多少个参试者?"该表显示了效应(即相对于标准差的平均差异)为小、中、大时所需要的参试者数量,如果既定的效力水平为0.80(通常认为的标准可接受水平),显著性水平为0.05(一般情况下的可接受标准)。

表5.1显示,如果想以0.80的效力在0.05显著性水平上检验出中等效应,那每组就需要64个参试者。即便是大效应,要以同样水平的效力(0.80)检验出组间平均差异,至少也需要26个参试者。换言之,即使研究假设为真,也可能得不到数据的支持,因为参试者的样本还不够大。样本越大,统计检验就越有可能检测出存在于数据之中的任何效应。

最后,关于效力分析的使用,还有四个关键点特别重要。

第一点是,在很多学位论文中,使用效力分析可能并不现实。有些时候,可能并不存在足够多的参试者来满足某个纯粹的数学要求这种情况。定性论文、案例研究、口述历史、深度访谈等等,可能更依赖于学生及论文指导委员会关于什么才是令人信服的论证的看法,而与统计检验并不相干。

**表5.1** *t*检验的效力分析:显著性水平($\alpha$)为0.05,要达到0.80的效力水平所需的样本量

| 效应大小 | 每组参试者的数量 | 总数量 |
|---|---|---|
| 小 | 393 | 786 |
| 中 | 64 | 128 |
| 大 | 26 | 52 |

第二点是,在定量分析必不可少的情况下,学生经常会对多个变量使用多元框架。在这种情况下,所需的参试者数量要比简单的两组*t*检验大许多。

第三点是,效力分析需要把之前的有关研究及其效应大小的情况考虑进来,这些在所要回答的研究问题的背景下可能具有意义(在临床或实质上很重要)。建立在某种盲目可接受标准上的统计效力分析,例如"中等"效应,是不值得推荐的效力分析。那么,应该用什么标准呢? 下面我们提两条建议。

1. 根据你的文献综述,你发现哪些效应大小使用的变量和你要用的完全一样? 或差不多一样? 这些将成为你估计自己研究效应大小的基础。虽然老一点的研究可能并没有报告效应大小,但有时是可以通过所提供的数据计算出来的。例如,你可以通过平均值和标准偏差计算出Cohen's d或者用平方和计算出所解释的变异。

2. 根据你的文献综述,哪些效应大小被认为临床显著? 或实质上显著? 或"很重要且很有意义"? 此信息也可能对你的估计很有用。

第四点是,即使在定量研究中,使用统计推断也可能并不合适。对于这种情况,进行统计效力分析也就失去了意义。对于这样的研究,批评它没有做显著性检验或缺少统计效力分析也就不可思议了。并不是所有的定量研究都取决于统计显著性。第6章包含了更多关于报告统计分析结果的信息,这些都是建立在目前对零假设显著性检验的各种批评之上的,而很多年来,这种显著性检验都是定量数据评价的主导范式。

## 说明你的研究工具

在方法章的工具(或量度)一节,你要说明你使用的是什么测量工具,说明它们是如何度量研究问题和假设中的变量的。在这一节,你要说明,对于你的具体研究环境,你所使用的测量方式为什么是最好最合适的。

如果你使用的是以前用过的,尤其是标准化了的且广为接受的量具,那么,你就应该特别考虑三个方面的信息:该工具对于开题报告中所述的总体和背景是否适当;该工具的测量学特性;该工具的实施和评分过程。下面就分别讨论这三方面。

**该量度合适吗?** 对于同一种现象,可能存在多个测量工具。那么,研究者该如何

选择出"最佳量具呢"?(或者,如何为"你应该使用其他的量具"之类的主张辩解?)

第一步,为你的量具使用提供支撑。适合成年人的量具,对青少年或孩子就未必特别有效。为一种文化环境设计的量具,在另一种环境中的效果可能会很糟。你所要做的,就是找出一些实证研究,以表明该量具所使用过的总体与你拟研究的总体相似,越相似越好。

第二步,说明所选量表的编制者对同一现象的构思,与你的构思如何相似。例如,并不是所有估量抑郁症的量表都一样,因为,起初设计量表的人的理论角度不同,反映这一视角的测量内容也不相同。因此,重要的是,你要表明你选择某测量工具的原因是,该量表反映某现象概念的角度与你的角度一致。

**量表的测量学特性是什么?** 测量学特性指的是信度、效度以及结构。其中,信度指量表获得一致结果的能力;效度表示量表事实上能测量其声称测量的东西的能力;结构指的是该量表由几个子量表构成,每个子量表的意义是什么。

要认识到,在写开题报告时,关于测量工具信度和效度的唯一信息来源,是现存的文献。这一点很重要。在采集到自己的数据之后,要在该文献信息的基础之上再加上反映新样本情况的信度和效度信息。测量工具的信度部分取决于所使用的群体。因此,在一个样本上获得高信度的测量工具,在另一个代表不同群体的样本上就不一定能获得同样高的信度。

**是如何测量的? 如何评分的?** 重要的是,要让读者了解你是如何具体测量和如何评分的。有些测量工具是让参试者自主完成的,研究者只是把量具和答题说明(例如,"在代表你现在感受的方框上打勾")邮寄或发给参试者就可以了。有些量具,像罗夏测验,则要求对施测和评分人员进行严格的事前培训。还有一些量具,其评分方法本身就是要严守的秘密,因此,答卷要送到集中点去用计算机评分(当然,要收费)。我们建议,在任何情况下,你对所使用的量具都要先进行试测,无论你用的是自制量具还是标准化的研究工具。你要问一问试测的参试者,哪些答题说明和项目令他们感到困难或费解,这么做对正式测量是很有帮助的。

先看一个选自苏洛米(Szuromi,2012)博士学位论文的例子。我们认为,该论文把一个测量下半部背疼的自评量表说得清清楚楚。说明包含了关于量具结构和评分以及信度和效度证据方面的信息,尤其是关于其他群体与拟研究群体相似性方面的信息。

> 奥斯沃斯特里低位背部疼痛失能问卷(OLBPDQ; Fairbank, Davies, Couper, & O'Brien, 1980; Roland & Morris, 1983)关涉日常生活10个方面的活动,关涉患者的低位背部疼痛在多大程度上影响这些活动,以便临床医师据此评估失能与低位背部疼痛之间的关系。问卷能得出一个关于失能情况的百分比总分。问卷有10个部分,要求参试者在每部分把最符合自己病情的那个项目标记出来。总

分除以满分就是参试者的失能分数。本自评问卷的信度高，所报告的内部一致性（克伦巴赫 $\alpha$）区间为 0.71 到 0.87（Fairbank et al., 1980）。24 小时之后再测的重测信度为 $r = 0.99$，$N = 22$；一周之后再测的重测信度为 $r = 0.83$，$N = 22$（Fairbank et al., 1980）。各部分的构念效度显示，问卷与魁北克背痛量表（0.80）以及罗兰·毛瑞斯问卷（0.82）收敛相关（Finch, Brooks, Stratford, & Mayo）。（Szuromi, 2012, p. 53）

再看一个选自吉尔伯特（Gilbert, 2007）博士学位论文的例子。论文对"情感意识水平量表"（LEAS）做了如下说明。

LEAS 是一种自我报告型量具，要求回答者想象出 20 幅情景，并以简短的语言予以描述。例如："邻居请你修理一件家具。你用锤子钉钉子时，邻居站在旁边观看。不幸锤子砸到了你的手指。你有何感想呢？邻居又有何感想呢？"（Lane et al., 1990, p. 101）根据"术语表和评分手册"对每个情境的回答分开评分，再把各情景得分加起来得到总分。

LEAS 显示出很高的评分者之间信度（$r(20) = 0.84$），内部一致性也很高（$\alpha = 0.81$）。通过对比 LEAS 和情感感受以及假想情感推理能力的分数，确定了量表的构念效度，发现 LEAS 与自我发展及对父母描述的认知复杂性相关。

如果有可能，对于每一个量具，都要连同它的答题说明一起，以附录形式附在学位论文的后面。当然，对于有版权的量具，以附录形式出示量表的做法通常是不妥当的，无论是学位论文，还是发表的研究论文。要使用有版权的量具，事先要获得版权所有人的书面许可。

### 如何自己设计量具？

偶尔，你可能找不到适合自己目的的现成量具。对于这种情况，我们的第一个建议是：回图书馆或上网"继续查找"。这条建议反映出，我们坚信自己编写量表通常并不是什么好主意。匆忙拼凑一个量表就来做研究，这很少会有什么科学价值，因为你的测量工具缺少足够的前测检验，信度和效度都可能有问题。如果找不到满意的工具，你可以考虑改变一下研究重心，把研究某构念与其他构念之间的关系，改成设计和评估一套新的测量工具。编写量具本身就是一个有效的学位论文课题。这样一来，编制测量工具就成了研究的重心，而考量新量具与其他变量之间的关系则成了建立新量具效度的部分过程。例如，伍达德（Woodard, 2001）本想在自己的学位论文中考察硬气（hardness）这一人格构念与应激（stress）、应对（coping），以及生理功能之间的关系，但结果却编制并效验了一套关于勇气的测量工具。他认为，勇气是存在主义本真概念的不可缺少部分，它包括了硬气的三个成分：控制（control）、献身（commitment）、挑战。

专门研究测量工具的研发很有价值,它比那些以新的和未曾尝试过的方式建立现有量度之间关系的研究贡献更大。不过,这类研究需要大量的受试,需要多次的测试,需要多种复杂的统计模型。不管是学生还是论文指导委员会的老师,一定要全面衡量这类研究的利弊。我们通常把研发量具的过程分成六个步骤,以供大家参考。

1. 确定合适的内容,建立初始项目池。这有助于把工具的内容效度和表面效度固定下来。阅读有关的实证和理论文献以及征询专家意见,这对内容确定都有促进作用。

2. 创建初始项目池,其中的有些项目可能是其他量具中用过的。这项工作包括确定项目及其回答的方式(例如里克特式7级量表),编写大量能反映拟测构念某个维度的符合逻辑、意思清晰、易于理解的入池项目。

3. 组建一个专家评判小组,以评判入池项目的合适性(内容效度)和清楚性(措辞)。根据系统标准,剔除掉那些专家评价不高的项目。

4. 把余下的项目在初始受测身上试测。也可以把其他量度包括进来,以便和池中项目进行相关分析,例如用社会满意度量表来控制形成正面印象的倾向。受测应该能够代表该量具准备测量的群体。

5. 确定量表及其子量表的结构和信度。这包括对量表的内部一致性进行评估(求出项目彼此之间的相关,求出像 $\alpha$ 系数这样的信度量度,求出每个项目与总分和/或部分总分之间的相关),可能会用到探索性因子分析和验证性因子分析。剔除那些与总分不充分(正向或负向)相关的项目以及区分性能差的项目(例如每个人都选或都不选的项目)。

6. 再在另外一批新受测群体上实验,对该新量具进行效验。这包括对新量具得分和其他量具上的得分做相关分析,可以是正向相关(收敛效度),也可以是负向相关(区分效度)。还可以分析该量具是否能有效预测有关标准,以检验新量具的预测效度(例如:学术潜能测验能预测随后的学校成绩吗?)。这一步也可能用到验证性因子分析。

### 如何修订已有量具?

为了促进使用,学生经常会对一个效验过的量具进行修订,要么修改其中的问题,要么增加一些新的问题进去。例如,如果想用某些量具测量儿童总体,那就可能要对其中涉及两性关系的问题做适当处理,要么改变措辞,要么直接删除掉。显然,像"我的性生活很美满"这样的问题是不适合7岁孩童的。

我们认为,完全可以对现有量具进行修订,但这种修定可能使原来的常模失效,也可能同时影响量具的效度和信度。仔细考察一下当前使用的很多量具就会发现,它们都大量借用了量具编制前辈的成果，时间跨度还很长。如果要借用或者修订，那么，你就有责任说明你为什么要这么做，并对修订过的量具进行效验，提供信度信息。

通常，我们建议把自己设计的新量具与现存量具一起使用。即使你觉得自己设计的量具"更好"，对同一概念用多种量具测量，也大大有助于确立新量具的信度和效度。此外，要是新量具失灵，这种情况经常发生，那么旧量具还可以取而代之。在斯兰格（Slanger & Rudestam，1997）设计她那篇关于极限运动参试者的学位论文时，她就知道，在把自我效能量具用到新领域时，是会受到量具情景特定性的限制的。于是，她就用自己设计的新量表来补充一般性自我效能量具。她自编量表的焦点是运动冒险情况。让她惊喜的是，她那之前未经效验的量表，竟然比几个现存量表都能更好地预测自己的因变量。

大多数的博士论文都包含某种形式的人口统计学数据，都是关于性别、种族、工作年限、婚姻状况、教育程度之类的问题。虽说这类问题需要认真考虑，但我们认为，把这类问题增加到已有的量具中去并不能等同于量具研发。我们建议读者看一下美国国家民意研究中心综合社会调查（GSS）是如何获取人口统计学信息的。

### 如何使用档案数据？

很多优秀学位论文都是用他人采集的数据做的，或者是用为了其他目的所采集的数据做的。这类数据叫档案数据或二手数据，包括行为观察、扩展性访谈、报刊文章、电影、各种社交媒体，以及美国人口普查（U.S. Census）和统一犯罪报告（Uniform Crime Reports）之类的档案数据库。这些都是学位论文研究的有效数据来源。这些数据都是以前采集到的，其他研究者现在仍然可以获取，因此能用它们设计出很多优秀的学位论文。很多大型档案馆都提供进一步研究的丰富机会，也没有什么令人信服的理由把这些原本就存在的数据再重新采集一次。不过，尽管有些学科和院系喜欢使用已存档案数据，有的却可能规定，学位论文的数据必须是学生一手采集的原始数据。无论如何，在选择使用档案数据做学位论文时，学生都需要注意一些潜在问题。下面三个方面的问题，就是你和你的论文指导委员会必须考虑的问题：

1. 根据我们的经验，在研究问题确定之前，甚至在产生特定研究兴趣之前，学生常常就被大量的数据绊倒，或者被提供了大量的数据。这种情况下，学生就有可能生成一个合适的研究问题和一组假设来迎合已有的数据。这完全是颠倒了主次：只要有可能，要先提出问题后决定方法，而不是先决定方法后提出问题。研究问题的意义应由自身的重要性来说明。

2. 档案数据的问题是，常常会有缺失，会不完整，或者会被打了折扣。具体形式可能表现为样本不够大，原始数据采集时没有包括重要变量的信息，或者，数据是根据有问题的或过了时的量具采集的。学生应该为自己论文数据的充分性负责,不要把设计或数据不够充分的责任推卸到其他人的身上。

3. 档案数据常常由他人拥有或控制。使用档案数据做学位论文的学生必须确定,自己能够全权使用数据,掌控学位论文的署名权,在大多数情况下,还要掌控论文的相应出版发表权。

举个有说服力的例子。我们认识的一个学生就依靠别人的数据做自己的学位论文,但他在数据分析进行到中途时发现,那个数据因为某些原因无法使用了。

虽然学生使用档案数据让我们有些担心,但我们也深知,许多优秀的研究就出自档案资料。例如,珍妮·布莱克(Black,2011)的博士学位论文,就是用一个大型档案数据库来检验一个临床模型的。该研究所检验的模型是关于身体健康状况不良、抑郁症、心理社会应激、人际冲突、恐慌以及自杀之间的联系,该数据库是关于12188位成年男子行为的问卷调查结果。这些成年男性都是前来美国东北地区一家社区精神病诊所寻求心理健康治疗的门诊病人。布莱克获得了使用该数据库的许可证;数据库的内容在接受治疗之前就已经采集,并用来对"治疗效果包"这一评估工具进行效验(Kraus,Seligman,& Jordan,2005)。当然,要让布莱克亲自采集这么大的数据来检验自己那个复杂概念模型,那显然是不可能的。

对于布莱克学位论文的这种情况,就应当使用存档或二手数据,因为已经有重要且相关数据,而这些数据还不能有效重复取得。阿帕纳·饶(Rao,2010)的博士学位论文是另一个使用已有数据的例子。饶用的是一个纵向数据集(1997—2000),可通过康奈尔大学的"儿童虐待和忽视全国数据档案"调用。该数据包括了263位低收入、多民族市区儿童在"库珀史密斯自尊量表""加利福尼亚Q分类",以及"儿童抑郁症量表"上的测验得分。饶创建了一个强大的预测性模型,揭示出外部生态压力因素与内部应对反应之间的关系。该外部因素反映在外部白尊的变化性方面,该内部应对反应包括情绪失调等反应。这样的失调可能导致生活在高危环境中的青春期前期少年的抑郁症。

最后一个例子是米歇尔·软森(Ranson,2010)的博士学位论文。这篇论文雄心勃勃,对"明尼苏达多相人格测验"(MMPI-2)和"重构临床(RC)量表"这两个临床使用量表的计量学品质进行了探索,其中的"重构临床量表"由泰利根及其同事(Tellegen,et al.,2003)编制。软森获得了25个匿名档案研究样本数据,这些代表了78159位个体的MMPI-2测验结果,目的是确定出合适的经验标记,在她自己这项宏大的数据分析工程中重构这些量表。

当然,有些时候,档案数据对于一项研究的完成绝对重要。例如,如果学生希望通过分析过去50年来的流行歌曲,以发现几十年来恋爱关系表达方式的演变。还有一种需要用二手资料的情况是,几个(学生)研究者要采集或使用同样的大型数据集来回答关于同一个大课题的不同研究问题。在第11章中,我们将进一步讨论一些具体网络资源,帮助大家获取适当的在线数据集;我们还通过图表,引导同学们了解多种二手数据档案馆。

### 程序：说明你是如何做的或者要如何做

在"程序"一节中,你要详细说明自己所采取的确切步骤:如何与参试者联系,如何取得与他们的合作,如何实施测量。要使读者能够在读完本节后,知道你采集数据的时间、地点和方式方法。例如,在信函调查中,你就可能要说明以下步骤:(1)寄发前期联系函;(2)1周之后,寄发调查材料;(3)2周之后,对无返回信息的人寄发跟踪材料。附录中应提供前期联系函和如何使用调查工具。注意:抽样程序已经在"参试者"一节介绍过了;测量工具已经在"工具"一节介绍过,所以在"程序"这一节就没有必要重复这些信息。如果程序复杂,需要在多个时段用多套工具测量,用流程图或表格之类的视觉手段可能非常有助于读者了解情况。

重要的是,要把任何可能影响参试者数量或特征的信息都写进本节。例如,社会科学研究大多是在大学生身上做的。学生是自愿参加的吗? 学生是否会因此得到额外学分? 参与是否作为课程的必需内容? 同样,在用邮件调查时,像地址是手写的还是计算机打印的这样的简单因素,都会影响回收率。这些信息,对于重复实验和理解抽样总体的真正性质都至关重要。在学位论文中,作者还必须说明自己是通过哪些程序取得研究总体的。例如,如果调查的是中学生,是否需要获得校董会或校长的同意? 或者,你只是对上第六节课的学生进行抽样? 最后,对征得参试者知情同意的过程也应详细说明;对知情同意书,如果有的话,也要以附录形式提供。这一点,在参试者是未成年人时尤其重要。因为按法律规定,他们是无权同意自己是否要参加研究的(第13章将详细讨论知情同意以及其他伦理问题)。

对参试者的指导说明以及伦理问题说明书,通常都要纳入附录。伦理问题说明书非常重要,因为要告诉参试者——参与研究可能会面临的潜在伤害(例如情绪波动),保密的限度,数据做何用途。该说明还要让参试者清楚,参加研究是出于自愿。(在极罕见的情况下,参加研究可能不是出于自愿。)伦理问题说明书的目的是保护你和你的参试者,还迫使你思考,你所做的研究对这些人类和动物受试的身体和情绪健康会有什么可能影响。大多数的高校对研究伦理都有严格的手续要求,一般要求研究计划通过机构审查委员会或人类受试委员会的审批。关于人类参试者的知情同意书,请参考本书第13章中的框13.2。同意书要包括对以下事项的说明:拟做研究,参试者拒绝权,研究过程中的危险和潜在不适感,退出研究而不受惩罚的权利,以及提供反馈信息的途径。

### 数据分析:如何描述分析过程并说明分析的合理性

论文开题报告常常要包括对你用来回答研究问题或用来检验假设的统计方法的说明。要把这件要做的事情用一句话陈述清楚可能非常困难,因为你可能要检验多个假设,使用不同测具上的测量结果,进行多种统计分析。学生通常就最害怕这一节,因为你们所学的统计知识都是抽象的,而没有与具体的研究问题挂钩。在"方法章"的这一节,一定要把材料组织安排好,要把事情说得清清楚楚,而且是在你采集数据或进行任何分析之前。这样做的最大好处是,迫使你在写开题报告的时候就考虑如何处理数据的问题,而不是在数据采集之后才考虑。在开题报告阶段花些时间思考这些问题,以后能节省你很多的时间,避免你不少的痛苦。这样一来,你就不需要耗费大量的时间来收集一大堆因格式问题而最后无法使用的数据。下一章,我们将讨论数据分析之后该如何把研究结果展现出来。这一节,我们只探讨在实际分析之前,要如何把研究拟使用的分析方法提出来。

这一节之所以困难,除了学生没有学会如何应用统计技术之外,还有下面两个方面的原因。第一,统计分析几乎从来就不是一件可以一蹴而就的事。在对数据进行了多次反复分析之后,研究者才可能找到关于数据的正确处理方法,才可能得到满意的结果。某种分析方法一开始可能看来完美无瑕,但后来却可能发现它并不合适,因为最后的案例数发生了变化,或者,所完成样本的分布发生了变化。第二,有趣的问题经常在完成初步分析之后才会显现。如果某个假设得不到支持,研究者可能去寻找其他变量来说明为什么没有得到支持。例如,某假设只有在教育程度较高的人群中能得到支持,含大量非大学毕业人员的研究样本就会把这种关系淹没。因此,只有在把大学毕业参试者与非大学毕业参试者分开来分析(也就是说,教育程度成了调节变量)之后,这种被淹没的关系才可能显现出来。

那么,学生要做些什么呢?我们强烈建议,你要在请教自己导师的基础上,说明就你自己研究假设的性质、自变量和因变量的数量,以及每一个变量的测量水平,哪种统计技术看上去最合适。下一章,我们就如何使用统计技术提一些建议。计算机程序也有助于统计技术的选择;许多统计教科书都有流程图,能指导学生恰当地使用统计方法。不要根据统计学文献大量转述关于某项统计技术的内容,以免把数据分析一节写成关于统计技术的专题论文;只需要做一个简单合理的陈述,说明某项技术最适合你的研究。为使数据分析直截了当,只要陈述每一个假设,说明每个变量是怎样操作化的,指出推荐使用哪种统计检验来评价结果,这些就应该足够了。

我们经常叫学生用一张表来展示自己的主要构念以及自己为测量这些构念所选择的测量工具。表5.2就是根据塔拉·科林斯·桑普斯(Samples, 2012)的学位论文制作的。注意，六个主要构念都放置在表的顶行，构成表的六个列；测具名称、所采数据的种类、测量得分的种类则构成表的三个行。虽然表5.2中的内容在"方法"章的测量工具一节都有相应的文字叙述，但表格使有关内容一目了然。如果论文在后面的论述中多次提到不同的量表，这种以表格形式提炼信息的方式，对于记住量表名称尤其有用。

　　了解量表很重要，了解如何利用量表来检验每个假设以及用什么统计技术进行检验也很重要。因此，我们也经常要求学生把这类信息以表格形式提炼出来。表5.3也是根据桑普斯（Samples，2012）的学位论文制作的例子。每个假设构成表格的一行，表5.2中描述的六种工具的缩写构成六列，另外一列为"统计分析"。即使你的老师没有叫你使用类似表5.2和表5.3这样的表格展示信息，你也可以这样做。正如我们的一个学生所言："牛顿老师叫我在论文的方法章增加一些表格，以使关于测量工具和如何对每个假设进行检验的信息明白而醒目。我当时并不愿意。但增加了表格之后我就认识到，表格真的帮助我更了解自己的研究，帮助我向他人说清楚自己的研究。"

表5.2　构念及其量度

| | 构念 | | | | | |
|---|---|---|---|---|---|---|
| | 虐待 | 抑郁症 | 心理复原力 | 创伤事件 | 创伤后应激 | 自杀行为 |
| 测量工具 | 童年创伤问卷（CTQ） | 贝克抑郁症量表-Ⅱ（BDI-2） | 康诺–戴维森复原力量表（CDRISC） | 创伤事件调查量表（TEI） | 创伤后应激症状量表修订版（MPSS） | 作者自设计量表（SBI） |
| 所采数据种类 | 定量 | 定量 | 定量 | 定量 | 定量 | 定量 |
| 测量得分种类 | 15项目量表，估量3种虐待：性虐（5个），体虐（5个），情虐（5个） | 21项目量表 | 10项目量表 | 15项目创伤事件生活史筛查量表 | 17项目量表，估量前两周的创伤后应激症状 | 4项目量表 |

来源：根据桑普斯（Samples，2012）的论文改编，经原作者许可。

**表5.3 假设与统计分析**

| 量度/假设 | CTQ | BDI-2 | CDRISC | TEI | MPSS | SBI | 统计分析 |
|---|---|---|---|---|---|---|---|
| 童年受虐待与自杀行为有线性关系。 | IV | | | | | DV | 肯德尔 $\tau$-b |
| 抑郁和创伤症一起做童年受虐待与自杀行为联系的中介。 | IV | Med. | | | Med. | DV | 平行多重中介模型。用PROCESS模型4做Bootstrap多重回归分析。 |
| 心理复原力调节童年受虐待与自杀行为之间的关系。 | IV | | IV | | | DV | 用PROCESS模型1做Bootstrap多重回归分析。 |
| 心理复原力调节抑郁和创伤症与自杀行为之间的关系。 | IV | Med. | IV | Cov. | Med. | DV | 用PROCESS模型14做Bootstrap多重回归分析。 |

来源:根据桑普斯(Samples,2012)改编,经原作者许可。

　　另一种帮助自己了解自己思想过程并把此过程给他人说清楚的方法是画图。这样的过程图通常叫路径图,既可以用来图解你的理论框架,也可以用来展示你的统计分析的结构。例如,我们要是重新考察表5.3中的桑普斯(Samples,2012)假设,就会注意到,在第一个假设中,她预测的是童年受虐待与自杀行为之间的关系。在路径分析图中,就可以用单箭头来表示这种自变量对因变量的影响方向,我们画出的"路径图"(也叫"路径模型")请见图5.1。

```
                    CTQ → SBI
                      或者
                   虐待 → 自杀行为
```

**图5.1 表示直接效应的路径模型**

来源:根据桑普斯(Samples,2012)改编,经原作者许可。

注:童年创伤问卷(CTQ);贝克抑郁症量表-Ⅱ(BDI-2);康诺–戴维森复原力量表(CDRISC);创伤事件调查量表(TEI);创伤后应激症状量表修订版(MPSS);作者自设计量表(SBI);IV=自变量;DV=因变量;Med.=中介变量;Cov.=协变量。

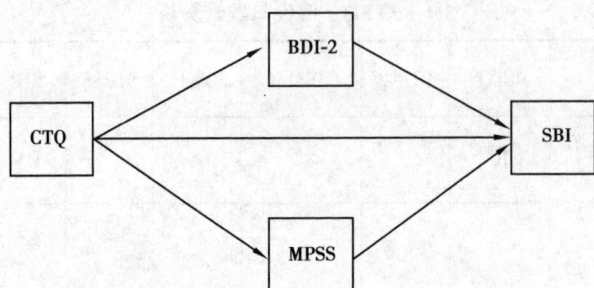

**图5.2    表示直接效应和中介效应的路径模型**

来源：根据桑普斯(Samples，2012)改编，经原作者许可。

现在，我们再来看一看第二个假设。我们看到，桑普斯(Samples，2012)还预测，"抑郁和创伤症一起构成童年受虐待与自杀行为联系的中介"。把之前的模型加以扩展就可以把第二个假设包括进来，从而创建出图5.2所示的路径图。

用路径图把你的假设视觉化有很大的价值。首先，这样做有助于你把自己从检验几个独立关系的假设检验思维模式中解脱出来，好让你从更广阔的视角，来看多个预测行为结果的共现变量之间的复杂相互关系。其次，这样做能大大提高你进行多种统计分析的可能性。于是，相对于简单考量以上四个变量之间的六种可能相关关系，你可以使用更为复杂的建模路线，来考察箭头所代表的五条路径(图5.2)中的每一条，考察另外两个代表变量CTQ由经BDI-2和MPSS到SBI之间的中介效应，还可以就其预测自杀行为(SBI)，考察代表直接效应和间接效应之和的模型总体"拟合度"。这样一来，你所讲述的关于自己研究的"概念故事"就会有趣得多，精妙得多。

### 你应该讨论自己研究的局限性吗？

我们鼓励学生们在开题报告方法章的最后一节，对自己研究的局限和界限加以说明。"界限"是你自己有意加在研究设计之上的限制，通常会限制研究结果所可能概括到的总体范围。例如，你可能决定只研究男性，原因可能是你的假设所根据的理论还未曾在女性中研究过，也可能是你只能很容易就得到男性总体，而不容易得到女性总体。"局限"则是研究中那些你无法控制的限制。例如，对于想研究的总体，你被限制在其中的一小部分上，或者，你可能受到所选择方法的限制。

## 定性学位论文中的方法章

定性研究的本质决定了它在结构上相对自由一点,但学生却经常以此为挡箭牌,错误地认为没有必要把方法章写清楚,写具体。作为研究生,你不应该把写定性学位论文看作是规避研究规划过程的机会。确定和招揽参试者、选择和准备研究材料及数据采集工具、制定研究程序,所有这些,定性研究和所有其他研究一样需要。读者需要了解你都做了些什么,你对自己的所做有什么看法,这样他们才能真正理解你的研究问题、方法以及结果之间的联系。

方法章的组织结构以及所包含的内容,既可能取决于所在学科领域的习惯和论文指导委员会的偏好,也可能取决于你的研究模型。乔塞尔森和利布里奇(Josselson & Lieblich, 2003)喜欢用"探究方案"而不喜欢用"方法"的原因是,方法似乎更关注程序,而不是人们关于问题的想法。我们发现,做定性研究的同学往往用太多的篇幅来说明支持自己设计的科学理念。这种冗长的解释似乎没有必要;毕竟,定量论文也并不要求对逻辑实证主义长篇大论。基本上,你的读者需要了解你的研究策略和生成数据的方式;需要了解的是现阶段你所能提供的尽可能具体的项目信息。

定性研究所接纳的抽样观点、测量工具观点、数据分析观点,往往与传统"理性主义"探究的观点径直相反。林肯和顾巴(Lincoln & Guba, 1985)称这种做法为"自然主义探究设计中的悖论",认为传统范式的设计细则说明就像一张普洛克路斯忒斯之床[1],其本质使自然主义者不可能躺在床上——不单是不舒服,而是根本就躺不上去(p. 225)。虽然如此,定性研究和定量研究之间的一些做法区别,还是值得讨论的。

### 定性研究中的抽样和样本大小

数据从哪里来? 从谁身上采集? 这些问题就类同我们所考虑的抽样问题。定量研究一般依赖随机或代表性抽样,把从样本中得到的发现概括到总体之中,但随机抽样通常并不能很好地满足定性研究者的要求。其中的一个理由,正如莫尔斯(Morse, 2007)所言,是定性研究带有"先天性的偏见",因为定性研究者刻意寻找一些知道情况的参试者,以极大地丰富对现象的了解。因此,随机化就可能因其引入了一些不满足该目的要求的案例而阻碍调查研究工作。定性研究者更倾向于选用目的性或理论

---

1 普洛克路斯忒斯(Procrustes)是希腊神话中的人物,他声称有一张床适合所有的人,不论高矮。如果你比床长,他就把你截短以符合床的长度;而如果你比床短,他就把你拉得和床一样长。古希腊人称此为"一种尺寸适合所有的人"。——译者注

性抽样，从而增加可见数据的范围，并从参试者样本中揭开全方位的视角。换句话说，定性研究者在寻找参试者时刻意而为，带有目的性，以便获得对研究问题或课题的更深了解。在巴顿（Patton，2002）看来，"目的性抽样"这一术语意味着要寻求那些"信息量更丰富的案例"，从而对了解本研究项目的核心论题能有显著贡献。况且，诚如波尔金霍恩（Polkinghorne，2005）所言，"抽样"一词并不是很适合定性研究，因为抽样一词的根源是统计推断，"挑选"（selection）也许对于定性研究更好一些。

"现象学"研究通常要找的参试者，都在以前经历过或现在正在经历所探索的现象。现象学传统研究中的抽样，把焦点放到了如何挑选个体案例之上，而并不想把结果推广到某特定群体之中。所用的参试者，如果你愿意的话，全是所研究现象的体验专家。这就意味着，参试者样本很可能不是从一群大二学生或任何其他"便利"群体中随机抽取的，而是研究者用标准抽样（criterion sampling）这一方法，把那些最符合本研究标准的参试者挑选出来。例如，卡茨（Katz，1995）研究中的参试者就必须同时满足进入标准和排除标准：那是一个刻意选取的既多样又有代表性的妇女样本，她们都患过进展型顽固性外阴皮肤和/或阴道前庭不适症，症状或者是弥散性的，或者是固定在特定部位的，或者是持续性的，或者是间歇性的（p.91），患期都在1年以上。这些参试者都是医院直接介绍的。而且，大多数现象学研究使用的参试者数量都相对较少（以不超过10个为度），但持续时间相对较长（至少2小时）。所有这些因素，都应该在方法章中仔细说明。

由于扎根理论研究是归纳性的，理论是在数据的采集和探索中推演出来的，所以，事先就确定出样本的精确大小，这既不可能，也不可取。在早期的著述中，斯特劳斯和科尔宾（Strauss & Corbin，1998）就强调，研究的不同阶段适合用多种不同的抽样方法。关键是，把能对理论推演有所贡献的参试者选出来，也就是说，选择参试者的主要标准是有相关体验。因此，最开始用便利抽样可能最恰当（Morse，2007）。这就意味着在挑选参试者和观察时要不带偏见，因为此时此刻还不能证明哪些概念具有理论意义，尽管所选的参试者可能会熟悉或经历过所研究的现象。在实践中，研究者可能从一份名单中系统地每隔$n$个名字选出一个人，并最大限度地对发现保持灵活和开放。支持这种抽样路向的研究者可能会认为，20到30个参试者的样本就说得过去（例如，Creswell，2013）。扎根理论方法的其他代表，则对处理从那么多参试者得到的累积数据持谨慎态度。他们建议，开始时用五六个参试者就可以了；这些参试者之所以被选，是因为他们身上似乎都有我们所感兴趣的现象。与初始样本不同的参试者加进来的唯一条件是，他们所代表的某种特性，对理解、概括所研究现象显示出了重要意义。

随着研究的推进，抽样的主要标准转向了理论相关性。这个时候，研究者已经开始吸收先前的某些理论设想和希望，找出例子，示明不同情况下以及相对于其他概念而言的概念范围或变异。这种抽样叫理论抽样(Corbin & Strauss,2014):与演进中理论相关联的概念驱动着所谓的抽样过程,让研究人采集越来越多的数据,以获得对概念意义的越来越深刻的累积性和前进性理解。抽样是为了充实概念,是为了全面探索该概念以及它与其他概念之间的关系,从而使该概念变得更有理论意义。由于理论出自数据,所以事先就确定抽样的范围是不可行的。随着对所研究现象理论理解很重要的核心变量的出现,研究者在根据核心变量选择参试者扩大原样本时就变得越来越挑剔。有时把这一过程称作有区别抽样(discriminate sampling),这种抽样能把那些可增强比较分析可能性的人、地点及文件选择出来,以充实类别,完成研究。这可能意味着,既要开发新渠道,又要返回去考察之前的访谈和数据来源。研究要一直进行到理论饱和时为止,也就是说,要不断地收集数据,直到与某类别有关的新数据无法发现,直到各种类别已经发展成形且得到了效验。与扎根理论研究相关的各种抽样方法,在斯特劳斯、科尔宾(Corbin & Strauss,2014)以及莫尔斯(Morse,2007)的书中有非常详细的论述,感兴趣的读者可以参考。

乔塞尔森、利布里奇(Josselson & Lieblich,2003)也同意,饱和——也就是当结果开始成为多余的时候就停止采集数据——是确定样本大小的关键因素。不过他们也告诫大家,真正的饱和从来都不会出现,因为每一个新的反应人对研究都会有独特的贡献。他们指出:感到饱和的通常是研究者自己;重要的是,要收集充分的数据以代表现象的广度和深度,但不能被铺天盖地的数据搞蒙。一般来说,访谈转录越长、越详细、越深入,参试者的数量就越少。这就意味着,在实践中要把参试者的数量限定在5到30人之间。与其他定性研究一样,叙事研究的目的并不是推广研究发现,而是加深对生活经历中各种特征之间相互关系的理解和体会,也有可能是把所得到的理解应用到有关情景之中(Wertz, Charmaz, McMullen, Josselson, & Andersen,2011)。

民族志研究者要面对的是不同的挑战。研究者与被研究群体之间的关系必须完全公开,详细说明。在有些民族志研究中,研究者可能已经有了成员身份。更常见的情况是,要通过"守门人"或一定渠道才能接触到目标群体。建立联系之后,是否要说服每一个成员都参加? 是否要按照某些深思熟虑的标准进行抽样? 是完全随机地挑选参试者,还是按照便利或急于参与的程度来确定? 对于民族志研究者所观察和记录的实物和其他数据资源的使用情况,其说明也要按照同样的规则。盖斯特、奈梅、米歇尔(Guest, Namey, & Mitchell,2013)强调,重要的是在开始采集数据之前就认识并一直了解当地的利益攸关方及合作人,因为你的研究项目要在他们的家乡开展,这些个体有能力促进项目,也有能力阻碍项目。关于如何征募研究样本,盖斯特等给了很多可能的方法。

在伊丽莎白·摩尔(Moore,1995)那篇关于组织文化的民族志研究学位论文中,她用了11条标准来选择适当的公司作为研究对象,其中包括公司员工的规模、年龄、聘用年限,可接受观察的机会,是否能接触到公司文件和员工。她获准进入一家化工公司,该公司不但符合她的标准,而且允许她无限制地进出公司。她向所有29名员工都提供了参加保密访谈的机会,结果她访谈了其中的大多数,还访谈了公司的几位创办人及其配偶。她的访谈分为四类:

1. 关键事件访谈,焦点是公司发展的几个关键期
2. 民族志访谈,涉及组织内部的实物和价值观
3. 配偶访谈
4. 客户访谈

摩尔所依靠的,还有那为期一个月的参与式观察活动以及对组织文件的分析。在学位论文的方法章,她对抽样程序、访谈、观察活动以及文件都做了说明,她把访谈记录放在了附录中。

罗尼·博斯曼(Boseman, 2010)的民族志博士学位论文,探索的是一种不同的文化现象。那是一种"街头小贩"文化,是一群在主要大都市中心街道上贩卖报纸的自由商贩的文化。博斯曼以参与式观察者的角色,收集了很多关于这类个体的故事。在4个月的时间里,他在街头观察了2880个小时。故事都是关于这些人选择做街头小贩的动机,选择以这种角色参与社会的兴奋点和危险,他们如何看待自己当下的情况和未来的前景。通过和小贩个体建立高度的信任,博斯曼得以对他们进行观察和访谈(并获得参试者授权把他们的评说转录下来),获得了对街头小贩生活方式的理解。他把研究结果通过几个主题表达出来,表明街头小贩们在掌控自己的生活方面是如何成为自己生活的真正主宰的,尽管他们每天都要面对各种意味的社会的、经济的挑战。

## 定性研究中的工具(或量度)

定性研究者的首选工具是人类观察者。因此,定性研究者特别强调对人类观察的改进,而不提理性主义意义上的工具信度和效度。(本章后面将详细讨论定性研究的信度和效度问题。)要做观察性研究的学生,要特别重视对观察人的培训和实践练习问题。

定性研究者也认可其他更传统工具的使用,只要这种使用与研究的中心焦点以及研究方法的底层逻辑相匹配。我们学生的典型做法是,用访谈生成围绕主要研究问题的讨论。在这样的研究中,"工具"一节的任务就是说明访谈,并说明访谈如何足以让讨论聚焦在研究问题上。

虽然访谈本身的结构松散且灵活多变,但一般情况下,现象学研究者还是在访谈之前就准备好几个要问的问题,尽管随着访谈的推进,研究者最好根据需要对这些事

前准备的问题做些改变。虽然问题的具体措辞可能会有所不同,但有些提问框架却不乏参考价值。把所提问的问题看作是让参试者反思自身经历以及此经历对自己生活所产生影响的工具。这样,研究者就可能要求参试者放松自己,好把注意力集中在事件或现象之上,"描述自己的体验,你感觉怎样,你做过什么,说过什么,对此你有些什么想法。"进一步的提问是刺探性的,旨在鼓励受访对自己所感所受的意义做更深入的挖掘和反思。可能会做如下提问:

这次经历的哪些方面对你触动最深?
这次经历对你的影响如何?
这次经历后你的生活发生了哪些变化?

扎根理论研究一般首先使用访谈技术,尽管也可能使用札记、其他书面记录以及参与式观察法等。访谈可以是基于个体的,也可以是基于团体的,其中就包括大家所熟知的焦点小组。在经典的扎根理论研究中,访谈人一开始常常会问一个开放式的"宏大"问题。例如,维克多·切尔斯(Chears, 2009)在他那篇关于指导非裔美国男人和男孩完成各种生活转变的博士学位论文,他在访谈一开始就问带头参加访谈的那些人这样一个简单问题:谈谈您的工作情况。随后,便慢慢切入要询问的主题。

拉佩(LaPelle, 1997)的博士学位论文也是一项扎根理论研究。论文中的下列访谈开场白,也值得其他人借鉴。

我想请您回想一下自己绩效考核的经历,主要是那些对你的兴趣、工作积极性、工作业绩或随后职业选择有重大影响的经历。请尽可能详细地描述与这些经历有关的具体情况。(p. 37)

随后的刺探性问题包括各种可能情况,如工作责任、与上司之间的互动、奖励或工作的认可、因考核导致的技能发展、考核对个人的意义等等。自我讲述部分结束之后,就提问一些更客观的问题,以便澄清一些关于个人工作经历和工作环境的问题。注意,一开始问的问题是为了发现群组成员个体经历中的共性。正是根据这一逻辑,著名扎根理论研究者大卫·瑞尼(Rennie, 1998)提醒研究者,不要一开始就问一些真正属于编码范畴内的问题,不然,范畴就不是出自数据,而且还会把数据分析变成内容分析。

调查研究者的典型做法是,坚持要准备一套具体要问的问题,提问时不许对问题做丝毫改动,包括提问的顺序。虽然如此,大多数的定性访谈者还是从研究的总体计划开始,而不是以一组正式的问题开始。在方法章,至少要包括一个开场要问的问题,之后则是一些关于细节的追问。这些追问,研究者可能用到,也可能用不到,一切都取决于后来访谈进行的情况。这些追问常常是用来提示的,而不是让人严格按部就班执行的。

珍妮弗·弗莱明（Fleming，2007）那篇关于如何建立母亲与婴儿之间关系的博士学位论文，就是一个用半结构性访谈进行叙事研究的好例子，也是一个关于如何在定性研究中使用非访谈数据资源的好例解。驱动弗莱明研究的是这样一个深层问题："我不想重复发生在我身上的事情，我如何才能成为一个比我母亲更好的母亲？"一开始，弗莱明既作为一个志向高远的心理学家，也作为一个摄像师，摄录了8位初做母亲的妈妈与自己婴儿之间的自然互动情况。之后，弗莱明对这些母亲做了两次访谈，间隔1年。访谈内容为母亲与自己婴儿之间的关系，母亲对母婴之间关系的觉察，以及她们与自己母亲之间的关系。她的第一次访谈指南包括下列10个问题（Fleming，2007，p.57）：

1. 您对自己孩子的第一个记忆是什么？
2. 怀孕之前您和自己孩子之间的关系如何？待孕期间呢？怀孕期间呢？生产期间呢？产后最初几个星期呢？最初三个月呢？目前呢？
3. 当您与自己孩子之间的感情出现困难时您是如何做的？您是如何安抚孩子的？什么刺激了孩子？你是如何了解孩子的状况的？
4. 您可以谈谈第一次与孩子分开的情况吗？您与自己孩子分开最长一次的情况是什么样的？
5. 孩子现在多少岁？您现在作为母亲的主要作用是什么？
6. 当妈妈最让您吃惊的是什么？孩子最让您吃惊的是什么？
7. 孩子对您这个母亲是怎么看的？当孩子到了您这个年龄后会如何评价您对她/他的养育过程？
8. 您能用5个形容词来描述自己与母亲之间的关系吗？什么记忆或经历使您选择了每一个形容词？
9. 与您自己的母亲相比，您这个母亲做得怎样？是类似？还是不同？
10. 您现在理解了哪些您当妈妈之前所不能或尚未理解的关于您母亲的事情？您一生走过来与自己母亲之间的关系是如何变化的？

一年之后的第二个访谈，进一步聚焦于发展中的母婴关系，母亲自己的童年与呈现出的育儿风格，还有当妈妈过程中所遇到的挑战。把这些多方面的资料整合起来后，弗莱明获得了对母婴关系中重复、反馈及改变的作用的了解，获得了关于人际关系动力如何持续以及如何在代际之间传递的了解。

　　想采用定性访谈法生成数据的学生，在开始做学位论文之前，需要接受充分的定性访谈技术培训。深度访谈可能是现象学的，是聚焦于历史事件的（有时称作"口述历史"），也可能是案例研究（Guest et al.，2013）。无论是哪种路数，意义都是人从生活事件之中构造出来的。所以，一个好的访谈人要学会如何耐心且敏锐地倾听访谈对象的故事，要学会通过调整开场问题和随后的干预问题把这些故事引发出来。就是根据这一精神,我们有些同事坚持,学生要做一段演示性的访谈,并把对演示性访谈的分析写入定性学位论文的开题报告之中(Josselson & Lieblich, 2003)。

有关如何准备和进行定性访谈,有多种优秀教材可以参考(Josselson, 2013; Kvale, 2012; Rubin & Rubin, 2011; Weiss, 1994)。由于这些作者看问题的角度不尽相同,最好是多熟悉几种方法,然后再从中挑选出最适合自己风格和取向的方法。

### 定性研究中的数据采集

研究共有几个阶段?规划如何采集数据?如何准备后勤工作?对于这类问题的回答都要写入"程序"一节。无论是哪类研究,研究者始终都必须注意如何采集数据,不管数据的形式是什么。你可以沿两个维度对数据记录进行说明:保真度及结构。如果记录恰当,开放性访谈的数据保真度很高,但结构性不强;用标准化纸笔测试获得的数据,保真度高,结构性也强。我们建议用录音机来记录访谈,而不要太依赖现场笔记(保真度低,结构性差)。不过,用日记或札记形式记录数据采集阶段出现的各种感受、反应以及其他重要事件,确能提供有益的补充信息,值得推荐。

### 定性学位论文中的数据分析

在定性学位论文方法章中说明数据分析有关事宜,研究者所面临的问题可能要比对常规定量研究者所面临的问题更大。例如,林肯和顾巴(Lincoln & Guba, 1985)就认为:在研究开始之前,数据分析几乎没有多少好谈的(p. 241)。这就让学生很为难,特别是如果论文指导委员会要求在开题报告中专门用一节来写数据分析。关于定性研究中的数据分析,已经有很多的讨论。林肯和顾巴(Lincoln & Guba, 1985)在《自然主义探究》(Naturalistic Inquiry)一书中,首次用一整章的篇幅,对如何处理用自然方式所获得的数据问题,做了相当详细的讨论。最近几年,关于定性研究的专门著作已经有多部出版,不同著作所反映的角度可能不同(Gibbs, 2012; Grbich, 2012; Miles, Huberman, & Saldana, 2013)。在第7章中,我们会更加详细地讨论其中的某些著作。我们的主要观点是:即使学生事先还不能确定具体要使用哪种统计技术,但说明大概的分析框架还是可以的。学生应该预期到,定性论文和定量论文都可能涉及多个阶段的数据分析。

### 定性学位论文中的效度和信度

在传统的实证研究中,我们很在意量度和程序的信度、内部效度以及外部效度。

但是,很多定性研究工作者都谢绝使用"效度"和"信度"之类的字眼,因为这些概念与客观主义研究有着历史联系,对自然主义探究不合适。尽管如此,所有研究者都有责任使自己和受众相信,自己的研究发现是以关键性的研究为基础的。由于定性研究结果有可能依赖于若干精心挑选的样本,所以被有些人轻蔑地称为"逸闻主义"(Silverman,2013)。在定性研究中,设计是否值得信任就变成了评判设计时可能用到的标准,而方法章的任务,就是用证据说明方法何以严谨。

验证一个论点或研究过程基本上意味着它是有根据的和合理的,不管结果是否适用于更大的群体。另一方面,如果某个程序或结果可靠,则表示我们可以依靠(依赖)它。正如理查兹(Richards,2009)指出的那样,信度和完全一致并不是一回事,这就和火车时刻表的规律性并不意味着它可以完美预测火车的到站时间一样。理查兹接着还指出,在受控情景中使用标准化量度工具的做法,很可能与自然主义研究不兼容。

在定性学位论文的撰写中,"信度""内部效度""外部效度"之类的传统术语可能并没有必要。例如,林肯和顾巴(Lincoln & Guba,1985)就建议使用"可信性""可迁移性""可靠性""可确认性"等替代构念,感兴趣的读者可参阅他们的经典著作,以便更全面地了解这些术语。最近,丹金(Denzin,2011)就谴责了把定性研究范式硬塞进对科学证据本质的狭隘传统解释中的做法。诚然,有些关于定性与定量证据标准之间的争辩可能出于政治目的(Morse,2008),但有一点是清清楚楚的。那就是,所有研究者都需要说明自己的主张,要能够让读者相信,自己所选用的方法和所得出的结论可以信赖,对所研究现象的论述准确且有意义(Altheide & Johnson,2011)。所以,方法章就需要以某种令人信服的方式来处理这些事宜。信息将如何获取?如何组织?如何解读?为此,我们需要讨论下面几个构念。

**信度**关心的是研究结果在类似条件下的可重复性,涉及访谈人员的培训、数据的系统记录以及数据的转录等事宜。如果你是自然主义研究者,你对原始数据的编码方式,能够让另外一个人理解你的主题,得出和你类似的结论,那么你就获得了一致性。编码方案需要在论文的方法章中进行介绍,但同时要明白,在数据采集期间或之后,可能还要对分析进行修改。

**内部效度**指因果推断的有效性。从社会建构主义的角度看,效验是一个对所报告观察、解释以及推广的可信赖性进行评价的过程(Mishler,1990,p. 419)。在定性研究中,我们要问的内部效度问题是,实证材料在多大程度上表明,研究者的构想建立在作为研究焦点的参试者的构想之上(Flick,2009)。可以这样确定研究发现的可信性或真实性:花足够时间跟参试者在一起,检查是否有什么曲解;足够详细地探查参试者的经历;对访谈进行录像以供与所记录数据作对比;与参试者一起澄清初步发现;随着数据的增加对工作假设进行修改;检查不同来源的数据,例如其他研究者的数据、文字记录、日记、田野笔记等等。这些为了增加研究可信性的所作所为,都要在方法章中加以说明,但同时也要明白,随着研究的推进,这些很可能需要修正。

**外部效度**指研究发现的推广性或概括性。定性研究强调,要对具体背景下的相对较少的参试者进行"深描"。不仅要对行为深描,也要对彰显行为意义的情景深描(Hennink、Hutter, & Bailey, 2011)。因此,对参试者或背景的说明要很详细,要足以把该研究迁移到其他背景之中。随着研究的进行,样本可以不断变化。但是,向其他参试者和情境的推广始终需要适度,要注意个体生活的具体环境。况且,推广是读者的任务,而不是定性研究者的任务。

完成定性学位论文开题报告的部分挑战是掌握定性研究范式的语言。你可以通过下面的程序来加强定性研究的可信性。没有研究需要把这些程序都用上。但是,无论你用了哪几个程序,你都应该在方法章的"程序"节一一说明。

**数据的充分性和适当性标准**。"充分性"是关于定性研究中所采集数据的多少,类似于定量研究中要求有足够数量的参试者以确保研究结果的效力。当你获得足够的数据使以前采集到的数据得以确认(饱和)和理解时,你就达到了充分性标准。"适当性"的意思是,为了满足研究的理论需要,信息的抽样和挑选是有目的,而不是随机的。为了使浮现中的模型得到饱和和确认,要从多渠道获取数据。

**对离常案例的分析**。持续比较法要求,研究者要不断建立并检验理论的完备性;为此,研究者要用不同的参试者,以确定研究结果对看似例外案例的适用情况。通过特意搜索这些"离常"案例,研究者就可以对临时假设加以检验和修正,从而使假设能够接纳新的和不同的数据。

**审核跟踪**。这是指对研究过程做详细记录,从而使其他人能够按照相同的步骤开展研究并得出相同的结论。不仅要审核跟踪原始数据,还要审核跟踪数据的缩减、分析和综合证据,审核跟踪反映研究者不断发展的内心思想、直觉以及反应的过程记录。定性研究者常常会连续记日记,把研究进行过程中的个人观察都记录下来,包括数据是如何影响研究人的,研究人又是如何影响数据的。这一关键性的自我反思资料(以前叫"反思性"),能说明研究者的潜在偏见和假定,说明研究过程是如何受到这些偏见和假定的影响的。还可能更进一步,进行外部审核,即邀请与研究无关的外部咨询人员来对材料进行审查,对发现与解释之间的一致性进行评估。

**成员核对**。定性研究者经常都要返回到信息提供者那里,把整个写好的书面叙事连同从信息中推演出的解释拿给信息提供者看,目的是让这些人确认发现的准确性和可信性。在有些研究者看来,这就等于把信息提供者从参试者的位置提高到了共同研究者的位置。其他人,例如西尔弗曼(Silverman, 2005),则建议大家要谨慎,不要随便就把参试者放在"优越"位置,请他们来核查或验证研究发现。

**三角验证**。这是使从多种不同来源获得的数据互相核查、互为证据、示明主题或理论的方法。不同来源可能包括另外的参试者、其他的方法、以前做过的研究等。当然,不同数据会产生不同的解释,这对于定性研究也一样可能,没有必要把它看成什么问题。

**同行评审或询问。**很多定性研究者都把同行或同事当作魔鬼代言人来用,让他们对数据收集、数据分析、数据解释专门提一些难回答的问题,从而使研究者保持诚实。同行评审人还有另外一个作用,那就是作为研究者研究过程中的知音,对研究者提供专业和情感上的支持。通常,研究者和询问人要一起保存询审结果的书面记录。

到此,关于硕士或博士学位论文方法章的基本要素就已经介绍完毕。研究完成之后,结果章和讨论章就会加进论文。这时,有必要再回到方法章,把其中的"拟""将"之类表示将来行动的字样做相应修改。我们还建议,把方法章中有关数据分析的细节部分删掉,把相应内容融入结果章去。

## 窍门箱5.1

### 方法章:同学们的建议

1. 对拟使用的测量工具都要做试点测验,无论是自编的还是标准化的。有些东西,谁都可能误读或误解。向试点参试者问一些具体问题也有助益,例如问测验的某个部分是否有趣,是否太难等等。

2. 令我吃惊的是,一些有名的测量工具之中竟然有含糊不清和带有歧义的项目。你不能全然相信,别人编制好的量具就一定适合你的需要。然而,如果你想比较你的研究结果和其他文献中的研究结果,那你就不能改动测量工具。

3. 如果你决定自编测量工具,千万不要一开始就放上几个人口统计学项目。大多数研究者都把这类项目放在最后,因为这类项目很讨人厌。问卷一定要漂亮一些,美观一些;一定要明白易懂。要竖着排列选项,而不要横着排列;因为这样更容易阅读。

4. 在把问卷或其他工具通过电邮或互联网发出之前,就要尽量获得关于回收率的准确估计。问卷的回收率很容易被高估。并不会有那么多人认为你的研究有价值,值得他们花自己的时间和精力。通过个人联系或适当披露的做法,通常颇有助益。

5. 一种相对廉价的鼓励人们参加的方法是,让参试者参与抽奖,给参试者赠送一些小礼品或其他一些有价值的东西。这样,就不用花大笔钱给每一个参试者都付费,而只要给其中一个或几个中奖者发点儿有价值的奖励就可以了。

# 展示定量研究的结果 6

论文"结果"部分的目的,是把研究结果尽可能清楚地展示出来。为此,动笔之前就要做好展示规划。学生经常遇到的一个大困难是,他们事先根本就没有关于结果展示顺序的规划。鉴于这种情况,我们要解决的第一个绊脚石就是如何得当地组织结果。第二大困难是,学生没有经验。结果展示需要一种独特的写作方式,与文献综述或研讨会论文的写法差异很大。很可能,这是你第一次撰写一个完整的宏大"结果"部分。没有经验让你缺乏安全感,总想把什么信息都塞进去,于是就导致信息过多。因此,我们讨论的第二个事项就是内容取舍。在大多数的学位论文中,"结果"章中只包括事实:表格、图、数据分析汇总,以及作者关于这些内容的哪些<u>重要</u>、哪些<u>有价值</u>之类的说明。对结果意义的展开讨论,虽然重要,但却属于"讨论"章的内容。额外的文献总结和理论框架或方法重述,都没有必要,否则就会偏离"结果"章的目的。

当然,本章我们要讨论的是一般性的文章组织原则,所以会有例外,尤其是对于定性学位论文。在定性学位论文中,可能会把"结果"章和"讨论"章合并起来;有些院系也可能鼓励学生把结果和讨论写成一个内在交融的章。我们注意到了这些变通方式,同时也认为,在有些情况下,这些变通方式的确可以改善论文的可读性和流畅性。虽然如此,在本章接下来的讨论中我们还是假定,在你的学位论文中,你要把"结果"和"讨论"分成两章来写。

到底应该如何组织研究结果呢?没有适用于每种情况的唯一标准答案。但这并不要紧,尤其是,如果能向读者提供一个明晰的逻辑主线,引导读者顺利阅读研究结果,那你的文章就组织得很好了。下面我们谨给出四条建议:

1. 开篇先简单说明一下结果章的结构。这一段通常很短,主要说明:"这一章是研究结果章,本章是这样安排的。"这样一来,读者一开始就能了解到本章的逻辑思路和基本内容。如果结果章一开始就讨论统计分析,则会把读者搞得满头雾水。
2. 不能把结果组织得让读者感觉自己面前是一大堆混乱数据。虽然说计算机输出的统计表格能提供广泛信息,但并不是所有输出的数据表都要出现在学位论文之中。要时刻铭记:"结果"章越长,其中的数据越多,阅读它的人可能会越少。就"结果"章的结构而言,"越多"未必就"越好"。几十年的学位论文指导经验告诉我们,应该把"结果"章写短一些,而不是写长一些。

3.不要重复解释表格中的全部信息。你的任务是,对研究结果做一个简单、清晰、完整的叙述。要认真仔细地引导读者读完你的研究发现;要确保读者知道那些你自己认为最重要的观察结果。

4.不要沉迷于对发现意义的讨论。要知道,这些讨论属于"讨论"章的事情。

## 从哪里开始

大多数情况下,可以把"结果"章分成四节来写:样本说明节;统计分析变量的基本信息节;研究问题或/和假设检验的考量节;之前分析所引出的新问题或需要进一步探索的事项节。

注意,展示结果时,你有三个基本选项:表格,图像,文字。在开始之前你就要考虑,你想展示的每一项分析结果用哪一种方式展示效果最好。一条未成文的规则是:数据多,用表格,尤其是推断统计的数据。然而,如果数据太多,用表格展示反而会埋没大的趋势或模式。这种情况用图(像)表示可能会更好。

"结果"章通常以说明样本情况开始。说明样本,主要是提供一些描述性的数据,包括描述性统计量。对于简单的人口统计学数据(性别、婚姻状况、年龄等),可以用文字说明,也可以用表格展示。如果分析的单位不是人,还应该说明刻画所研究单位特征的各变量是什么。例如,如果分析的单位是城市,合适的做法则可以是介绍城市的人口密度、种族构成、中位房价等等。这样,你就为读者提供了一幅有关基本单位的画像。这类信息可以用表格展示,可以用图像展示,还可以直接用文字说明。用哪一种方法都可以,关键是要能让读者对结果有一个概貌性的把握。你没有必要提供原始数据,但一定要让读者读懂你的数据。(对于有些情况,你可能需要把原始数据展示出来。例如,你的样本很小或你做的是单个案例研究,你就可以用表格把每个案例的人口统计学信息和统计汇总信息展示出来。)本小节的目的,就是为读者提供一张关于你的样本的快照。

表6.1就是一张展示人口统计学信息的代表性表格。此表格直接引自陶德(Todd,2011)的学位论文。那是一篇研究成为男同性恋、女同性恋、双性恋以及变性家庭过程的博士论文。关于该数据展示,我们要指出三点。第一,不需要用一张表格提供大量信息。我们建议,把如此细节的信息用文字描述或者用几个表格分开展示,一个变量用一个表格。第二,表格中既包含了类别性变量(性别、种族/民族)的信息汇总,用的是百分比,也包含了连续性变量,用的是平均数和全距(年龄、关系时间)。第

三,尽管本表格结构规整,容易理解,但它并不符合APA格式。也许本院系并没有要求用APA格式,陶德女士的论文委员会也接受这种表格。

表6.1 参试者人口统计学信息表

| 变量 | 频次 | 百分比 |
|---|---|---|
| 性别 | | |
| 男 | 26 | 61.9% |
| 女 | 14 | 33.3% |
| 变性 | 2 | 4.8% |
| 种族/民族 | | |
| 高加索人 | 37 | 88.1% |
| 非裔美国人 | 3 | 7.1% |
| 多种族人 | 2 | 4.8% |
| 教育程度 | | |
| 高中 | 1 | 2.4% |
| 大专 | 9 | 21.4% |
| 大学 | 9 | 21.4% |
| 高级学位(或在读) | 23 | 54.8% |
| 孩子 | | |
| 收养 | 4 | 9.5% |
| 亲生 | 10 | 23.8% |
| 无孩 | 24 | 57.1% |
| 继养 | 4 | 9.5% |
| 地域 | | |
| 农村 | 1 | 2.4% |
| 市区 | 5 | 23.8% |
| 大都区 | 15 | 71.4% |
| | 均值 | 全距 |
| 年龄 | 45.6岁 | 26~70岁 |
| 关系时间 | 在一起10.6年 | 在一起2~22年 |
| 总计 | 21对 42个个体 | 21对 42个个体 |

来源:Todd, 2011, p. 57. 经作者许可使用。

　　在完成了样本说明之后,你需要提供充分的统计量来支撑随后的分析。到底需要提供些什么信息,这取决于正在进行的分析;然而,目的是为即将到来的分析搭好舞台。正如美国心理学协会指出的那样,所用的方法必须要有自身分析功能的支撑,包括假定条件不能满足时本方法的稳健性(在有的学科中也称"鲁棒性");方法必须能够提供关于数据的清晰的不含糊见解(APA, 2010b, p. 33)。一般情况下,在一元水平上,要对连续变量提供平均值、标准差、单元格大小,对类别变量提供百分比数。要是分析建立在多组基础之上,例如实验组和控制组,那么,可能既要展示每个组的这些统计量,也要展示整个样本的。要是假设检验要包括基于回归分析的统计方法,那么我们建议,你要始终包括相关系数(有些情况下还要包括协方差)矩阵。这样一来,除了提供基本的人口统计学信息之外,"结果"章的开始部分通常还要包括关于假设检验所涉及变量的描述统计信息,例如在某重要量标上的分数,关于分布性质的描述信息。

　　表6.2是"结果"章中可能要用的表格样例,选自康克林(Conklin, 2011)关于青少年行为问题的研究。这些青少年是转到门诊诊所来看病的。请注意,这个表格用的是APA格式。表格提供了康克林学位论文所用的每个量度的详细信息。

**表6.2　量表特性说明表样例**

| 青年结果问卷调查(Y-OQ-30.1)量表分数分布 | | | | | | | |
|---|---|---|---|---|---|---|---|
| 因变量 | 项目数 | $N$ | $M$ | $SD$ | 观察值全距 | 可能全距 | α |
| 内化 | | | | | | | |
| 抑郁症/焦虑症 | 6 | 114 | 10.73 | 4.72 | 1-24 | 0-24 | 0.721 |
| 社会隔离 | 2 | 120 | 3.05 | 2.71 | 0-8 | 0-8 | 0.832 |
| 躯体问题 | 3 | 118 | 4.51 | 2.78 | 0-12 | 0-12 | 0.534 |
| 外化 | | | | | | | |
| 攻击性 | 3 | 119 | 2.80 | 2.89 | 0-12 | 0-12 | 0.754 |
| 举止问题 | 6 | 119 | 9.16 | 5.96 | 0-24 | 0-24 | 0.873 |
| 多动症/注意分散 | 3 | 120 | 6.63 | 2.95 | 0-12 | 0-12 | 0.711 |
| 家长/同辈关系问题 | | | | | | | |
| 家长报告 | 6 | 115 | 8.31 | 5.25 | 0-20 | 0-24 | 0.756 |
| 自我报告 | 6 | 72 | 6.18 | 4.67 | 0-20 | 0-24 | 0.733 |
| 总分 | | | | | | | |
| 行为问题严重性 | 30 | 106 | 47.62 | 18.50 | 7-93 | 0-120 | 0.899 |

来源:Conklin, 2011, p. 83. 经作者许可使用。

在一个完整的研究项目中,所有分析都用同一个样本量($N$表示整个样本的量,$n$表示子样本的量)的情况很罕见。几乎总会遇到缺失数据问题。原因可能各不相同:接受调查的人可能没有做有些问卷项目,可能对有些问题做了无效回答,可能误解了研究人所认为写得很清楚的问卷指导语,等等。在纵向研究中,数据缺失尤其成问题,就是那些基于短期实验的纵向研究也有数据缺失问题。由于各种原因,参加后测的人数几乎总是少于前测。因此,在整个分析过程中,让读者理解缺失数据的本质以及参试者的流动情况就尤为重要。研究者需要说明,原本请了多少人参加,实际征募到了多少人,有多少人没有达到入选标准,有多少人由于缺失数据太多而被剔除,等等。

为了做到前两点,我们有必要在分析之前对数据进行一定程度的筛选,这项工作又叫探索性数据分析。这项可以做得很复杂的分析过程一般有四个主要目的:(1)评估数据的准确性;(2)处理缺失数据;(3)评估极端数据的影响;(4)评估数据特征与统计技术所假定条件之间的拟合程度。不可能需要你对每一种数据筛选技术都详细说明。例如,你只要说明已经核查过数据的准确性,所有的反应都在预定范围之内就可以了。但是,如果你使用了复杂的插补技术处理缺失数据,那你就必须详细说明所用技术。有关这一主题的详细讨论,建议阅读我们自己教材(即 Newton & Rudestam,2013)的第8章和第9章。

我们还建议你,要避免冗余;没有必要把同一信息展示两次。很多这类信息,尤其是关于抽样和参试者流动方面的信息,可能在前面“方法”章中的“样本”或“参试者”节中已经说过了。如果在“方法”章中说明过了参试者流动情况,那么,在这里的“结果”章中简要地提一下情况就可以了。但是,对于那些前面“方法”章中没有展示过的信息,要在“结果”章的前面部分展示,而不是放在结尾。

## 处理研究问题和假设

对样本和统计汇总信息进行说明之后,接下来要做的就是处理研究问题和/或假设。在不同子标题下逐个分开处理的做法可能并无不妥,但是,类似“假设1”这样的子标题一般是不行的,因为一个分析往往会同时涉及几个假设。况且,使用假设编号作为子标题也提供不了足够的信息。用能说明所讨论假设内容的子标题,效果会好得多。例如,作为子标题,“焦虑与员工绩效之间的关系”就比“假设2”要好。用子标题把单个统计程序分开来的做法也显得别扭,例如用“方差分析结果”作子标题就很别扭。因为,要回答一个问题,往往要使用几个不同的统计程序,例如上面所举的绩效与焦虑之间的关系就如此。一种有效的办法是,一次只处理一个问题。这样,就可以在同一节中讨论几种不同统计分析的结果，同时讨论对几个不同假设的检验。每一种情景都有所不同，但万变不能脱离其宗：把结果展示得既清楚又井然有序。

假如你的兴趣点是对群体影响的易感性，那么，你的研究问题（可能不止一个）可以是关于性别与群体一致性（群体影响易感程度的一个指标）之间的关系，你的研究假设（可能不止一个）可以是女性比男性更与群体一致。具体的统计假设可以是：（1）女性的平均群体一致率等于或低于男性的（单尾零假设）；（2）女性的平均群体一致率高于男性的（单尾备择假设，暗示了具体要进行的单尾统计检验的影响方向）。在这个设计中，只要一致率是一个正态分布的因变量，就可能用单尾 $t$ 检验。这种情况下，如果零假设被拒绝，那么备择假设就得到支持，这样研究假设也就得到了支持。请注意，虽然我们这里谈的是零假设和备择假设，但我们希望大家不要用这种方式表达假设。表达待检验关系的是研究假设，统计零假设或备择假设包含在研究假设之中，包含在最终要进行的推断统计检验之中。

组织结果的最流行方式是，用结果回答研究问题。例如，上面有关性别与一致性之间的关系就可以构成"结果"章的一节。要牢记，关于一个具体的研究问题或假设，可能用到多种统计分析。例如，关于一致行为中的性别差异，就可能有两个关于一致性的指标。因此，研究者就应该考察每一个指标量度的性别差异，结果就会有两个统计检验。你需要用一段或几段文字来展示这些分析结果。每个分析具体只处理一个（有时不止一个）备择假设（即统计假设）。当把所有关于本研究问题的分析都展示和说明之后，关于下一个研究问题的分析才能开始，通常新起一节。这里，用"性别与群体影响之间的关系"作子标题就比用"假设1"或"$t$ 检验结果"更能彰显意义。

要尽量避免在文中堆砌太多的数据。我们也认识到，这不总是可能做到的。复杂研究要测量多个方面，作者也别无选择，只好把大量信息都展示出来。但是要清楚，必须要展示的数据越多，对作者和读者的负担就会越重。在本章稍后的部分，我们将提示大家如何把数据削减下去。有些时候，只要指出某些发现不显著就够了，并没有必要非得把具体发现都展示出来。但是，如果这些发现事关主要假设，不展示具体发现通常就不够妥当。也可能要把同一种分析做几次，例如一次用变换过的数据，一次用未变换的数据。如果几次分析的结果很接近，研究者便可以得出这样的结论：只需要把未变换数据的分析结果展示出来。对于这些情境，只要指出分析变换过的数据能够得出同样结论这一事实就足够了。最后要指出的一点是，对于有些情况，把额外分析放进附录可能会合适一些。

写好"结果"部分的窍门是，作者要引导读者，让读者意识到哪些是重要的。你必须接受，作为作者，你最能判断每个具体发现的重要性。因此，你要负起自己该负的责任，通过对结果的组织，把你认为的重要发现突显出来。对于不重要的发现，你可以忽而略之或一笔带过。但要时刻牢记，不重要与未支持你的假设是两回事。接下来我们要讨论的,主要是针对定量分析而言的。定性分析我们会在下一章中讨论。无论你是准备做定性分析还是定量分析,我们建议你把这两章都读一下。

## 定量结果需要说明的基本内容

关于哪些统计量是定量发现应该展示的合适内容,研究界已经有了相当大的演变。我们用两大趋势来概括这一演变。第一种趋势是对零假设显著性检验的广泛批评。批评者的态度差异很大。一端谴责整个检验传统,另一端仅就假设检验结果的展示方式提出了一些相对温和的变更。在牛顿和鲁德斯坦的著作(Newton & Rudestam,2013)中,他们对这些立场背后的论据做了汇总讨论,批评家克莱恩(Kline,2013)等进一步加强了这些论据。对那些继续用假设检验传统做定量研究的学生,这些批评的首要含义是:要意识到,报告组间差异或变量之间的关系在某事先确定好的显著性水平($\alpha$水平)上是不是统计显著,这只能提供非常有限的信息。统计显著性仅仅是关于观察结果似然性的陈述,其假定是,群体中存在某真实情况(事实上,通常并不存在什么关系[所以有"零假设"这个称谓])。用专业性语言讲就是,保持对I类错误的合理控制。

对零假设显著性检验(简称"零检验")的大部分批评,都是建立在检验所没有做的事情之上。这就引出关于如何恰当展示统计总结的第二种趋势。零检验并没有管变量之间关系的大小或强度(叫"效应大小"),没有管检查出实质性重要效应的效力问题,或关于总体参数估值的精确度问题。对这些思想观点的最清楚证明是,很多在0.05水平上并不统计显著的发现,如果使用更多的受试(即,如果研究的效力更高)就会在0.05水平上统计显著。举个例子,对于0.179的积矩相关系数,如果样本量为120,那么它在0.05水平上就不统计显著。但如果把样本量增加到193,它就会在该显著性水平上统计显著。

这种现象给我们的一个启示是,在定量研究中,聪明人会用足够多的参试者来增加自己取得统计显著性结果的机会。这直接与减少II类错误有关,而不是与控制I类错误有关。对于第一种情况($N=120$),犯II类错误的概率是0.38;但对于第二种情况($N=193$),犯II类错误的概率是0.20。给我们的另一个与本书尤其有关的启示是,你应该增加所展示的数据量,从而把足够多的有用信息提供出来,好让读者(及研究者)了解关于你实证发现的更多情况,而不是仅仅让读者知道你的发现是不是统计显著。你要考虑的信息包括$p$的精确值、效应大小以及置信区间。我们完全同意这种做法。为了促进对各种统计发现真正意义的理解,我们早就应该强调置信区间和效应大小这两个量度了。

## 对统计检验结果的陈述

在"结果"部分通常要把多种分析的结果展示出来,其中,又可以把每一个分析细分为一系列的不同陈述。这些陈述展示的是主要发现,其中有些也可能以表格或图像(即,表和图)的形式展示。然而,主要焦点依然是如何用文字表述。表格或图像从来都不能独善其身,还需要配上一定的文字性统计结果说明,其中就包括用检验的统计量来展示重要发现。文字,如果你愿意的话,能提醒读者在每一张表格中间寻找什么信息。这里,我们提出四类陈述的建议。

首先,你需要告诉读者,你准备讨论哪些图、表或具体分析。用主题句来表述这一信息。下面,我们把这些主题句叫第一类陈述。

**第一类陈述**。让读者参看表或图,说明所度量或展示的内容。通常,这将成为描述结果的那一段的主题句。

> 例1 对相关系数表的描述
> 学生评级与期末考试成绩之间的相关情况请见表1。
> 例2 对百分比表的描述
> 表1展示的是五种可能类型每一类的回收百分比。
> 例3 对平均值表的描述
> 表1展示的是各类药品的平均值和标准差。

其次,为读者提供总体情况很重要。这涉及对结果大势的描述,而不是完全把焦点放在对个体数字或个体检验显著性的描述之上。可以把这种描述看作是看整个森林,而不是只看单个树木。这个视角的描述,在"结果"章的草稿中往往是看不到的。有时,关于总体情况的讨论会提到一些数值,但如果数值本来就在表格里面,此举就没有必要。我们把这类总述叫第二类陈述。

**第二类陈述**。描述显示在表格或图像中的主要发现。这可能包括均值比较、标准差、频次以及各种量度或条件之间的相关情况。

> 例1 对相关性表或图的描述
> 可以看出,在10个相关中,有9个为正相关,8个超过$r = 0.32$。
> 例2 对实验的描述。
> 男性把古龙水使用者评为低智和低友好;相反,女性却把古龙水使用者评为高智和高友好。
> 例3 对图的描述
> 如图2所示,接受处理期间,打字速度从基线的每分钟约0.7个词增加到每分钟约1.5个词。

第三,第一类和第二类陈述代表的是介绍性陈述和总结性陈述,第三类陈述则是关于具体统计检验的陈述。这类陈述几乎始终需要把置信区间或效应大小量度包括进来,或者把两者都包括进来。仅仅说"结果统计显著($p < 0.05$)"是不够的。

**第三类陈述。**展示统计(推断)结果时,例如 $F$ 检验或 $t$ 检验的结果,要同时展示置信区间和效应大小。

我们强烈建议,要养成报告分析结果准确概率水平的习惯,除非你是在同时总结几个分析结果。当研究发现不统计显著时,我们建议你也把概率水平报告出来。例如,对统计显著发现,你要用 $p = 0.024$ 报告,而不是用 $p < 0.05$;对统计不显著发现,你要用 $p = 0.324$ 报告,而不是用"不显著"。这与 APA 格式的建议一致。该建议是:在报告 $p$ 值时,把准确的 $p$ 值报告出来,精确到小数点后两位或三位(例如,$p = 0.031$)。如果 $p$ 值小于 0.001,用 $p < 0.001$ 报告。

要你遵守这些建议的理由很多。第一,与只报告说在某预定水平上某数值统计显著或不统计显著相比,报告出精确的概率水平会提供更多的信息。例如,概率水平 0.051 和 0.859 都可能说成"不显著"($ns$),但显然两个值相差甚远。报告出准确的概率水平,有助于避免使用"边际显著"或"几乎显著"之类的语言,因为所有关心结果的专业人士都反对这种表述。第二,概率($p$)值中所包含的信息,对那些用你的论文发现做元分析的人很有助益。$p$ 值 0.051 与 0.859 之间的差别,对元分析极有价值;但如果用"不显著"($ns$)报告,要想重构这些数值非常困难,尤其是在缺乏效应大小指标的情况下。那种以"不显著"或低于某预定水平(如 $p < 0.05$)方式报告概率水平的做法,是根据当时计算机还不普及的那种情况制定的。现在,统计软件随处可用,输出的统计结果都有精确的概率水平值。从前计算手段落后,人们只好手动计算出检验的统计量,然后再从统计表中查出相应的临界值。在比较这两个值(算出的值和临界值)的基础上,才能做出拒绝还是未能拒绝零假设的决断。我们认为,过去的那套做法已经没有必要,因为那样会把很多有价值的信息排除在你的结果展示之外。

我们进而强力推荐:在你的显著性检验结果陈述中,把置信区间包括进来。置信区间是总体参数估计值的边界,表示总体参数值可能落在的范围。用艾利斯(Ellis, 2010)的说法就是,所估计指标或参数的可能值范围(p. 17)。置信区间始终是相对于给定置信水平而言的。置信水平的典型表达方式是百分比,指的是区间估计的概率值。因此,95% 的置信区间表示的是,95% 的样本估计值都可能落在这个范围内。用更通俗一些的语言讲就是,在 95% 的情况下,这个区间都会包含总体参数的真值,或该区间 95% 准确;不过,很多人都强烈反对用这种通俗的语言解释区间。美国多数人熟悉置信区间意思的原因是,政治民意调查中使用这个概念。例如,盖洛普调查估计,有 40% 的选民可能会同意投某个候选人的票,盖洛普还会提供估值的可能准确度,或误差范围,一般是 +/-3% 或 +/-5%。误差范围为 +/-5% 的置信区间叫 95% 置信区间。报告的形式是—%置信区间[下限,上限]或—%CI[下限,上限],其中 CI 是区间的英文缩写,下限是区间的下端点值,上限是区间的上端点值。

置信区间所代表的统计方法就类似统计假设检验，区间通常是效应大小或关系强度量度值的区间，例如均值差和相关系数。在这种情景中，置信区间用在了假设检验之中。虽然有些研究者喜欢用这种方法估计总体参数的原因是，这样所提供的更多信息是从假设检验中获取不到的，我们还是推荐你把假设检验的结果（点估计）和置信区间都展示出来。

这样，根据表6.3所示的 $t$ 检验SPSS结果输出，你就可以对这项关于不同性别首婚年龄差异的显著性检验结果报告如下：

$$t[1159] = 7.88, p < 0.001, 95\%CI[2.083, 3.465]。$$

或者

$$t[1159] = 7.88, p < 0.001, 95\% 置信区间[2.083, 3.465]。$$

关于表6.3所示的统计分析，有几点需要说明一下。第一，样本量很大（$N = 1161$），这导致自由度 $N-2$ 也很大，即自由度（$df$）为1159。大样本导致的结果是相对小的95%置信区间，即表示能以95%的确定度断定，不同性别结婚的年龄差异真值（大约）在2.1年到3.5年之间。第二，所报告的 $p$ 值（显著性水平[双尾]）为0.000，恰当的文字表达应该是 $p < 0.001$。第三，没有提供效应大小的量度。尽管可以说效应大小已经反映在了均值差2.77年之中，但这并不是标准（化后的）效应，即把结婚年龄变化情况考虑进去之后的效应大小。在本例中，年龄变化情况是用全体样本结婚年龄的标准差表示的。效应大小很容易用科恩的 $d$ 统计量计算出来，即用均值差（2.77）除以共同标准差（6.1）。这样，我们就得到 $d$ 值为0.46。根据科恩（Cohen, 1988）的说法，这个值代表效应大小为中。

**表6.3　首婚年龄性别差异检验的SPSS输出表（$N = 1161$）**

团组统计量

| 应答人性别 | | $N$ | 均值 | 标准差 | 标准误 |
|---|---|---|---|---|---|
| 首婚年龄 | 男 | 525 | 24.85 | 5.975 | 0.261 |
| | 女 | 636 | 22.08 | 5.968 | 0.237 |

独立样本检验

| | Levene方差齐性检验 | | 均值相等的 $t$ 检验 | | | | | 差值95%置信区间 | |
|---|---|---|---|---|---|---|---|---|---|
| | $F$ | 显著性 | $t$ | $df$ | 显著性（双尾） | 均值差 | 差值标准误 | 下限 | 上限 |
| 首婚年龄 | 5.060 | 0.025 | 7.879 | 1159 | 0.000 | 2.774 | 0.352 | 2.083 | 3.465 |

来源：作者根据2010年美国国家民意研究中心综合社会调查数据制作。

为了进一步阐明报告统计假设检验结果时包括置信区间和效应大小的重要性，我们从上例1161的大样本中抽取了10%作为子样本做$t$检验，这个新样本的大小为105。检验结果如表6.4所示，结果在文章中的文字表述形式是$t[103] = 2.10$，$p = 0.038$，95%置信区间为[0.119, 4.115]。

注意，结果差异并不是特别大。均值差为2.11年，大样本的均值差为2.77年。两种情况下的结果都统计显著，效应大小2.13/5.25 = 0.41。虽然稍微小了一些，但仍然代表大约中等大小的效应。最大的差别反应在均值差的置信区间上：根据小样本得到的95%置信区间为[0.119, 4.115]。这反映出的事实是，样本越大，估计的精确度越高。对于所有的统计分析，都要向读者提供这种信息。正如APA格式指出的那样：报告置信区间一般是最佳的策略，因为置信区间既有位置信息，也有精确度信息，所以可以直接用来推断显著性水平(p. 34)。注意，由于两个95%置信区间都不包括0值，于是就可以推断，两个样本的$t$检验在0.05水平上都显著；不过，确切的概率估计值(0.038)是不能从95%置信区间中直接推算出的；因此，建议把确切的概率值报告出来。

下面是几个如何写第三类陈述的例子。

例1 对$t$检验的描述(表6.4)

男性的平均首婚年龄比女性大2岁左右($t[103] = 2.10$，$p = 0.038$，95%置信区间[0.119, 4.115]，$d = 0.41$)。

注：在文字叙述中并没有给出实际均值(24.19和22.08)。我们这里假定，读者需要了解均值时会参看相应的表格，或者，前面已经提到均值。

**表6.4 首婚年龄性别差异检验的SPSS输出表($N = 105$)**

团组统计量

| 应答人性别 | | $N$ | 均值 | 标准差 | 标准误 |
|---|---|---|---|---|---|
| 首婚年龄 | 男 | 52 | 24.19 | 5.545 | 0.769 |
| | 女 | 53 | 22.08 | 4.755 | 0.653 |

独立样本检验

| | Levene方差齐性检验 | | 均值相等的$t$检验 | | | | | 差值95%置信区间 | |
|---|---|---|---|---|---|---|---|---|---|
| | $F$ | 显著性 | $t$ | $df$ | 显著性（双尾） | 均值差 | 差值标准误 | 下限 | 上限 |
| 首婚年龄 | 1.466 | 0.229 | 2.101 | 103 | 0.038 | 2.117 | 1.007 | 0.119 | 4.115 |

来源：作者根据2010年美国国家民意研究中心综合社会调查数据制作。

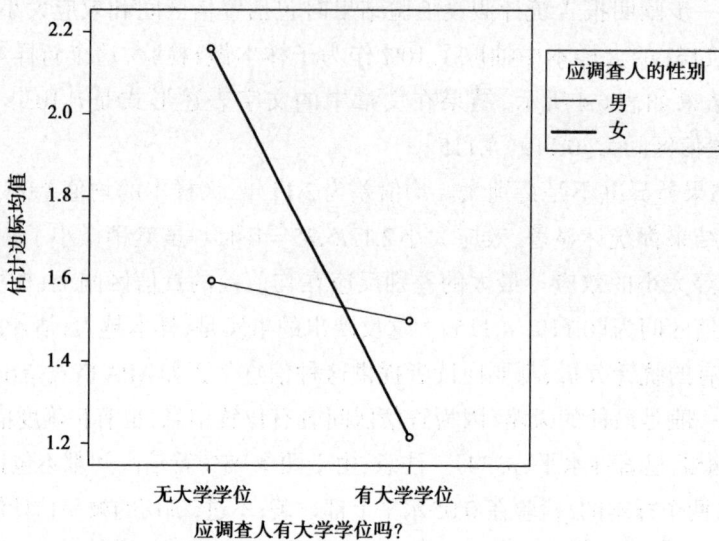

**图6.1 教育程度、性别、与生孩子的数量**

来源:作者根据2010年美国国家民意研究中心综合社会调查数据制作。

例2 对相关性的描述

首婚年龄与生孩子数量中度负相关($r[100]=-0.446$, $p < 0.001$,95%置信区间$[0.27, 0.59]$)。

注:在本例中,相关性自身就是效应大小,置信区间也是围绕该效应计算的。

例3 对2×2方分析的描述

2(性别,男/女)×2(大学学位,无/有)方差分析显示无显著性别主效应($F[1, 419] = 1.59$, $p = 0.437$,偏 $\eta^2 = 0.001$);然而,教育程度的主效应($F[1, 419] = 21.46$, $p = 0.005$,偏 $\eta^2 = 0.019$)以及性别与教育程度之间的交互效应($F[1, 419] = 5.50$, $p = 0.019$,偏 $\eta^2 = 0.013$)都统计显著。

注:上面的描述中只包括了方差分析的结果效应大小的量度偏 $\eta^2$,而并没有讨论这些效应的方向。因此,即使我们知道三个效应中的两个都统计显著而且很小,我们也不知道,哪个教育程度组生的孩子更多,或者,不知道性别与教育程度相互作用的本质是什么。这些发现,很可能用一张表格来展示,把均值、标准差以及各组的数量都包括进去,再加上一幅图,把交互效应视觉化(图6.1)。

图6.1显示,受过大学教育的女性要的孩子比没有受过大学教育的女性更少。在男性中,也呈现类似的关系,但效应更小一些,于是,就导致了显著的交互效应。换个说法,教育程度与要孩子数量之间的关系取决于受试的性别。注意,我们并没有含蓄地说,接受更多的教育"致使"或直接影响一个人选择生孩子的数量。情况很可能是,那些孩子少的人追求更多的教育。因为以上分析所基于的调查是横向的,所以,我们

的表述就不能暗示说,这些关系本质上是因果性的。统计语言理解起来可能会很难。因此,文章中的统计语言越多,读者就越难理解大局,尤其是对那些本来就不熟悉本课题的读者。所以我们建议,如果一段中包含很多数字信息,最好在结束时用一句总结性的陈述。我们把这类陈述叫第四类陈述。

**第四类陈述。** 用一句话总结陈述主要发现或结论。这句话通常放在段落的最后。

> 例1
>
> 研究结果表明,那些报告说自己大量使用毒品的学生,他们的适应不良得分显著高于其他学生。

> 例2
>
> 总之,这些分析表明,即使在控制父母亲教育程度和收入水平的条件下,单亲家庭抚养的孩子的学习成绩仍普遍低于双亲家庭抚养的孩子。

以上四类陈述是我们描述实证研究结果的一些范例。在描述结果的时候,要尽量避免社论式的口气。像"不幸的是,研究发现不显著""结果相当令人吃惊"之类的言辞,不但不能增强读者对研究结果的理解,反而违背了在"结果"章要客观报告研究结果这一准则。

前面的例子旨在引导大家正确地总结统计检验的结果,或总结统计显著性检验。下面我们再举一些旨在描述统计检验结果的例子,不过这些例子反映的是研究生(和其他人)经常会犯的一些错误。这些例子全部摘自一次关于"结果"部分的写作练习,要求学生把关于领养孩子有记录的行为问题的方差分析结果叙述清楚。所用的三个自变量分别是种族(黑种人、西班牙裔、白种人),性别(男、女),托管类型(由亲属托管、由非亲属托管)。

**陈述1**

> 在被领养的条件下,黑人男性表现出的问题稍微多一些,但不够显著。

**评论**:作者在竭力表示结果不统计显著,但写出来的文字并没有多少意义,也没有把比较组说清楚。我们尽量避免使用具体的统计值,但并不是说,在任何条件下都绝对不能用。

**改进**:在被领养的条件下,黑人男性表现出的问题,比西班牙裔或白人男性稍多一些,但这些差异并不统计显著。

**陈述2**

> 主效应仅对于托管类型统计显著,其效应比其他任何因子的效应都高,$p < 0.01$。

**评论**:作者错误地把显著性水平当成了效应大小,以为只要方差分析中托管类型的$p$值比其他因子的$p$值更小，托管的效应就会更大或更强。但情况并不是必然这样。

**改进**：在托管类型、人种／种族、性别的主效应中，只有托管类型的主要效应统计显著，$F(1, 60) = 7.34$，$p = 0.003$，偏$\eta^2 = 0.15$。

### 陈述3

西班牙裔女性和黑人男性也显示出轻微的托管类型效应，行为问题的平均得分也比由亲属托管的显著低。

**评论**：对于多个自变量的情况，重要的是要弄清究竟在比较哪些类别变量中的哪几个变量。在这个陈述中，不清楚比较的到底是性别，是种族，还是托管类型，也不清楚"轻微效应"是什么。

**改进**：在由亲属托管组内，西班牙裔男性的平均行为问题比女性的要稍微严重一些（西班牙裔男性，36.3；西班牙裔女性，33.5）。

### 陈述4

如表1所示，种族自身的效应轻微显著。

**评论**：要避免使用"轻微显著""较高显著""边际显著"之类的表述方式。这些表述在统计学上是不正确的。效应只能相对于某个预先设定好的显著性水平，要么显著，要么不显著。

**改进**：种族自身的主效应统计显著，$F(2, 80) = 3.45$，$p = 0.026$，偏$\eta^2 = 0.079$。

### 陈述5

显然，方差分析表中列出了$F$值的显著性为0.000。所以就可以说，可能产生该效应的随机误差的概率在$p < 0.000$显著性水平上。

**评论**：学生往往认为自己需要对统计检验的意思加以解释。其实，一般可以假定读者知道这些统计检验的知识。因此，除非你用的统计分析全新或独特，否则要避免使用本例中的语言。如果你写下的文字读起来和读统计学教材一样，你很可能是走错了道。还要注意：不需要交代所评价的具体效应；$p$值是不可能小于零的。

**改进**：表1中的方差分析结果显示，托管类型的主效应统计显著，效应大小为中，$F(1, 66) = 34.45$，$p < 0.001$，偏$\eta^2 = 0.215$。

按照前面的指南，完全可以同时使用第一、第二、第三类陈述，把上述例子中行为问题的平均差异表述如下：

表1按性别、种族、托管类型，展示了行为问题上的平均差异。从表1中可以看出，对每一种性别人种／种族比较，由亲属托管的孩子的行为问题比由非亲属托管的孩子的要少。表2是方差分析的结果。从表2可以看出，在三个主效应中，只有

托管背景(亲属家 vs.非亲属家)对孩子的行为问题有显著影响,$F(1, 66) = 34.45$,$p < 0.001$,偏$\eta^2 = 0.215$。

## 统计检验结果的四步报告法

报告统计检验结果的过程可以总结为四个主要步骤:(1)清楚陈述假设;(2)指出检验假设所用的具体统计方法;(3)提供统计检验的结果;(4)清楚陈述检验结果。例如,根据黛博拉·鲍威尔(Bower, 2006, p. 101)的博士学位论文,我们就可以把结果报告如下:

> 假设1预测,显性自恋、自我概念清晰度、公开性自恋与自我概念清晰度之间的互动,这些可能是外显攻击性的重要预测变量。总体回归显著($F[3, 99] = 3.99$,$p < 0.01$),产生了小效应($R = 0.33$,$R^2 = 0.11$,修正$R^2 = 0.08$)。假设得到部分支持。只有自我概念清晰度是外显攻击性的显著预测变量($\beta = 0.31$,$t = 3.25$,$p = 0.008$,95%置信区间$[0.19, 0.43]$)。

## 用表和图展示结果

几乎所有的学位论文都会用一个或几个表格或图像来组织展示统计分析的结果。本节和以下各节,将讨论说明用图/表展示统计分析时应该遵循的基本原则和逻辑。作为作者,你首先要考虑的问题是"这些结果要用什么方式展示,用表,用图,还是用文字?"

为了便于说明问题,我们举个简单的例子。试想你用了330个参试者进行研究,其性别分布见表6.5。表6.6用APA格式对这些结果信息进行了整理展示;如果用图像,展示结果会像图6.2那样。

**表6.5 应答人的性别分布**

| | | 频次 | 百分比 | 有效百分比 | 累积百分比 |
|---|---|---|---|---|---|
| | 应答人的性别 | | | | |
| 有效 | 男 | 156 | 47.3 | 47.3 | 47.3 |
| | 女 | 174 | 52.7 | 52.7 | 100.0 |
| | 总计 | 330 | 100.0 | 100.0 | |

来源:作者用2010年美国国家民意研究中心综合社会调查数据制作。

**表6.6　应答人性别分布的APA格式表格**

| 性别 | $f$ | % |
|------|------|------|
| 男 | 156 | 47.3 |
| 女 | 174 | 52.7 |
| 总计 | 330 | 100.0 |

来源:作者用2010年美国国家民意研究中心综合社会调查数据制作。

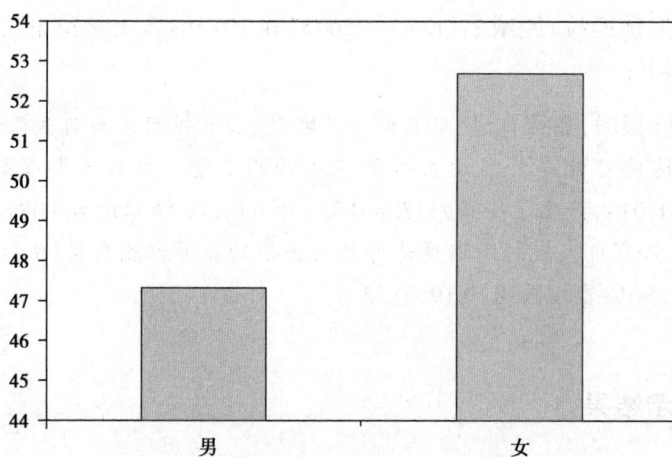

**图6.2　应答人性别分布图**

来源:作者用2010年美国国家民意研究中心综合社会调查数据制作。

　　用这两种方式展示这些数据,既无必要,也不明智。显然,图像歪曲了样本性别差异的信息,既拉长了纵轴,也没有把纵轴和横轴标注清楚。要是用文字表述该性别分布信息会更好一些,例如,"在330位样本参试者中,52.7%是女性"。

　　一般情况下,如果数字的数量不是很多,就没有必要用表展示。例如,用表6.6来展示样本中性别的分布情况就没有必要,因为这一信息只有用简单文字说明一下样本中的男性或女性百分比就够了。但是,如果研究涉及多个样本组,而且每一组内部的性别分布也很重要,那么,用表格形式展示这些信息效率可能就会更高。从另外一个方面讲,把几百个数字都塞进一张表,这很可能会把读者搞蒙,既让信息难以破解,也让发现模糊不清。对于这种情况,更恰当的方法也许是,用图像展现数据的大局,把细节数据放在附录之中。

　　关于数据展示,APA格式(2010)提出了下面三条指导意见,我们也都同意,而且还加了第4条。

1.如果数据是3个或以下,用一句话叙述。

2.如果有4~20个数据,用一张表。

3.如果数据在20个以上,考虑用图像,不要用表格。

4.切记,什么事情都有例外。

很多学位论文都用图像或图来展示资料。图可以是示意图、坐标图、照片、线图以及任何表之外的非文字性的东西。论文中是否要使用图,这是一件很重要的事情,需要认真考虑。同学们可能热衷于用计算机程序画柱形图和饼图,但是,在学位论文中塞满这类图的做法是应该避免的。图太多会占大量空间,没有必要的图只会把文本割裂,不仅不能增强阅读和理解效果,反而会妨碍阅读。例如,如果用表就能既简单又经济地把信息展示清楚,那就没有必要用柱形图,除非柱形图能显示出的强烈比对效果是作者所需要的。因此,你的这种冲动需要抑制。在图6.1中,我们用坐标图所展示出的性别与教育程度对于预测生孩子数量的交互作用,用表格就表示不出来。

在制作图表之前,你需要好好规划一番。要仔细考虑一下最好要用多少个图/表,用图/表展示什么内容,如何具体设计每张图/表的结构才能最有效地说明你想突出的分析结果。此外,你可能还要遵守学校的论文格式或有关组织的学术写作规范,例如美国心理学协会(APA)对图/表的格式要求等。在本章中,我们关于图/表制作的讨论,都是按照APA格式做的。了解你们图书馆或者院系关于学术写作规范的具体要求。如果要求的是APA格式,那本章所讨论的格式就适合你;如果要求的不是APA格式,那本章所讨论的格式就不适合你。

但是,无论你所在大学的具体要求是哪种规范,下列导则对于提高表的美观性和可读性,都很有帮助。

● 虽然计算机分析结果可以精确到小数点后很多位,但取舍后的数字所传达的信息往往更清楚。有足够的理由说,非得用样本中36.92273%的为单身,而不能用样本中37%的为单身吗?(在报告相关系数和协方差时,为了便于重新分析,通常要保留三位小数,这很重要。其他情况要尽量简单,保留适当的小数位即可。)

● 数值既可以按列上下比较,也可以按行左右比较。究竟哪种比较效果更好,至今仍没有定论。以下两节表明,一元表和二元表中的百分比按列上下计算才便于跨行比较;不过,如果想在一张表格里包括多种比较,则可能需要反过来做。无论用哪种方式,要尽量前后一致。

● 列和行的均值和总计能提供很多的附加信息,且不会打乱表内信息。因此,如果表中不提供均值和总计,那就要务必确保计算百分比的基数和方向(按列或按行)足够清晰。

● 没有必要把统计软件输出的所有结果都塞到表格里去,这样做反而不太好。

要把有用的信息仔细选出,精心加以安排,使表格既美观大方,又有充分空白,这样才便于读者阅读。

● 结果部分中的表和图之间要彼此有关联,与文字内容也要有关联。这种关系不仅要体现在表的组织结构之上,也要体现在文字表达之中。表和图的制作要遵循类似的格式规范和结果组织规范。如果在一张表中用特定的名称指称有关量度或量表/标,那么,在所有其他的图表文字中,都必须使用相同的称谓。作者可能很熟悉自己所用的量度或量表,但大多数的读者却不会这么熟悉。如果你把某个量表称作"清单",那全文都应该保持这种叫法,而不能改称为量表、测验套、子量表等等。如果在文本中用的是"反应时间",那么,在表里就不能用"反应潜伏期"。

● 最后,要避免用统计软件结果输出中的变量名称。在表格中用 CHTOT 或 ABANY 之类的符号,会让读者很难理解。有时为了节约空间,也有必要把变量名简写,但一定要让读者一看就明白。例如,把"儿童健康总得分"在表格中缩减成"儿童健康"就很好。

## 表格的构成

表格通常由五大部分构成:编号、表题、表头、表体、表注。对此,本节将逐一简要介绍。针对特殊表的详细讨论,例如频次分布表、交叉表、方差分析表等,我们将放在后面几节。

### 表的编号

每张表都应该编号。APA 格式建议,要按表格在论文中第一次出现的顺序,用阿拉伯数字对所有的表格都进行编号。从"表 1"开始,一直往下编。不要用"表 A""表 B""表 C"等,也不要用罗马数字("表 I""表 II"等)。不要按章给表编号("表 3.1""表 3.2"等),表号中也不要用字母表示关联或类似信息(例如"表 5a""表 5b"等),可以考虑把展示关联或类似信息的几个表格合并成一个。唯一例外是附录中的表的编号。"附录 B"中的第三张表格的编号应该是"表 B-3","附录 A"中的第一张表格的编号应该是"表 A-1"。

### 表题

每一张表都必须有自己的题名。一般情况下,一个好的表题要包含主要变量以及统计分析类型的名称,但也不能无必要地加长。能够在表头中反映的信息,就不必在表题中出现。一个好的表题往往需要反复推敲。在后面的几节中,我们将专门探讨与具体分析方法对应的具体表格,并用很多例子说明什么是表达清楚的表题。我们提供了一些完整的表,可以作为你制表的向导或模板。美国心理学协会建议,所有的表题都要左对齐,要用斜体,主要单词的首字母要大写。

## 表头

表头要能把表中的内容组织起来,要能告诉读者表中所展示的是什么变量的什么统计量。表头可以用缩写,例如用 $f$ 表示频次,用 % 表示百分比,但缩写的意思要显而易见。不要用统计软件结果输出中的缩写或变量名,不要用测量工具名称的首字母缩写而不在表注中说明全称。例如,"美国国家民意研究中心综合社会调查"的常用缩写是 XMARSEX,但大多数人并不知道这指的是对婚外性行为的态度。同样,有些人可能知道 BDI 指"贝克抑郁调查清单",但多数人并不知道,即使文中已经有了说明。因此,如果用了 BDI 做表头,那就必须在表注中说明它是什么的缩写。

## 表体

表体包含了表中的数值或数据。如前所述,不要用没有必要的数字把表塞满,最好用取舍后的数值,以提高表的可读性。表中的空白单元,习惯上用破折号(—)填充,从而告诉读者该单元格没有数据。免得让读者来回琢磨,该处的数据是不是不小心删除掉了。

## 表注

表注有三种:泛注、特注、统计显著性或概率注。泛注要用 *Note*("注")字样标识。APA 格式要求,*Note* 要用斜体字,后加句号,像 *Note.* 这样。泛注是对于整个表的注解,包括对表中符号或缩写意义的解释等。例如,我们可以用泛注来说明 BDI 是指"贝克抑郁调查清单"(Beck Depression Inventory)。表注只能是针对一个表的。因此,即使在一个表的泛注中说明了 BDI 是什么,在其他表格中再次出现时还需要重新说明。特注是对单元格中内容的注释,用小写英语字母以上标形式标识,从 $a$ 开始。特注应该从表左上角的单元格开始,自左向右、自上而下按顺序一一标注。概率注是对显著性检验结果的注。显著性水平要用星号表示,单星号(*)表示最低一级的显著性,然后是双星号(**),三星号(***),等等。概率注通常以下列形式出现在表的下面:

$$^*p < 0.05 \qquad ^{**}p < 0.01 \qquad ^{***}p < 0.001$$

在概率注中，要使用另外一个符号把单尾检验与双尾检验区别开来，如：

$^*p < 0.05$，双尾　　　　　　$+p < 0.05$，单尾

注意，我们建议你要用分析软件输出的确切概率值（即 $p$ 值），而不是用概率注。到底是用概率注，还是在表中增加一列或行来报告确切概率值，最好是询问一下你的论文指导委员会。如果你确实选择了用概率注，那你就要注意，你的概率注在所有表中都要保持一致。也就是说，如果你在一个表的概率注中用单星号表示 $p < 0.05$，那么，在下一张表的概率注中，你还要用单星号表示 $p < 0.05$，而不是 $p < 0.01$，或其他水平。

## 为分析准备数据

学位论文中要展示的第一类结果信息，可能就是关于样本的描述。研究者可能要展示很多单变量（或一元）频次分布表，往往用一张表格把样本的所有人口统计学信息汇总性地展示出来。有关如何展示频次分布信息，我们稍后再来讨论。首先我们要考虑的事情是，数据在表中的组织要正确无误。无论是人工还是用计算机，都必须把结果在表中正确地展示出来。下面的具体步骤，能助你把表格做得意义明确，使你的统计分析合乎道理。

### 第1步：处理好变量

所有统计分析都是以变量为基本单位来分析数据的。因此，在考虑要用哪种统计分析之前，你就应该考虑要把哪些类型的变量包括进来。你可以问自己两个问题：(1) 要采集哪种类型的数据？(2) 在你的统计分析中，这些数据是怎样作为变量出现的？下面是几条基本导则。

**类别要互斥**。变量的确定要恰当，要务必使每一个观察结果（即每一个事例或分析单位）归属且只归属一个类别。例如，在人口统计学的描述中通常要设"婚姻状况"项，分单身、已婚、离异、孤寡等类别。一个人完全可能把"单身"项和"离异"项都选上。改变一下问题的措辞，如"从未结过婚""曾经离异"，误填的可能就可消除。

如果问题假定了"可以选择所有适合你的选项"，那么，每一种反应就必须能成为一个单独变量。例如，在评估参试者与父母酗酒有关的心情、行为和经历时，要把调查的项目清单连同提示"请在你家里曾经发生过的所有事情前都划上勾"一起发给参试者。反应选项有可能包括"因为父母酗酒而失眠""听到过父母因醉酒而吵架""希

望父亲或母亲戒酒"等。这张清单上的每一个项目都能变成一个取值为"是"或"否"的单独变量。如果把"是"编码为"1","否"编码为"0",那么,"是"的和就构成一个新变量,可用来评估酗酒对家庭造成的破坏程度。不过,这个和要在数据采集完之后才能计算,而不是之前。

要用计算机来计算数据的理由很多,而绝不仅仅是因为计算机既快速又准确。我们摸索出的普遍经验是,要把尽可能低层次的数据输入电脑。千万不要在数据输入之前就把"年龄"之类的类别变量输入。如果你希望用20—29,30—39这样的类别,要用计算机根据确切的年龄数据创建这样(或其他)的分组。

**类别要穷尽**。问卷、量表、测量工具中的每一个项目,都必须对每一种情况设有反应选项,即使选项是"不适用"或者留作空白。因此,频次分布及其表格中也必须包含有效反应(即,有意义回答)的百分比和无效反应(通常称缺失值,即那些无意义或不相干的回答)的数量。处理频次分布时,一定要注意检查,要确保每一个分布都包括(即,穷尽)了整个样本。(这样,就可以防止事后为了落实有些数据的去处而不得不一一查对原始数据。)

**缺失值**。那些与变量类别意义有明显逻辑冲突的观察结果,也必须反映出来,这样才能把所有的类别穷尽。我们把那些不能归属到已有类别的观察叫缺失值。出现缺失值的原因各种各样,其中包括以下五种。

1. 不适用(问题不适用受调查人的情况)。
2. 无反应,没有回答。
3. 反应无法编码。
4. 测量不正确或工具出了问题。
5. 数据丢失,找不到合适的受试。

大多数的计算机程序都允许特殊编码,即缺失值编码,以便使程序能够把有意义的反应与缺失值分开。缺失值的数量通常在表注中说明。缺失值数加上有效反应数,应该等于整个样本的大小。所以,你计算机文件里的每一个变量,都能够由一组互斥的可穷尽类别所代表,尽管其中的有些类别代表的是"缺失"数据。(在展示频次分布的时候,通常是在把缺失情况排除之后再计算和报告频次的百分比。)

### 第2步:把数据分组

第二步是把每个观察(即,每个案例或受试)的数据划分到一个变量类别之中。虽然这项工作通常由计算机完成,但也可以用手工统计出变量的每一个类别的频次数。本节最后部分提供了一些例子,以供大家参考。

### 第3步:创建标识正确的表格

创建了频次分布并不等于完成了任务;把频次分布做得更美观、更容易读懂才算完成了任务。所创建的表格,必须标识正确,辨识无误。此外,你可能还需要满足信息接收方面(图书馆或出版人)的有关要求。下一节我们就讨论一些通则,这些通则与美国心理学协会的导则一致。

## 表格制作导引

### 完整表格所包括的内容

1.表的编号。
2.表的名称或表题,要包括变量名称以及样本或总体的某些信息。
3.你所确定的一组能互斥且穷尽的类别(表头)。
4.频次、百分比及总计(表体)。
5.表注,对于非原始数据,还要包括数据的来源。

### 处理缺失值

在表格的制作过程中,缺失数据有时会带来一些问题,可考虑用以下三种办法加以解决:
1.创建一个新的类别,把缺失数据都包括进来。
2.创建脚注,说明缺失值的数量。
3.为所有不重要的值创建一个"其他"类别。

### 表中的行间距

APA格式要求,表中要用二倍行距。不过,我们从没见过任何一篇学位论文严格遵守了这一要求。其原因是,这一要求主要是看拟投稿期刊的规定。我们建议大家,要充分利用软件的行间距功能,把你的表格做得易读。本章中的表,就是根据这一原则制作的。我们严格遵守了APA格式的制表导则:在表格中不用竖直线条,不用色彩。

### 常见描述和推断统计分析结果的范本表

在接下来的几页中,我们将举例说明如何把统计软件输出的表格制作成可以在学位论文中出现的标识正确的表,包括一元(单变量)、二元(双变量)、多元数据表。你可以把这些例子当作引导或模板来使用。对每一类例子,我们都以表内展示的内容选项开始,并根据自变量是离散分布还是连续分布分别处理。此外,我们考虑了描述性统计和推断统计材料的展示问题,通常都是直接从统计软件的输出结果开始。虽然这种表格的种类多、变化大,我们无法把所有可能情形都包括进来。尽管如此,我们所讨论的表格种类已经包含了绝大多数学位论文中的表格形式了。切记,把统计软件输出的表格稍加修改就放进学位论文的做法,始终都是欠妥的。统计软件直接输出的各种结果表格,只是你制作自己学位论文表格的原材料。

## 根据软件输出结果创建单变量(一元)表格及其说明

下面两例选自2010年美国国家民意研究中心所做的"综合社会调查"(GSS)结果。GSS从全美所有18岁及以上非机构成人样本中采集数据。数据用SPSS软件20.0.0版本(2011年9月)分析处理。考虑的变量有两个。第一个变量评估的是调查对象参加宗教活动的频次,调查研究人员把该变量称作Attend(参加)。第二个变量叫Age(年龄),评估的是调查对象的年龄大小。关于"参加"的软件输出结果如表6.7所示;表6.8是经过正确标识后的频次和百分比表。

注意,表6.2包含两个部分,第一个部分是有效案例和缺失案例的数量,第二个部分是变量类别、频次、百分比、有效百分比、累计百分比。百分比列与有效百分比列的区别是:百分比列包含了所有的案例,其中包括缺失案例;而有效百分比列却不包括缺失案例。在本例中,缺失值为0.4%,即2044个总案例中的8例。累计百分比列是该列有效百分比的逐行累加。表6.8展示的是根据软件输出结果(表6.7)制作成的带有正确标识的数据表。

请注意,软件直接输出的表和最终制成的表是不相同的。第一点,在制成表中已经加上了表号、表题以及表示数据来源的表注。第二点,在制成表中只包括了频次和百分比两个列。第三点,在制成表中,把标识性的标签全部写了出来。在软件直接输出的结果表中,类别标识标签常用缩写形式,例如,把More Than a Week缩写成More Thn Once Wk。如果表里有地方,本表由于只有两列数字所以有空间,要尽量把标签名写全,这样能使表格更容易读。如果列数太多,或标签太长,那就经常需要你换个新标签,或者以表注的形式,把变量名称和类别标签的意思说明白。

表6.7 变量"参加"的SPSS输出结果(受试参加宗教活动的频次)

Statistics(统计)

| HOW OFTEN R ATTENDS RELIGIOUS SERVICES(受试参加宗教活动的频次) | | |
|---|---|---|
| N | Valid(有效) | 2036 |
| | Missing(缺失) | 8 |

**HOW OFTEN R ATTENDS RELIGIOUS SERVICES(受试参加宗教活动的频次)**

| | | Frequency<br>(频次) | Percent<br>(百分比) | Valid Percent<br>(有效百分比) | Cumulative<br>Percent<br>(累计百分比) |
|---|---|---|---|---|---|
| Valid<br>(有效) | NEVER(从不) | 470 | 23 | 23.1 | 23.1 |
| | LT ONCE A YEAR<br>(一年不到一次) | 143 | 7 | 7 | 30.1 |
| | ONCE A YEAR<br>(一年一次) | 287 | 14 | 14.1 | 44.2 |
| | SEVRL TIMES A YEAR<br>(一年数次) | 211 | 10.3 | 10.4 | 54.6 |
| | ONCE A MONTH<br>(一月一次) | 147 | 7.2 | 7.2 | 61.8 |
| | 2-3X A MONTH<br>(一月2~3次) | 171 | 8.4 | 8.4 | 70.2 |
| | NRLY EVERY WEEK<br>(几乎每周一次) | 87 | 4.3 | 4.3 | 74.5 |
| | EVERY WEEK<br>(每周一次) | 382 | 18.7 | 18.8 | 93.2 |
| | MORE THN ONCE WEEK<br>(每周一次以上) | 138 | 6.8 | 6.8 | 100.0 |
| | Total(合计) | 2036 | 99.6 | 100.0 | |
| Missing<br>(缺失) | DK, NA<br>(不知道,未回答) | 8 | 0.4 | | |
| (Total)<br>(合计) | | 2044 | 100.0 | | |

来源:作者用2010年美国国家民意研究中心综合社会调查数据制作。

**表6.8 APA格式表：参加宗教活动的频次**

| 参加情况 | 频次(f) | % |
|---|---|---|
| 从不 | 470 | 23.0 |
| 一年不到一次 | 143 | 7.0 |
| 一年一次 | 287 | 14.0 |
| 一年数次 | 211 | 10.3 |
| 一月一次 | 147 | 7.2 |
| 一月2~3次 | 171 | 8.4 |
| 几乎每周一次 | 87 | 4.3 |
| 每周一次 | 382 | 18.7 |
| 每周一次以上 | 138 | 6.8 |
| 不知道，未回答 | 8 | 0.4 |
| 合计 | 2044 | 100.0 |

来源：作者用2010年美国国家民意研究中心综合社会调查数据制作。

数据自身是不会说话的，因此，作为数据分析者的你，要对表中的数据做一个言简意赅的文字总结。以下的陈述就可作为表6.8的文字总结。

表6.8所展示的，是受试参加宗教活动的频次分布情况。样本中有大约25.5%的参试者说，自己每周至少去一次教堂，而几乎44%的参试者则说，自己一年只去一次或不到一次教堂。

请注意，上述文字总结中的百分比是表6.7前三项的取整值(23.0 + 7.0 + 14.0)之和以及后两项(18.7 + 6.8)非缺失类型之和，把表中的很多字都省略了。文字总结的目的不是复述表中的每一个数字。不然的话，还要表格干什么？文字总结的目的，是指出表中你认为重要的内容，这在很大程度上取决于你这位数据分析者的判断。本例要说明的是，样本中有大约四分之一的受试至少每周参加一次宗教活动，而另外44%的参试者几乎从不参加宗教活动。

连续变量(例如量表得分、测量结果、年龄等)的分布可能会包含大量的数值，要是把每一个可能值都放在表格中的话，表的视觉效果就会受到影响，读者就很难取得一目了然的效果。例如，在表6.9和表6.10中，我们把同一个变量的两个不同统计软件的直接输出结果都展示出来，内容是受试生第一个孩子时的年龄。所不同的是，表6.10对数据进行了"重新编码"，以缩减定比水平变量可能出现的大量类别(要是把代码"98[dk]"包括在内，本例就有39个类别)。注意，表6.11是在表6.10的基础上制出的带有正确标识的连续分布变量表，这是一张关于受试生第一个孩子时的年龄的分布表。

与表6.8相比，表6.11所采用的数据展示方法有多处不同。有些不同是选择性的，有些不同则是由于其中一个变量是连续性的（生第一个孩子时的年龄）而其他变量都是离散定序性的（参加教堂活动的频次）。第一点要注意的是，表6.8包括了缺失值，而表6.11却没有（但在表注中对缺失值情况做了说明）。这一决策是选择性的，由研究者自行决定；不过，我们一般还是建议你不要把缺失值放在表中，而是像表6.11那样在表注中加以说明。如果表中不包括缺失值，那始终都要有"有效百分比"列，因为有效百分比的计算基础是去掉缺失值后的合计数。对于这种变量，这种处理尤其重要，因为有大量的人都可能选"不适用"（IAP），即很多人根本就没有生过孩子。

第二点要注意的是，表6.8还有一个累计百分比列，表6.11却没有。这也是选择性的，由研究者自己决定。不过，对于定类水平的数据，始终都不能有累计百分比列。（参加教堂活动是定序变量；生第一个孩子时的年龄是定比变量。）累计百分比有助于把分布分成有意义的类别或区间段。如果数据类别非常多时，累计百分比一般很有用。

**表6.9 受试生第一个孩子时的年龄的分布（SPSS输出结果）**

Statistics（统计）

R'S AGE WHEN 1ST CHILD BORN（受试生第1个孩子时的年龄）

| N | Valid（有效） | 1472 |
|---|---|---|
| | Missing（缺失） | 572 |

R'S AGE WHEN 1ST CHILD BORN（受试生第1个孩子时的年龄）

| | | Frequency（频次） | Percent（百分比） | Valid Percent（有效百分比） | Cumulative Percent（累计百分比） |
|---|---|---|---|---|---|
| 有效（Valid） | 12 | 1 | 0 | 0.1 | 0.1 |
| | 13 | 4 | 0.2 | 0.3 | 0.3 |
| | 14 | 10 | 0.5 | 0.7 | 1.0 |
| | 15 | 16 | 0.8 | 1.1 | 2.1 |
| | 16 | 44 | 2.2 | 3.0 | 5.1 |
| | 17 | 70 | 3.4 | 4.8 | 9.9 |
| | 18 | 117 | 5.7 | 7.9 | 17.8 |
| | 19 | 110 | 5.4 | 7.5 | 25.3 |
| | 20 | 125 | 6.1 | 8.5 | 33.8 |
| | 21 | 133 | 6.5 | 9.0 | 42.8 |
| | 22 | 95 | 4.6 | 6.5 | 49.3 |

|  | Frequency（频次） | Percent（百分比） | Valid Percent（有效百分比） | Cumulative Percent（累计百分比） |
|---|---|---|---|---|
| 23 | 87 | 4.3 | 5.9 | 55.2 |
| 24 | 88 | 4.3 | 6.0 | 61.1 |
| 25 | 69 | 3.4 | 4.7 | 65.8 |
| 26 | 64 | 3.1 | 4.3 | 70.2 |
| 27 | 70 | 3.4 | 4.8 | 74.9 |
| 28 | 65 | 3.2 | 4.4 | 79.3 |
| 29 | 48 | 2.3 | 3.3 | 82.6 |
| 30 | 52 | 2.5 | 3.5 | 86.1 |
| 31 | 42 | 2.1 | 2.9 | 89 |
| 32 | 33 | 1.6 | 2.2 | 91.2 |
| 33 | 23 | 1.1 | 1.6 | 92.8 |
| 34 | 15 | 0.7 | 1.0 | 93.8 |
| 35 | 16 | 0.8 | 1.1 | 94.9 |
| 36 | 19 | 0.9 | 1.3 | 96.2 |
| 37 | 13 | 0.6 | 0.9 | 97.1 |
| 38 | 6 | 0.3 | 0.4 | 97.5 |
| 39 | 6 | 0.3 | 0.4 | 97.9 |
| 40 | 6 | 0.3 | 0.4 | 98.3 |
| 41 | 6 | 0.3 | 0.4 | 98.7 |
| 42 | 6 | 0.3 | 0.4 | 99.1 |
| 43 | 1 | 0.0 | 0.1 | 99.2 |
| 44 | 2 | 0.1 | 0.1 | 99.3 |
| 45 | 2 | 0.1 | 0.1 | 99.5 |
| 47 | 1 | 0.0 | 0.1 | 99.5 |
| 49 | 1 | 0.0 | 0.1 | 99.6 |
| 50 | 2 | 0.1 | 0.1 | 99.7 |
| 52 | 1 | 0.0 | 0.1 | 99.8 |

续表

| | | Frequency（频次） | Percent（百分比） | Valid Percent（有效百分比） | Cumulative Percent（累计百分比） |
|---|---|---|---|---|---|
| | 55 | 1 | 0.0 | 0.1 | 99.9 |
| | DK | 2 | 0.1 | 0.1 | 100.0 |
| | Total（合计） | 1472 | 72.0 | 100.0 | |
| Missing（缺失） | IAP | 562 | 27.5 | | |
| | NA | 10 | 0.5 | | |
| | Total（合计） | 572 | 28.0 | | |
| Total（合计） | | 2044 | 100.0 | | |

来源:作者用2010年美国国家民意研究中心综合社会调查数据制作。

**表6.10　受试生第一个孩子时的年龄的分布(重新编码后的SPSS输出结果)**

**Statistics(统计)**

Age When First Child Born Recoded（重新编码后的受试生第1个孩子时的年龄）

| | 有效（Valid） | 1470 |
|---|---|---|
| N | 缺失（Missing） | 574 |

Age When First Child Born Recoded（重新编码后的受试生第1个孩子时的年龄）

| | | Frequency（频次） | Percent（百分比） | Valid Percent（有效百分比） | Cumulative Percent（累计百分比） |
|---|---|---|---|---|---|
| Valid（有效） | 1 | 372 | 18.2 | 25.3 | 25.3 |
| | 2 | 528 | 25.8 | 35.9 | 61.2 |
| | 3 | 316 | 15.5 | 21.5 | 82.7 |
| | 4 | 165 | 8.1 | 11.2 | 93.9 |
| | 5 | 89 | 4.4 | 6.1 | 100 |
| | Total（合计） | 1470 | 71.9 | 100 | |
| Missing（缺失） | System（系统） | 574 | 28.1 | | |
| Total（合计） | | 2044 | 100 | | |

来源:作者用2010年美国国家民意研究中心综合社会调查数据制作。

注:本表是表6.9重新编码后的情况。类别值(1至5)代表受试生第一个孩子时的年龄段代码。

表6.11　APA格式表：受试生第一个孩子时的年龄分布

| 年龄 | $f$ | % | 累计% |
|---|---|---|---|
| 20以下 | 372 | 25.3 | 25.3 |
| 20~24 | 528 | 35.9 | 61.2 |
| 25~29 | 316 | 21.5 | 82.7 |
| 30~34 | 165 | 11.2 | 93.9 |
| 35及以上 | 89 | 6.1 | 100 |
| 合计 | 1470 | 100 | |

来源：作者用2010年美国国家民意研究中心综合社会调查数据制作。

注：有574例缺失值；其中大多数（562人）没有生过孩子。

第三点要注意的是，在表6.10的软件直接输出结果中，年龄"值"只包含了1到5这几个数值。在表6.11中，用年龄段取代了年龄。原因是，在把原先12到51岁的年龄类别从小到大排列时，我们必须用一个数字（代码）来代表每个年龄段。在把信息展示给读者时，我们使用了描述性的标签。到底需要分多少个类别（区间段），这得由研究者自己决定。但决定时，要时刻牢记以下六项一般原则。

1.类别的跨度越大，数据信息丢失的就越多。换句话说，在26~45岁年龄段所丢失的信息，比在26~35岁年龄段和36~45年龄段两个类别丢失的信息之和还要多。
2.切记要用数值范围来划分类别，而不要用数字代码来代表类别。换句话说，要用"20岁以下""20~24岁"等来划分，而不要用1、2等编号。
3.均值、标准差以及其他关于定距和定比变量的描述统计量，一般都是建立在未重新编码数据的基础上的，因此包含的信息也最多。
4.不要销毁原始（即，未重新编码）数据。在分析过程中，你可能需要对数据进行不同的编码。
5.始终都要比较编码后的数据和未编码的数据，确保没有错误，并确保有效组中没有缺失值（最常见的错误）。
6.尽量使每一类别的区间（20~24岁区间）长度相同。第一组和最后一组常有例外，如表6.11。如果类别区间的长短不一，制作出来的分布图就非常容易误导读者，所以应该尽量避免。

读者可能会纳闷，我们为什么要花这么多的时间讨论简单的一元表呢？答案是：这里所讨论的表格制作原理适用于各种不同表格；而且，在学位论文的最初几稿中，制作不当、令人误读的表格几乎是不可避免的问题。

## 如何制作和解释二变量(二元)表格

二元分布是社会科学领域常见的情况,研究论文中通常会以表格的形式展示。所以一项重要的工作是,了解清楚这类表格中所包含的信息以及如何制作这类表格,从而使表格中的信息能够让读者正确提取。本节集中探讨二元表制作的一般原则以及如何解释二元关系。本节我们将讨论三种类型的二元分布。我们首先讨论自变量和因变量都是类别性质且类别不多的情况。这种分布的信息通常用百分比总结,这种表格叫交叉表。然后,我们讨论用来总结二元关系的均值和标准差表,这种表中的自变量是类别水平,因变量是定距/定比水平。例如,考虑抑郁的性别差异,或者,实验组与对照组之间的绩效差别。最后,我们讨论的是展示两个连续分布变量之间关系的表,例如,家庭暴力数量与孩子情绪抑郁之间的关系。

### 二元表的一般形式(1):交叉表

二元表(又称交叉表或列联表)能展示两个类别变量的联合分布。每个变量的类别都以正方形或矩形的方式展现,有行有列;其中行代表一个变量的类别,列代表另一个变量的类别。表6.12是一张一般形式的二元表,其中的两个变量分别用$X$和$Y$表示。

在这个例子中,字母$X$表示该变量的类别是表的列,字母$Y$表示该变量的类别是表的行。这样,如果$X$代表受试对可曾生过孩子这一问题的回答,$Y$代表受试对堕胎的态度,那么,我们所制成的表格就可能像表6.13那样。

#### 单元格里的内容和边际总计

每一个单元格里的内容是一对值(一个变量一个)在样本中发生的频次或次数,所以叫单元格频次。每一行或每一列最后一个单元格中的内容叫边际频次,代表本行或本列变量出现次数的合计。把每行或每列的边际频次相加,就得到总计$N$(样本总量)。

**表6.12　交叉表(二元表)的一般模式**

| | | $X$ | |
|---|---|---|---|
| | | $x_1$ | $x_2$ |
| $Y$ | $y_1$ | | |
| | $y_2$ | | |
| | $y_3$ | | |

表6.13　样板交叉表：有过孩子与对堕胎态度之间的关系

| | | 有过孩子吗？ | |
| --- | --- | --- | --- |
| | | 有过 | 没有过 |
| 对堕胎的态度 | 总是错的 | | |
| | 几乎总是错的 | | |
| | 绝对不会错的 | | |

### 如何确定列变量和行变量

习惯性的制表方法是，把自变量放在顶行，把因变量放在侧列。这样，表6.12中的字母 $X$ 就代表自变量，字母 $Y$ 就代表因变量。我们假定，自变量就是能导致或确定因变量的变量。如果我们发现，对堕胎的态度部分地取决于是否做过父母（即，做过父母的人比没做过父母的人更倾向于反对堕胎），那么，做父母就是自变量，而对堕胎的态度就是因变量。我们也假定，因变量就是取决于自变量或由自变量而导致的变量。例如，如果你认为收入是由教育程度部分决定的，那么，你就把收入当作因变量了。

### 总结二元表格中的信息

表6.14包含了前述是否做过父/母与对堕胎态度交叉表中的频次信息。现在我们要做的是，通过总结把表6.13中信息的意义提炼出来，并进而探索是否做过父/母会影响对堕胎的态度这一假设。但是要注意，我们得到的做过"父/母"（有过）的父母参试者的数量和没有做过"父/母"（没有过）的非父母参试者的数量是不同的。对于这种情况，如果不对这些分布数据做标准化处理，我们就无法比较"有过"列与"没有过"列。最常用的标准化处理办法是折算成百分比，但如何把本表中的数据折合成百分比才最有意义呢？

百分比可以按列计算，也可以按行计算，还可以相对于1000个总观察样本（合计 $N$）来计算。可见，表6.14中的数据可以用三种不同的方式来展示信息。不同的表格内容组织，只有一种方式对两个变量之间关系的问题提供有意义的回答。按照我们把自变量作为列变量的建议，按列上下计算百分比最合适。

按列计算时，列边际小计就是计算总计的基础。例如，为了找出有过孩子参试者中回答"总是错的"人数的百分比，拿该列中回答"总是错的"参试者的数量除以该列的总人数，然后再乘以100：（330/600 ×100 = 55%）。有些教材和学位论文指导手册可能会建议，把自变量放在表格的行之中。对于这种情况，切记要计算各行的（即，逐行计算）百分比。表6.15展示的就是表6.14中的数据，对表格做了正确标识，并把数据都折合成了百分比。

**表6.14  是否是父/母与对堕胎态度之间关系的二元表(只有单元格频次)**

| | 曾有过孩子吗? | 有过 | 没有过 |
|---|---|---|---|
| 对堕胎的态度 | 总是错的 | 330 | 180 |
| | 几乎总是错的 | 180 | 120 |
| | 绝对不会错的 | 90 | 100 |

**表6.15  正确展示信息的二元表:有无父/母经历与对堕胎态度之间的关系(列%)**

| | | 曾有过孩子吗? | |
|---|---|---|---|
| | | 有过 | 没有过 |
| 对堕胎的态度 | 总是错的 | 55% | 45% |
| | 几乎总是错的 | 30% | 30% |
| | 绝对不会错的 | 15% | 25% |
| | | 100% (600) | 100% (400) |

### 基于子组比较的关联性

算出每列的百分比之后,最后一步就是对条件分布进行比较。这样,就可以比较"有过"与"没有过"或"是父母"与"非父母"之间回答"总是错的""几乎总是错的""绝对不会错的"的百分比情况。注意,在做比较的时候,你心里必须要有一个明确的框架。我们是沿着一个方向计算百分比,但却沿着另外一个方向做比较的。因为我们是沿上下方向按列计算百分比的,所以我们要左右跨列进行比较。

为了检验有无做父母经历对参试者堕胎态度有影响这一假设,我们可以使用一些简单的规则。如果每一个条件分布与每一个其他条件分布相同,那么我们就说,这两个所涉及的变量彼此独立,或者彼此之间不相关联;如果这两个条件分布不相同,那么我们就说这两个变量相关联。为了说得更清楚一些,请参看表6.15。一种把表中关系大小或程度说清楚的简单方法是,对各条件分布的百分比做个比较。这种用百分比差作为量度的方法,特别适合像表6.15这样的小型表格。举个例子说明一下如何计算百分比差。比较55%与45%这两个百分比就会发现,有过孩子的父/母认为堕胎"总是错的"人的比例,与没有做过父/母的人相差10%。对于这个结果的恰当陈述是:有过孩子的父/母认为堕胎总是错的人的比例,比没有做过父/母的人多10%。你也可以就堕胎"绝对不会错的"这个观点,对做过父/母的人和没有做过父/母的人做类似比较;两组间的差异也是10%。请注意:我们仅仅比较了态度差异,但并没有对该差异做统计显著性检验。

### 二元表的一般形式(2):组均值和其他组描述统计量的展示表格

除了用表格展示频次和百分比之外,很多分析还要考量连续变量的组间差异。连续变量就是可以在一个连续统的最高值和最低值之间连续取值的变量,也可以是在最喜欢和最不喜欢、健康和不健康等之间连续取值的变量。虽然这类变量通常要在定距/定比水平上度量,但是,由很多类别构成的定序变量也可当作连续变量看待。在心理学、社会学、政治学以及教育学中,大多数的量度**都可以当作连续变量**。例如,自我效能、疏远、政治保守主义/自由主义、言语推理能力、平均绩点以及各种关于同意与不同意、赞成与不赞成的态度量度等,都可以当作连续变量来看待。我们已经讨论过如何通过重新编码来展示这类变量的一元分布,见表6.9、表6.10及表6.11。有些人可能认为,这些变量有许多只是定序水平上的测量结果,所以求均值、做推断统计分析会有问题,理由是平均值和推断统计分析需要定距以上的测量结果。虽然如此,实践中的标准做法仍然是本节所建议的这些技术。关于这一主题的深入讨论,请参阅牛顿、鲁德斯坦(Newton & Rudestam, 2013)。我们观点的底层逻辑是,这些变量中潜在层面是连续的,因此,只要其他假定得到满足,把这类变量当作连续变量处理并不会对社会科学带来严重问题。

如果你的目的是就这些变量比较几个组的情况,那么,你首先应该以表的形式把各组数据的描述统计结果展示出来。例如,弗拉纳根(Flanagan, 2013)在考察人称取向和消费层次对吸烟线索反应的作用时,就按照人称取向和消费层次计算了情感评级结果的平均值和标准差,结果如表6.16所示。

**表6.16 情感的第一和第三人称评级与消费的起点和终点层次**

| 消费 | 取向 | | |
|---|---|---|---|
| | 第一人称<br>M (SD) | 第三人称<br>M (SD) | 边际均值 |
| 起点 | 5.85 (2.19) | 5.61 (2.25) | 5.73 (2.17) |
| 终点 | 3.96 (1.48) | 4.12 (1.54) | 4.04 (1.48) |
| 边际均值 | 4.91 (1.60) | 4.87 (1.65) | 4.87 (1.59) |

来源:弗拉纳根(Flanagan, 2013, p. 34),经原作者许可使用。

注:主效应:消费层次, $F(1, 45) = 35.58$, $p < 0.001$, $\eta^2 = 0.44$;取向, $F(1, 45) = 0.24$, $p = 0.63$。交互效应:消费层次与取向, $F(1, 45) = 4.54$, $p = 0.04$, $\eta^2 = 0.09$。$N = 46$。最低得分= 1.0;最高得分= 9.0。

表6.17　量表的总样本均值和条件反应均值

| 量表 | 均值 | SD | 情况1 | 情况2 | 情况3 |
|---|---|---|---|---|---|
| 自恋量表之领导 | 4.30 | 2.27 | 4.09 | 4.33 | 4.70 |
| 自恋量表之优越 | 1.87 | 1.27 | 1.81 | 1.86 | 2.05 |
| 自恋量表之利用 | 1.67 | 1.28 | 1.71 | 1.59 | 1.88 |
| 自恋量表之特权 | 1.37 | 1.14 | 1.56 | 1.32 | 1.07 |
| 自恋量表之自足 | 2.59 | 1.43 | 2.43 | 2.53 | 3.24 |
| 自恋量表之表现 | 1.30 | 1.52 | 1.24 | 1.32 | 1.35 |

来源:根据尼奥菲托(Flanagan, 2013, p. 51)改编;经原作者许可改编。本表经过缩减,只展示前六个变量的测量结果,原表包含所有变量的测量结果。

注:$N = 272$。情况1有89位个体(32.7%),情况2有148位个体(54.4%),情况3有35位个体(12.9%)。

　　一望即知,表6.16简单易懂。自变量是"取向"和"消费层次",因变量是用10点量表测量的"情感"。表中没有标识为$n$的列,因为全部评级结果都是基于一个大小为46的总体$N$的。这种展示组均值的方法,可以扩展到更多个组和更多个因变量的情况。例如,在尼奥菲托(Neophytou, 2013)的博士学位论文中,作者就考察了31个被认为是可以区分三种不同潜在情况的变量,分别代表自恋症中的特质、情景和行为方面。对于每一种潜在情况,都计算出了相应的平均值(表6.17)。

## 二元表的一般形式(3):连续分布变量的展示表格

　　如果自变量和因变量都是连续分布,而且它们之间只存在相关这一种关系,那么,一般用文字表述相关系数或其他关联性量度也就足够了。如果要用视觉化手段展示联系性,那么,最合适的是散点图,而不是表格。因为,散点图最能把连续变量联合分布的信息展示出来。

　　如果用文字,可以这样表述关联性:"样本中最小孩子的年龄与妇女工作时间长短之间显著负相关,$r(143)=-0.216$, $p =0.009$,95%区间[-0.397, -0.056]"。该统计陈述表明了关系的强弱程度(-0.216是一种弱到中等强度的负关系)和显著性水平(0.009是一个具有统计显著性的发现)。括号里的数字143是统计检验的自由度($df$),其值等于样本量减1,即$df = N$-1。95%区间表明,该样本所代表的总体的相关系数(用希腊字母$\rho$表示)真值在-0.397和-0.056之间。

　　如果是同时考察很多个关系,那就可能需要以表格的形式把相关系数矩阵展现出来。这里举两个例子加以说明。第一个例子是表6.18。该表代表的是一个假想的

关于变量 $X$、$Y$、$Z$ 之间关系的分析结果。请注意,这种分析的标准做法是:把相关系数和所有变量的均值、标准差、样本大小都展示出来。还要注意的是,表6.18展示的,只是对角线1.00之下的相关系数。这样做的原因是,相关是对称关系,即 $X$ 与 $Y$ 之间的相关就等于 $Y$ 与 $X$ 之间的相关,因此没有必要把主对角线之上和之下的相关系数都展示出来。主对角线上的相关系数1.00表示变量与自身的相关。

第二个例子基于米利塞维奇(Milicevic, 2012)的博士学位论文。论文中,作者考察了儿童虐待与外化行为之间的关系。她把8个变量之间关系的矩阵(共计56个独特的相关系数),用一张表格展示了出来,见表6.19。

表6.18 变量 $X$、$Y$、$Z$ 的均值、标准差、相关系数

| | $X$ | $Y$ | $Z$ |
|---|---|---|---|
| X | 1.00 | | |
| Y | 0.25 | 1.00 | |
| Z | 0.01 | 0.35 | 1.00 |
| 均值 | 3.61 | 2.74 | 4.10 |
| SD | 1.23 | 1.66 | 0.93 |

表6.19 攻击行为、少年犯罪、外化行为、父/母情感支持、父/母关怀、能力以及宗教热情之间相关性的二元矩阵($N = 230$)

| | 1 | 2 | 3 | 4 | 5 | 6 | 7 | 8 |
|---|---|---|---|---|---|---|---|---|
| 1 攻击行为 | 1.00 | | | | | | | |
| 2 少年犯罪 | 0.69* | 1.00 | | | | | | |
| 3 外化行为 | 0.96* | 0.81* | 1.00 | | | | | |
| 4 父/母关怀 | 0.04 | -0.08 | -0.04 | 1.00 | | | | |
| 5 父小支持 | -0.04 | -0.06 | -0.03 | 0.12 | 1.00 | | | |
| 6 父上支持 | -0.05 | -0.08 | -0.04 | 0.08 | 0.90* | 1.00 | | |
| 7 实力 | -0.07 | -0.09 | -0.07 | 0.17 | 0.04 | 0.08 | 1.00 | |
| 8 宗教热情 | 0.01 | -0.06 | -0.03 | 0.12 | 0.23* | 0.22* | 0.07 | 1.00 |
| M | 69.61 | 59.59 | 70.30 | 3.17 | 2.53 | 2.50 | 3.33 | 7.93 |
| SD | 16.35 | 10.17 | 20.04 | 1.85 | 0.60 | 0.59 | 0.67 | 3.37 |

来源:米利塞维奇(Milicevic, 2012, p. 74)。经作者许可使用。

注:父小支持=父/母在小学阶段的情感支持,父上支持=父/母在上一年的情感支持。

*$p < 0.05$。

在阅读过程中,你在文献中遇到的表格可能是表6.18和表6.19的各种变通。第一种变通可能是把小数点省略掉,因为通常假定相关系数就是小数。第二种可能是,有时把标准差放在主对角线上,而不是像表6.18和表6.19那样在相关系数之下专门用一行来展示标准差。第三种变通是,相关系数可能会带星号并在表注中说明概率,就像表6.19那样;或者,在表中把置信区间和概率值($p$)包括进来。第四种变通可能是,把案例数放在表注中说明,或者,在数值变化很大的情况下,把案例数放在括号中并置于相关系数下面的均值和标准差之下的一行或放在主对角线之上,以表明每对二元关系的具体案例数$n$。

### 用表格展示推断统计的结果

前面讲的主要是列联表以及展示均值或其他描述统计量的表格,并没有把关注点放在推断统计问题上。关于结果是否统计显著的讨论,通常都跟在展示结果的表格之后,或者包含在表格之中,而不是出现在描述性总结表格之前。例如,在表6.15这个二元表格中,结果似乎表明,做过父/母的人比没有做过父/母的人更反对堕胎;然而,这张表中并没有这些结果是不是统计显著的信息。这个问题需要通过卡方检验来回答。既可以把卡方检验结果以表注的形式加到表6.15之中,也可以用文字进行表述。注意,在表6.15中,百分数之差就可以表示效应的大小,尽管也可以用很多其他量度。

为了帮助大家更好地理解统计显著性检验以及如何把检验结果以表格形式展示出来,我们按照牛顿、鲁德斯坦(Newton & Rudestam, 2013)的建议,把大多数的学位论文归为四种类型的研究提问。每一种提问直接决定了可选用的描述统计和推断统计技术,统计技术又决定了展示结果时可用的具体表格类型。如果你想详细了解如何选择统计技术和模型,我们建议你阅读牛顿、鲁德斯坦(Newton & Rudestam, 2013)著作的第7章。在本节中,对每一种提问,我们都先介绍提问,然后再给出我们所推荐的描述和推断统计方法以及相应的结果表格展示形式。

**研究提问1:**自变量与因变量之间关系的程度或强度如何?

自变量:连续分布。

因变量:连续分布。

描述统计:所有变量的均值和标准差,可能还包括对分布的正态性的评估。变量之间的二元关系用皮尔逊积矩相关系数或斯皮尔曼秩次相关系数来表示。多元关系用多重$R$和$R^2$以及标准回归系数来表示。对于多变量的情况,较少用典型相关系数来表示自变量和因变量之间的关系。

推断统计:二元回归分析和多元回归分析。典型相关分析较少使用。分析可能既包括统计检验,也包括置信区间。

表格展示:先用相关系数矩阵表来展示一元和多元统计结果(见表6.18、表6.19、表6.27),之后用表格展示多元回归分析结果的汇总(见表6.28及有关解释)。

**研究提问2**:根据自变量所分的不同组在因变量上的组间分数差异显著吗?

自变量:类别性的。

因变量:连续分布。

描述统计:所有变量以及自变量的组内均值和标准差。二元关系用均值差和效应大小来度量,包括用$\eta$、$\eta^2$、科恩$d$值来度量。如果合适,还要包括置信区间。

推断统计:$t$检验和单向方差分析(ANOVA)。对于多自变量,用析因设计的ANOVA。多元析因方差分析(MANOVA)用于多自变量和多因变量的情况。如果包括连续分布的协变量,用协方差分析(ANCOVA)和多元协方差分析(MACOVA)。

表格展示:先用表格展示出自变量类别的组内描述统计结果(见表6.16、表6.17、表6.19、表6.23、表6.25以及前面组均值表格展示那一节),然后再展示方差分析结果的汇总(见表6.26以及有关解释)。如果有多个分析,则要在同一张表格中展示描述统计结果和ANOVA结果的汇总(见表6.30)。

**研究提问3**:自变量上的得分与根据因变量分出的类别之间的关系是否显著?

自变量:连续分布。

因变量:类别性的。

描述统计:自变量的均值和标准差,可能还包括对分布的正态性评估。用优势比来度量二元关系和多元关系。其他多元关系包括与logistic回归有关的统计量。

推断统计:logistic回归。分析可能既包括统计检验,也包括置信区间,尤其是优势比值的置信区间。

表格展示:先展示根据因变量分类的连续分布自变量的组内均值和标准差,然后展示logistic回归分析的汇总表。例如,表6.20就包含了logistic回归分析结果的汇总,材料选自弗里斯(Freece, 2011)那篇关于创伤认知后遗症的博士学位论文。

表 6.20　**logistic 回归分析结果汇总表范例**

| logistic 回归分析结果汇总：对注意力损伤的预测 | | | | | | |
|---|---|---|---|---|---|---|
| 变量 | B | SE B | Wald | *p* | 优势比 | 95%CI |
| WAIS WMI | | | | | | |
| PTSD | | | 12.11 | 0.002 | | |
| mTBI | 1.03 | 0.48 | 4.58 | 0.032 | 2.80 | [1.09, 7.18] |
| 两者 | -0.14 | 0.49 | 0.08 | 0.778 | 0.87 | [0.33, 2.29] |
| MVA 后的时间 | 0.01 | 0.02 | 0.32 | 0.573 | 1.01 | [0.97, 1.06] |
| 教育程度 | 0.24 | 0.07 | 11.85 | 0.001 | 1.27 | [1.11, 1.46] |
| 性别 | 0.78 | 0.34 | 5.41 | 0.020 | 2.18 | [1.13, 4.20] |
| 常数 | -3.42 | 0.99 | 11.91 | 0.001 | 0.03 | |

来源：弗里斯（Freece，2011，p. 124），经原作者许可使用。

注：对于所有的变量，受损伤组 = 0，未受损伤组 = 1；PTSD 诊断组是其他诊断组的参考组；PTSD 是创伤后应激障碍的英语首字母缩写；WAIS-Ⅲ 和 WMI-Ⅲ 是韦氏成人智力量表第 3 版和韦氏记忆量表第 3 版（Wechsler，1997）的测量结果。MVA 是汽车交通事故的英语首字母缩写，mTBI 是轻度创伤的脑受伤的英语首字母缩写，WMI 是工作记忆指标的英语首字母缩写。

**研究提问 4：** 自变量发生的频次差异与因变量发生的频次差异有关联吗？

自变量：类别性的。

因变量：类别性的。

描述统计：定类和定序水平变量之间联系的量度：百分比差异、Φ、列联系数、克莱姆 *V* 系数、萨默斯 *D* 系数、不确定系数等等。

推断统计：根据具体条件要求，使用卡方检验和其他非参数检验。

表格展示：交叉表（参阅表 6.15 以及交叉表一节）。

当然，还有其他类型的研究提问/问题，不过这里讨论的目的是想说明两类主要研究提问的分析：变量间的关系和分组比较。例如，"学业自尊心越强，平均绩点就越高"，检验这一假设的研究就是考察变量间的关系；而检验"辍学者的学业自尊低于完成学业者的学业自尊"这一假设的研究，则属于组间差异比较。同一篇学位论文可能会同时考察这两个假设，而对每一个假设却使用不同的统计方法进行分析，结果也需要用不同结构的表格来展示。

如前所示，对于每一类研究提问都有一套通用的分析方法或策略。对于研究提问 1，常用的方法是相关分析和回归分析；对于研究提问 2，常用的方法是方差分析及其扩展方法;对于研究提问3,常用logistic回归分析;对于研究提问4,交叉表或多向列联表分析法最常用。对于每一种分析,都要用一个或一组表格展示结果,有时候也用一张表格来综合展示多种分析的结果。下面几节,我们就前面没有说明的分析类型补充一些具体例子。

下面,我们展示三个表格,每个都代表一个双尾$t$检验的结果。这三个表之间有什么差异?哪一个最适合你的学位论文?虽然三个表都展示了两个组的均值和标准差,也都展示了某一种推断统计分析的结果,但是,三个表格所代表的是根据推断统计结果作结论的不同策略,而且后一个表格都比前一个表格包含更多的信息。表6.21通过在表注中说明概率值的方式展示了$t$检验的结果,告诉我们显著性至少小于0.01。表6.22由于给出了确切的概率值(0.004)而提供了更多的信息。

**表6.21    描述统计量及实验组控制组独立组设计$t$检验**

| 组别 | $N$ | $M$ | $S$ | $t$ |
|------|-----|------|------|--------|
| 实验组 | 5 | 15.00 | 3.87 | 4.025* |
| 控制组 | 5 | 6.00 | 3.16 | |

注:*$p < 0.01$。

**表6.22    描述统计量及实验组控制组独立组设计$t$检验**

| 组别 | $N$ | $M$ | $S$ | $t$ | $p$ |
|------|-----|------|------|-------|-------|
| 实验组 | 5 | 15.00 | 3.87 | 4.025 | 0.004 |
| 控制组 | 5 | 6.00 | 3.16 | | |

**表6.23    描述统计量、实验组和控制组均值差的99%置信区间(推荐)**

| 组别 | $N$ | $M$ | $S$ | 均值差(99%CI) | $d$ |
|------|-----|------|------|----------------|------|
| 实验组 | 5 | 15.00 | 3.87 | 9(4, 14) | 2.56 |
| 控制组 | 5 | 6.00 | 3.16 | | |

注:$t[8] = 4.025$, $p = 0.004$。

最后再看表6.23。不难看出,表6.23不仅增加了均值差异的99%置信区间,而且还增加了度量效应大小的科恩$d$值。此外,表6.23也是我们所推荐的APA格式表格。通过置信区间信息,读者就会得知,该检验在0.01水平上显著,因为置信区间内不包含0这个值。(在$t$检验中,零假设的意思是均值差异为零;因为置信区间不包含0值,于是我们就可以拒绝零假设。)第二点,置信区间表明,总体中的均值差异可能小到4,也可能大至14,这样就向读者提供了关于本研究效应本质的一些信息。通过使用置信区间,就把研究的重点从寻找统计显著性转移到了此外还要考虑总体中均值差异的可能范围方面。第三点，表中的科恩 $d$ 值表明，本研究中所观察到的效应非常大（注意：这里的数据是虚构的，真实数据很少会产生如此大的效应）。最后一点，正如前面提到的那样，实际的点估计（即统计显著性检验结果）是在表注中说明的。大多数读者都会觉得，三个表中，表6.23提供的信息最多，它也可能是你在学位论文中要用到的表格；然而，老一些的学刊文章中可能会有表6.21那样的表格。

## 如何解释和展示方差分析（ANOVA）结果

经常展示的统计分析结果之一就是 ANOVA 结果，即方差分析的结果。当把自变量分成类别（组），因变量是连续分布时，ANOVA 是采用的典型统计方法。这样的变量情况属于研究提问2："根据自变量所分的不同组在因变量上的组间分数差异显著吗？"本节所展示的例子是 SPSS 统计软件包的 ANOVA 运行结果。我们在评论的基础上，把软件输出结果转换成能直接用在学位论文中的表格。同时还举例说明，如何在结果章中展示并讨论这些信息。这尤其重要，因为表格的目的是强化展示文本内容，而不是为了取代文本。在总结研究结果方面，文本要自成一体。我们会按照"定量结果需要说明的基本内容"一节讨论过的陈述样例，对表6.24和表6.25进行讨论。

表6.24中的几个表格一起，展示了一项 ANOVA 分析的结果。两个自变量分别是干预组和教育程度，一个因变量是关于抑郁的量度。干预组是一个二分变量，即让其中一组接受干预，另一组（即控制组）不接受干预。教育程度是一个三分变量，把参试者分成"无高中文凭""高中毕业或同等学力""受过一些大学教育"三组。用方差分析的语言讲就是：这是一项2×3析因设计。这种设计可以考察三种效应的统计显著性：干预的主效应，教育程度的主效应，干预与教育程度的交互效应。因变量用 BL CESD TOTAL 标识，意思是用美国"流行病研究中心抑郁量表（Center for Epidemiological Studies Depression Scale）"测量的因变量。

**表6.24  抑郁方差分析结果：处理组对教育程度（SPSS 输出结果）**

受试间因素（Between–Subjects Factors）

| | | Value Label（取值标签） | N |
|---|---|---|---|
| GROUP（组别） | 1 | A-Comparison（A 比较） | 241 |
| | 2 | B-Interv（B 干预） | 247 |
| BL EDUCATION 3GRP（3组教育程度） | 1 | No HS Diploma（无高中文凭） | 265 |
| | 2 | HS/GED Grad（高中/同等学力） | 105 |
| | 3 | Some College（一些大学教育） | 118 |

描述统计结果（Descriptive Statistics）

Dependent Variable：BL CESD TOTAL（因变量：BL CESD TOTAL）

| GROUP（组别） | BL EDUCATION 3GRP（3组教育程度） | Mean（均值） | Std. Deviation（标准差） | N |
|---|---|---|---|---|
| A-Comparison（A比较） | No HS Diploma（无高中文凭） | 17.40 | 9.415 | 128 |
| | HS/GED Grad（高中/同等学力） | 14.54 | 9.322 | 48 |
| | Some College（一些大学教育） | 16.92 | 10.244 | 65 |
| | Total（合计） | 16.70 | 9.650 | 241 |
| B-Interv（B干预） | No HS Diploma（无高中文凭） | 16.18 | 9.418 | 137 |
| | HS/GED Grad（高中/同等学力） | 18.28 | 9.976 | 57 |
| | Some College（一些大学教育） | 20.40 | 11.768 | 53 |
| | Total（合计） | 17.57 | 10.192 | 247 |
| Total（合计） | No HS Diploma（无高中文凭） | 16.77 | 9.419 | 265 |
| | HS/GED Grad（高中/同等学力） | 16.57 | 9.816 | 105 |
| | Some College（一些大学教育） | 18.48 | 11.044 | 118 |
| | Total（合计） | 17.14 | 9.927 | 488 |

| Source（来源） | Type III SS（第三类平方和） | df | Mean Square（均方） | $F$ | Sig.（显著性） | Partial Eta Squared（偏$\eta^2$） | Observed Power[b]（观察效力） |
|---|---|---|---|---|---|---|---|
| Corrected Model（校正后模型） | 1 099.329 | 5 | 219.866 | 2.260 | 0.047 | 0.023 | 0.733 |
| Intercept（截距） | 122 597.190 | 1 | 122 597.190 | 1 260.083 | 0.000 | 0.723 | 1.000 |
| group（组） | 408.783 | 1 | 408.783 | 4.202 | 0.041 | 0.009 | 0.534 |
| bleduc3（教育程度） | 357.937 | 2 | 178.967 | 1.839 | 0.160 | 0.008 | 0.384 |
| group*bleduc3（组×教育程度） | 701.042 | 2 | 350.521 | 3.603 | 0.028 | 0.015 | 0.666 |
| Error（误差） | 46895.195 | 482 | 97.293 | | | | |
| Total（合计） | 191348.000 | 488 | | | | | |
| Corrected Total（校正后合计） | 47994.525 | 487 | | | | | |

表6.25 抑郁得分的平均值和标准差:以处理组和教育程度分组

| 教育程度 | 干预 | 均值 | 标准差 | N |
|---|---|---|---|---|
| 无高中文凭 | 比较组 | 17.40 | 9.42 | 128 |
| | 干预组 | 16.18 | 9.42 | 137 |
| | 合计 | 16.77 | 9.42 | 265 |
| 高中/同等学力 | 比较组 | 14.54 | 9.32 | 48 |
| | 干预组 | 18.28 | 9.98 | 57 |
| | 合计 | 16.57 | 9.82 | 105 |
| 一些大学教育 | 比较组 | 16.92 | 10.24 | 65 |
| | 干预组 | 20.40 | 11.77 | 53 |
| | 合计 | 18.48 | 11.04 | 118 |
| 总计 | | 17.14 | 9.93 | 488 |

表6.24中的SPSS输出表格包含三个部分内容:第一部分("受试间因子")展示了每个变量的案例分布情况;第二部分("描述统计结果")展示了每一种干预—教育程度组合的描述统计结果;第三部分("受试间效应检验结果")展示了方差分析结果的汇总。作为学位论文可直接使用表格的例子,我们采用了两表路线,先制作一张关于描述统计结果的表(表6.25),再制作一张方差分析结果的汇总表(表6.26)。对于只做一种分析的情况,这种方法的效果很好。在后面的一节里,我们讨论如何用一张表把既包括描述统计信息也包括推断统计信息的多个分析结果都合并展示出来(表6.31)。

我们如何看表6.25呢?首先,我们对表6.24中的SPSS输出数据进行了重组,从而更便于对干预组和比较组的情况进行比较。没有任何规则要求你用跟统计软件输出结果完全一样的表格形式展示信息,所以可以组织一下你的表格内容,以便把你所做的主要比较更好地彰显出来。很清楚,表6.24中的很多数值都在表6.25中展示了出来,但是这些数值的意义呢?两个表中的数值大小很相似,特别是总标准差,差不多是10(即9.93),最小的平均值是14.54(比较组中的高中毕业生),最大的平均值是20.40(干预组中的受过一些大学教育者)。最大值和最小值都和488人抑郁得分的总平均值(17.14)差3分左右。对于这些信息的简短文字总结大体如下:

　　表6.25所展示的,是根据干预组和教育程度分组的抑郁分数的平均值和标准差。表中的均值差很小,与总平均值($N = 488$,标准差 = 9.93)相差1到2分。

　　对表格内容的总结没有必要都像上例这么简短或笼统。毕竟,表格自身是不能让人感受到效应的。所以,仅仅把表中的数值和微小差异再用文字重复一遍是白白浪费时间和篇幅。

　　我们又能从表6.26中观察到些什么呢?第一,观察到两个显著性的效应,一个是干预效应,另一个是干预和教育程度的相互作用效应。第二,几个效应都非常小,这一点可以从相应的偏$\eta^2$值和整体$R^2$值看出。第三,两个显著效应的性质很难解释,这说明可能有必要用图像来把这些效应显示出来。图6.3就是为把效应显示出来而做的图像。

　　图6.3这张分类坐标图展示了为什么会有相互作用以及干预效应显著(尽管不大)的本质。[在SPPSS软件中叫剖析坐标图(profile plot),在Excel电子表格中叫线型坐标图(line plot)。]对于那些没高中毕业的受试,他们之间的抑郁差异很小,虽然比较组的抑郁得分稍微高些(16.18对17.40)。对那些高中毕业或受过一些大学教育的受试,干预组更为抑郁(分别是14.54对18.28和16.92对20.40)。在图6.4中,我们把图6.3转换成APA格式图。

**表6.26　抑郁得分的方差分析结果汇总:以处理组和教育程度分组**

| 来源 | $SS$ | $df$ | $MS$ | $F$ | 显著性 | 偏$\eta^2$ |
|---|---|---|---|---|---|---|
| 教育程度(A) | 357.9 | 2 | 179.0 | | | |
| 干预组(B) | 408.8 | 1 | 408.8 | 1.84 | 0.160 | 0.008 |
| A × B | 701.0 | 2 | 350.5 | 4.20 | 0.041 | 0.009 |
| 误差 | 46 895.2 | 482 | 97.3 | 3.60 | 0.028 | 0.015 |
| 总计 | 47 994.5 | 487 | | | | |

注:$R^2 =0.023$, $F[5, 487] = 2.26$, $p =0.047$。

**BL CESD Total抑郁得分的估计边际均值**

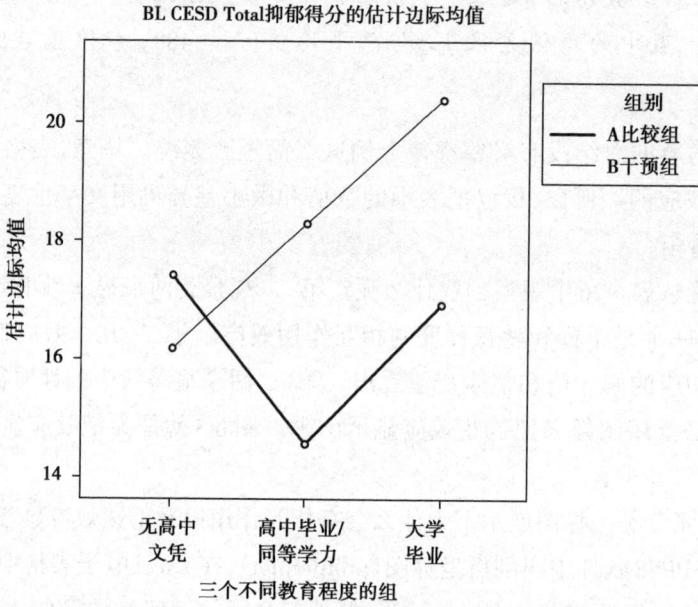

图6.3 显示干预组与教育程度之间相互作用的剖析坐标图

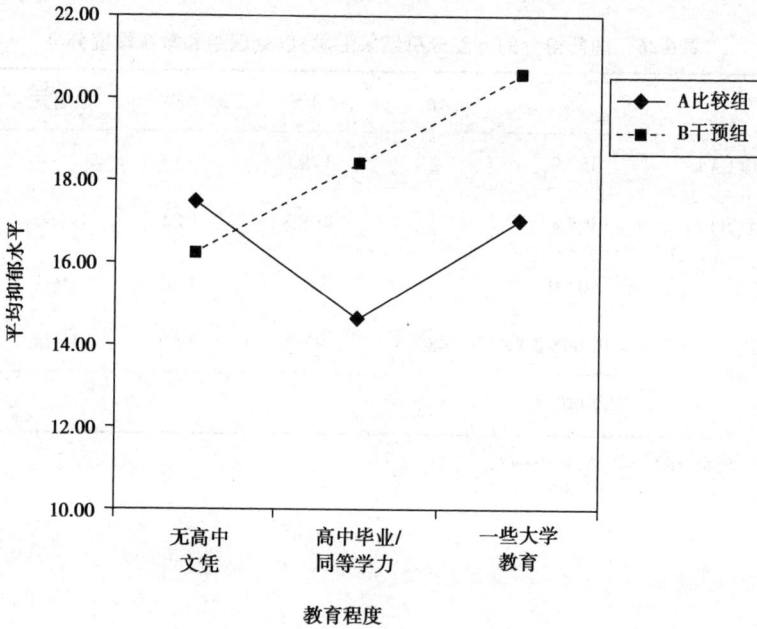

图6.4 显示干预组与教育程度之间相互作用的剖析坐标图

总之,我们用两张表和一张图来展示关于干预组、教育程度、抑郁之间关系的分析结果。要用一段文字讨论这些分析结果,写法可能有多种。下面的范例只是其中之一。

我们所感兴趣的,是教育程度和干预组是如何影响抑郁水平的。表6.25所展示的是根据干预组和教育程度分组的抑郁分数的平均值和标准差。表中的均值差很小,与总平均值17.14($N = 488$, 标准差 = 9.93)相差只有1到2分。表6.26所展示的,是评价这些效应的2×3方差分析结果。从表中可以看出有两项显著性效应,一项是干预的效应,另一项是干预和教育程度之间的相互作用。总体上讲,效应都非常小,这从偏$\eta^2$值和$R^2$值上都看得出来。图6.4展示了干预和教育程度之间的相互作用。在那些高中没有毕业的参试者之间,抑郁的差异不大,虽然比较组的要比干预组的稍微高一些(16.18对17.40)。对那些高中毕业或受过一些大学教育的受试,干预组更为抑郁(分别是14.54对18.28和16.92对20.40)。这些发现表明,从整体上讲,更高程度的教育与更高程度的抑郁感,对于干预组呈弱关联,但对于比较组却没有。

## 如何展示多元回归分析的结果

多元回归分析是一种多元统计技术,它的最基本功能是考察两个及以上连续分布自变量和一个连续分布因变量之间的关系。你可能已经注意到,多元回归分析适合于前面讨论过的研究提问1:自变量与因变量之间关系的程度或强度如何? 与方差分析结果的展示方法不同的是,对于多元回归结果的展示,目前还没有标准的、普遍同意的格式体例。这并不奇怪,因为多元回归分析的可用形式多种多样,所检验的模型也很复杂。最近,我们有许多学生在自己的学位论文中使用了多元回归方法,大多数都在结果的展示和解释方面遇到了困难。本节我们就提一些建议,举一些例子,望能作为你们学位论文的向导。

不同的多元回归分析程序可生成各种输出结果,包括(但不限于)非标准回归系数和标准回归系数(也叫$\beta$权重)、多元相关系数、多元相关系数平方($R^2$),以及逐步回归和层次回归过程中的$R$值和$R^2$值变化情况。此外,还会生成大量的其他输出结果,以便研究者考察基本假设的满足情况,处理多元共线性、方差齐性以及多元正态性等问题。除此之外,通常还有一系列的$t$检验和$F$检验统计量,表明各种系数的统计显著性情况。下面,我们就以表6.27为范例,讨论多元回归分析结果的说明问题。

在表6.27中,用行展示自变量,用列展示非标准回归系数$B$、标准回归系数$\beta$、$B$的标准误($SE_b$)和95%置信区间(95% CI $B$)。每个回归系数对应的$t$值和$p$值也在展示列中;每个$t$值和$F$值有自己的$p$值伴随。$R^2$值及其相应的$F$值一起以表注形式给出。

**表6.27　展示多元回归分析(三个自变量)结果的样表模板**

| 自变量 | $B$ | $SE_b$ | $\beta$ | $t$ | $p$ | 95%CI $B$ |
|--------|-----|--------|---------|-----|-----|-----------|
| 自变量1 | | | | | | |
| 自变量2 | | | | | | |
| 自变量3 | | | | | | |

注:$R^2$=0.xxx, $F(x, xxx)$=xx.x, $p$ =0.xxx

## 多元回归分析举例

试想有一项研究,要考察教育程度、年龄、参加教堂活动频次对婚前性行为态度的影响。(显然,其他变量也可能影响这些态度,我们这么做只是为了让例子简单一些。)表6.28展示的是一些SPSS程序可能输出的考量这些变量效应的多元回归分析结果。所有结果均以2010年美国国家民意研究中心综合社会调查的数据为基础。

表6.28包括了SPSS软件直接输出结果中的下列部分:

1. 描述统计量:该部分展示了每个自变量和因变量的均值、标准差、案例数量。
➤ 注意,不同变量的案例数都相等,因为如果一个案例在四个变量的任何一个上是缺失值,那么这个案例就被删除,从而不进入任何分析。
➤ 注意,每个数据文件夹都有1392个案例,对所有的变量都是有效(非缺失)数据。
2. 相关:该部分包含了所有变量的相关系数矩阵,同时用单独行分别展示了显著性水平和案例的数量。
3. 模型总结:提供了整体回归模型的$R$、$R^2$、调整$R^2$以及标准误。
➤ $R^2$表明,对婚前性行为态度的方差的26.5%可以通过这三个自变量的联合影响来解释。
➤ 调整$R^2$是根据方程中的变量个数和案例数量做了相应调整之后的$R^2$值。调整的幅度并不大,因为案例的数量很大。
4. ANOVA:该部分展示的是方差分析(ANOVA)结果的汇总。汇总表明,回归方程所能解释的方差量统计显著,其中的$F$值和对应的$p$值都说明这一点。接受检验的零假设是,总体的$R^2$值为零。$p$值,有时也叫显著性(英语缩写为Sig.),是0.000。这个值并不是说没有显著性。它的意思是,如果零假设为真,那么,仅凭巧合(即,随机)得到这个结果的概率不到0.001,或不到千分之一。
5. 系数:这部分展示的是标准回归系数、非标准回归系数及其相伴随的$t$值和显著性水平以及非标准化回归系数$B$的95%置信区间。

> 注意,正如概率注所示明的那样,在 $p=0.001$ 或更低的水平上,所有的 $t$ 值都统计显著。

> $\beta$ 权重所显示的,是在其他变量受到控制的条件下,这些变量对预测婚前性行为态度的相对贡献量。很明显,参加教堂活动的影响最大,其次是年龄,最后是教育程度。

> $B$ 和 $\beta$ 值前的负号表示,参加教堂活动的次数越多,赞同婚前性行为的可能性就越小。对于年龄,$B$ 和 $\beta$ 值前的负号意思也一样。年龄越大,赞同婚前性行为的可能性也越小。

**表6.28 教育程度、年龄、参加教堂活动对婚前性行为态度影响的多元统计分析（SPSS输出结果）**

描述统计结果（Descriptive Statistics）

| | Mean（均值） | Std. Deviation（标准差） | N（样本总量） |
|---|---|---|---|
| SEX BEFORE MARRIAGE（婚前性行为） | 3.01 | 1.216 | 1392 |
| CHURCH ATTENDANCE（参加教堂活动） | 3.49 | 2.786 | 1392 |
| AGE OF RESPONDENT（受试年龄） | 47.88 | 17.634 | 1392 |
| HIGHEST YEAR OF SCHOOL（最高上学年限） | 13.41 | 3.161 | 1392 |

相关分析结果（Correlations）

| | | SEX BEFORE MARRIAGE（婚前性行为） | CHURCH ATTENDANCE（参加教堂活动） | AGE OF RESPONDENT（受试年龄） | HIGHEST YEAR OF SCHOOL（最高上学年限） |
|---|---|---|---|---|---|
| Pearson Correlation（皮尔逊相关） | SEX BEFORE MARRIAGE（婚前性行为） | 1.000 | -0.472 | -0.199 | 0.169 |
| | CHURCH ATTENDANCE（参加教堂活动） | -0.472 | 1.000 | 0.145 | -0.018 |
| | AGE OF RESPONDENT（受试年龄） | -0.199 | 0.145 | 1.000 | -0.033 |

续表

| | | SEX BEFORE MARRIAGE（婚前性行为） | CHURCH ATTENDANCE（参加教堂活动） | AGE OF RESPONDENT（受试年龄） | HIGHEST YEAR OF SCHOOL（最高上学年限） |
|---|---|---|---|---|---|
| | HIGHEST YEAR OF SCHOOL（最高上学年限） | 0.169 | -0.018 | -0.033 | 1.000 |
| Sig.（1-tailed）（显著性，单尾） | SEX BEFORE MARRIAGE（婚前性行为） | . | 0.000 | 0.000 | 0.000 |
| | CHURCH ATTENDANCE（参加教堂活动） | 0.000 | . | 0.000 | 0.246 |
| | AGE OF RESPONDENT（受试年龄） | 0.000 | 0.000 | . | 0.109 |
| | HIGHEST YEAR OF SCHOOL（最高上学年限） | 0.000 | 0.246 | 0.109 | . |
| N | SEX BEFORE MARRIAGE（婚前性行为） | 1392 | 1392 | 1392 | 1392 |
| | CHURCH ATTENDANCE（参加教堂活动） | 1392 | 1392 | 1392 | 1392 |
| | AGE OF RESPONDENT（受试年龄） | 1392 | 1392 | 1392 | 1392 |
| | HIGHEST YEAR OF SCHOOL（最高上学年限） | 1392 | 1392 | 1392 | 1392 |

模型总结（Model Summary）

| Model（模型） | R（均值） | R Square（$R^2$） | Adjusted R Square（调整后的$R^2$） | Std. Error of the Estimate（估计量的标准误） |
|---|---|---|---|---|
| 1 | 0.514[a] | 0.265 | 0.263 | 1.044 |

a. Predictors：（Constant），HIGHEST YEAR OF SCHOOL COMPLETED，HOW OFTEN R ATTENDS RELIGIOUS SERVICES，AGE OF REPONDENT［预测变量：（常数），最高修学年限，参加宗教活动的频度，受试的年龄］

**ANOVA[a]**

| | Model（模型） | Sum of Squares（平方和） | df | Mean Square（均方） | F | Sig.（显著性） |
|---|---|---|---|---|---|---|
| 1 | Regression（回归） | 544.681 | 3 | 181.560 | 166.551 | 0.000[b] |
| | Residual（残余） | 1513.086 | 1388 | 1.090 | | |
| | Total（总计） | 2057.767 | 1391 | | | |

a. Dependent Variable：SEX BEFORE MARRIAGE（因变量：婚前性行为）

b. Predictors：（Constant），HIGHEST YEAR OF SCHOOL COMPLETED，CHURCH ATTENCE，AGE OF REPONDENT［预测变量：（常数），最高修学年限，参加宗教活动的频度，受试的年龄］

**Coefficients[a]（回归系数）**

| Model（模型） | Unstandardized（未标准化）Coefficients（回归系数） | | Standardized（标准化）Coefficients（回归系数） | t | Sig.（显著性） | 95.0% Confidence Interval for B（B 的95.0%置信区间） | |
|---|---|---|---|---|---|---|---|
| | B | Std. Error（标准误） | Beta（β） | | | Lower Bound（下限） | Upper Bound（上限） |
| Constant（常数） | 3.319 | 0.148 | | 22.393 | 0.000 | 3.028 | 3.609 |
| CHURCH ATTENDANCE（参加教堂活动） | -0.197 | 0.010 | -0.450 | -19.363 | 0.000 | -0.217 | -0.177 |
| AGE OF RESPONDENT（受试年龄） | -0.009 | 0.002 | -0.129 | -5.529 | 0.000 | -0.012 | -0.006 |

续表

| Model（模型） | Unstandardized（未标准化）Coefficients（回归系数） | | Standardized（标准化）Coefficients（回归系数） | t | Sig.（显著性） | 95.0% Confidence Interval for B（B 的 95.0% 置信区间） | |
|---|---|---|---|---|---|---|---|
| | B | Std. Error（标准误） | Beta（β） | | | Lower Bound（下限） | Upper Bound（上限） |
| HIGHEST YEAR OF SCHOOL（最高上学年限） | 0.060 | 0.009 | 0.156 | 6.784 | 0.000 | 0.043 | 0.078 |

来源:作者用 2010 年美国国家民意研究中心综合社会调查数据创建。

译者注:表中括号内的内容是对英语的解释,在原始的 SPSS 输出结果中并没有这些中文。

作为研究者,这里现在要回答的问题是如何把这些数据展示给读者。当然不能给表 6.28 中的五个分表简单编个号就把它们分别直接插在自己的学位论文之中。和方差分析一样,我们建议用两张表格展示数据。(注意,如果第一个分表中的内容在"结果"章的第一节中已经展示,那就没有必要在这里再重复展示一次。)用第一张表(表 6.29)展示相关系数矩阵和描述统计结果,用第二张表(表 6.30)展示多元回归分析的结果。

在我们示范解读这两个表格之前,我们先回到软件直接输出结果上来,看一看直接输出结果中的信息要放在两张表格的什么地方,怎么个放法。表 6.29 和表 6.30 都包含了描述统计结果和推断统计结果。但是,表 6.29 提供的只是一元和二元描述统计的结果,并在表注中说明了相关系数的显著性。这些信息是多元回归分析的基础,因此应该始终包括在表格之中。表 6.30 包含了多元回归分析的结果,相对于整个回归方程的信息。注意,这里并没有给出精确的概率值,因为概率值特别小,在 SPSS 软件输出结果里的显示是 0.000。在这些条件下,用 $p < 0.001$,而不要用 $p = 0.000$,因为后者意味着概率为 0。限于篇幅,这里就不详细讨论复杂的多元回归及其变通问题。有关多元回归的技术问题及其使用方面的主要问题,建议你阅读牛顿、鲁德斯坦(Newton & Rudestam, 2013)的著作。关于详细的统计处理问题,建议你阅读塔巴科尼克、菲德尔(Tabachnick & Fidell, 2013)的著作和菲尔德(Field, 2013)的著作。

表6.29 相关系数矩阵和描述统计结果:教育程度、年龄、教堂活动与对婚前性行为的态度
（可直接用在学位论文中）

| | 1 | 2 | 3 | 4 |
|---|---|---|---|---|
| 婚前性行为 | 1.000 | | | |
| 教堂活动 | -0.0472 | 1.000 | | |
| 年龄 | -0.199 | 0.145 | 1.000 | |
| 受教育(年数) | 0.169 | -0.018 | -0.033 | 1.000 |
| 均值 | 3.01 | 3.49 | 47.88 | 13.41 |
| 标准差 | 1.22 | 2.79 | 17.64 | 3.16 |

来源:作者用2010年美国国家民意研究中心综合社会调查数据创建。

注:$N$ = 1392。婚前性行为因变量。除受教育年数与教堂活动参加频次($p$ =0 .246)以及受教育年数与年龄($p$ = 0.109)之间的关系之外,所有的相关系数在$p$ < 0.001水平上都统计显著。数据来源是2010年美国国家民意研究中心综合社会调查。

a. 婚前性行为的取值范围是1(始终错误)到4(一点都没有错)。

b. 教堂活动的取值范围是0(从未参加过)到8(每周超过一次)。

在你的学位论文中你该如何用文字总结表6.29呢? 下面的总结只是我们的建议之一,但绝不是唯一。

表6.29展示的,是用教育程度、年龄、参加教堂活动回归婚前性行为态度的相关系数矩阵和描述统计结果。注意,对婚前性行为的态度与年龄和参加教堂活动均为负相关(分别是-0.199和-0.472)。因此,随着年龄和参加教堂活动次数的增加,受试反对婚前性行为的可能性也增加。可是,受教育程度越高,则越倾向于赞成婚前性行为,不过相关性很低。

注意,这是对表格内容的总结,而不是对表格内容的重述。在学位论文中把表格中的每一个数值都重复一遍实在太过乏味,这也反映出作者不知道如何解释自己的研究发现。另一点需要注意的是,表6.29对表6.28中的前两个输出分表中的信息做了大量简化。主要是消除了两个分表中的冗余,并对信息进行了重新组织,而不是把重要信息扔掉。对于表6.30,你又该如何用文字总结呢?

表 6.30　教育、年龄和教堂活动参加频次对婚前性行为态度的多元回归分析结果
（可直接用在学位论文中）

| 自变量 | $B$ | $SE_b$ | $\beta$ | $t$ | $p$ | $B$ 的95.0% 置信区间 | |
| --- | --- | --- | --- | --- | --- | --- | --- |
| | | | | | | 下限 | 上限 |
| 教堂活动 | -0.197 | 0.010 | -0.450 | -19.36 | < 0.001 | -0.217 | -0.177 |
| 年龄 | -0.009 | 0.002 | -0.129 | -5.53 | < 0.001 | -0.012 | -0.006 |
| 受教育（年数） | 0.060 | 0.009 | 0.156 | 6.78 | < 0.001 | 0.043 | 0.078 |

来源：作者用2010年美国国家民意研究中心综合社会调查数据创建。

注：$R^2 = 0.265$，$F(31388) = 166.5$，$p < 0.001$。$N = 1392$。

a. 婚前性行为的取值范围是1（始终错误）到4（一点都没有错）。

b. 教堂活动的取值范围是0（从未参加过）到8（每周超过一次）。

　　表6.30展示的是多元回归分析的结果。虽然由于样本数量大而导致所有的变量都统计显著，但是对于预测态度，教堂活动明显起重要作用：$\beta = -0.450$，$t(1391) = -19.36$，$p < 0.001$。对婚前性行为态度上的变异，几乎有27%可以通过年龄、教育程度和教堂活动参加频次得到解释（$R^2 = 0.265$，$F(31388) = 166.5$，$p < 0.001$）。

## 梳理你的结果：用一张表格展示多项分析结果

　　通常，在学位论文的"结果"章要把很多类似的分析结果都展示出来。例如，如果研究用了前述的方差分析方法，同时也考察了处理组和教育程度与控制点以及生活满意四个维度之间的关系，其中的每一项分析也都可能需要把结果用表格形式展示出来。如果把每一组的均值和每一个方差分析的结果汇总都单独用一张表格展示出来，那么，就可能要多用10个表格。对于这种情况，我们强烈建议，你要想方设法把所有的结果都合并在一张表格之中。例如，我们有一个叫佛古森（Ferguson，2006）的学生，在自己的博士学位论文中就考察了津巴多时间观量表（ZTPI）、未来后果考虑量表（CFC）以及巴瑞特冲动量表（BIS）上的人种/种族差异。在这项研究中，佛古森用单向方差分析来检验两个种群在六个ZTPI和CFC子量表以及四个BIS子量表上得分的差异。佛古森没有选择对11项分析都各单独用一张表格把结果展示出来，而选择了把全部结果都整合在一张表格中的做法，结果如表6.31所示。

表6.31 巴瑞特冲动量表(BIS)、津巴多时间观量表(ZTPI)、
未来后果考虑量表(CFC)人种/种族差异的单向方差分析结果

| 量表名称 | | N | 均值 | SD | F | p | d | 95% CI |
|---|---|---|---|---|---|---|---|---|
| BIS 注意力 冲动性 | 非洲裔美国人 | 34 | 15.50 | 3.24 | 0.003 | 0.957 | 0.01 | -1.30, 1.38 |
| | 白人/北欧裔美国人 | 102 | 15.46 | 3.75 | | | | |
| BIS 运动冲动性 | 非洲裔美国人 | 38 | 13.97 | 3.69 | 1.240 | 0.267 | -0.22 | -2.33, 0.59 |
| | 白人/北欧裔美国人 | 101 | 14.84 | 4.23 | | | | |
| BIS总分 | 非洲裔美国人 | 31 | 52.52 | 10.34 | 0.900 | 0.344 | 0.02 | -4.07, 4.61 |
| | 白人/北欧裔美国人 | 100 | 52.25 | 11.12 | | | | |
| CFC总分 | 非洲裔美国人 | 40 | 37.33 | 7.63 | 0.014 | 0.906 | 0.21 | -4.49. 1.25 |
| | 白人/北欧裔美国人 | 102 | 38.95 | 7.90 | | | | |
| ZTPI 过去消极 | 非洲裔美国人 | 41 | 32.63 | 7.45 | 1.240 | 0.267 | 0.12 | -1.80, 3.56 |
| | 白人/北欧裔美国人 | 102 | 31.75 | 6.77 | | | | |
| ZTPI 现在享乐 | 非洲裔美国人 | 40 | 45.88 | 8.74 | 4.963 | 0.028 | 0.40 | -6.32, -0.12 |
| | 白人/北欧裔美国人 | 103 | 49.10 | 7.15 | | | | |
| ZTPI 过去积极 | 非洲裔美国人 | 39 | 29.23 | 5.21 | 0.465 | 0.032 | 0.60 | -5.20, -1.22 |
| | 白人/北欧裔美国人 | 100 | 32.44 | 5.53 | | | | |
| ZTPI 现在宿命 | 非洲裔美国人 | 40 | 21.93 | 5.35 | 0.740 | 0.391 | 0.08 | -1.50, 2.42 |
| | 白人/北欧裔美国人 | 103 | 21.49 | 5.24 | | | | |

来源:根据佛古森(Ferguson, 2006, p. 68)改编。经原作者许可改编。为了节约空间对原表做了编辑,并在表中增加了效应大小列和置信区间列。

## 学位论文中图的使用指引

本章关于表格使用的大多数内容也同样适用于图的使用。不过，图的范围要比表格广泛得多，因为图包括了任何没有用表格展示的非文字叙述的东西。因此，图可能是关系示意图、照片、组织结构框图、地图、线条图、流程图、时间路线图，或有关其他事项的图。对于总体态势的展现，各式各样的图就尤其有用。就是在这个意义上，我们可以用图把隐藏在表格数据中的一些不太明显的关系展示出来。因此，人们常用图来增强表格。但是，由于看图时需要读者把数值估计出来，所以一般不应该用图来代替表格。对于存在交互作用或者有非线性关系需要澄清的情况，图对表格的增强效果尤其明显。例如在本章中，我们就用图来揭示教育程度、性别、要孩子数量（图6.1）在干预组和教育水平之间相互作用的本质（图6.4）。

APA格式（2010）给出了什么是好图的7条一般原则。一幅好图要：

·增强而不是重复文字内容；

·只传递必不可少的事实；

·把扰乱视觉的细节省略掉；

·易于阅读——其基本元素（字形、线条、标识、符号等）要足够大，以保证印出的效果便于阅读；

·易于理解——图的目的是显而易见；

·与同一文章中的类似图形格式一致，即字母大小一样，字体一样，线条粗细一样，等等；

·设计周密，制作精细。（p.152）

也可以用图来展示研究者的理论框架。对于这种目的，用路径图来阐明理论框架所暗示的预测关系尤其有帮助。例如，对暴露在创伤中的低收入非裔美国妇女自杀行为的恢复问题，桑普斯（Samples，2012）就用图来阐明，她自己提出的有调节中介模型（图6.5），马祖罗夫斯基（Mazurowski，2001）也利用图的功能来展示自己的模型。这是一个用认知灵活性和人格作为预测变量来预测老年人人际视角的模型（图6.6）。

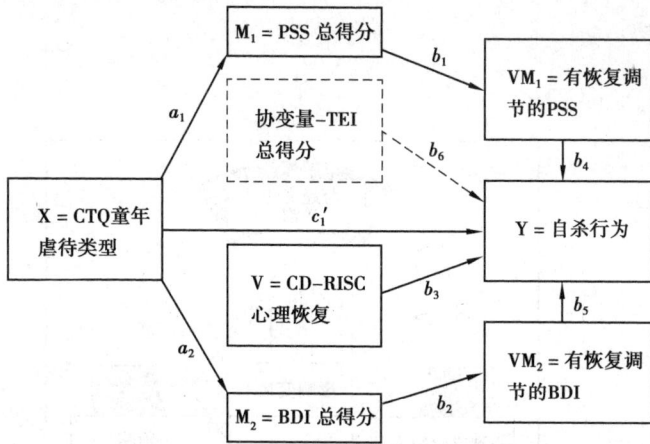

图6.5　关于自杀恢复的有调节中介模型

来源:桑普斯(Samples, 2012, p.49)。经原作者许可使用。

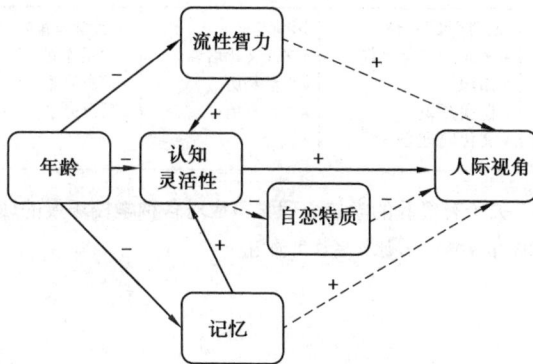

图6.6　老年人人际视角模型

来源:马祖罗夫斯基(Mazurowski, 2001, p.90)。经原作者许可使用。

　　理论模型也可以用更一般性的视觉手段展示。例如缪伯恩(Mewborn, 2005)就用一般视觉图来展示D.W.苏等人(Sue et. al., 1982)的多文化实力模型(图6.7)。

　　除了示明所提议模型或理论框架之外,图还可以出色地展示基于模型思考的分析结果。例如,图6.8就把咋哈里亚蒂斯(Zachariades, 2012)关于疼痛相关失能的中介分析结果很好地展示了出来,其中,失能被当作是否有群组成员身份与失眠严重性之间关系的中介变量;图6.9把马祖罗夫斯基(Mazurowski, 2001)的人际视角模型也很好地展示了出来。

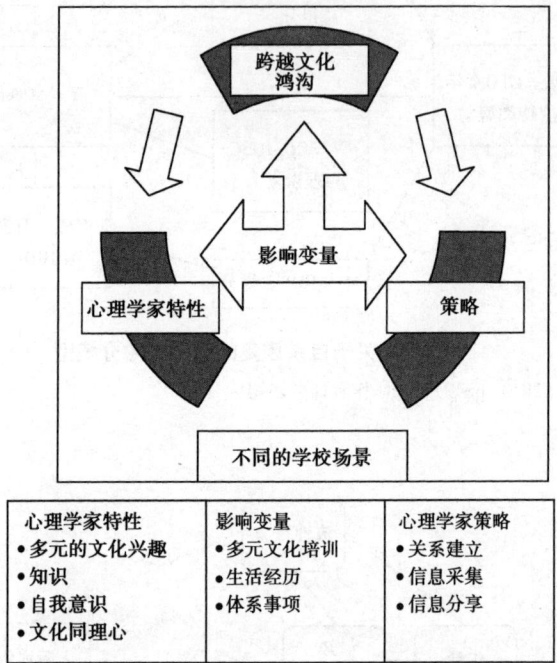

**图6.7 关于有经验的学校心理学家应对各种学校场景的理论**

来源:缪伯恩(Mewborn, 2005, p. 108)。经原作者许可使用。

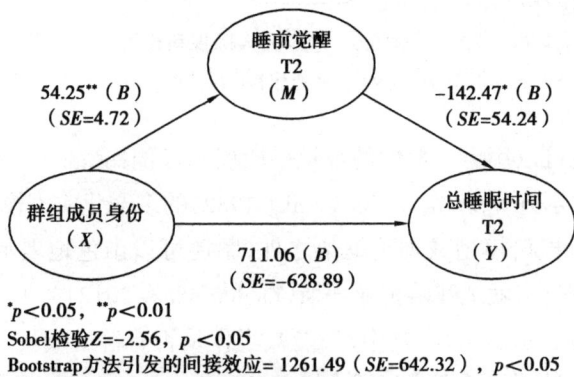

$^*p<0.05$, $^{**}p<0.01$

Sobel检验$Z=-2.56$, $p<0.05$

**Bootstrap方法引发的间接效应= 1261.49($SE=642.32$), $p<0.05$**

**图6.8 疼痛相关失能的中介分析**

来源:咋哈里亚蒂斯(Zachariades, 2012, p. 76)。经原作者许可使用。

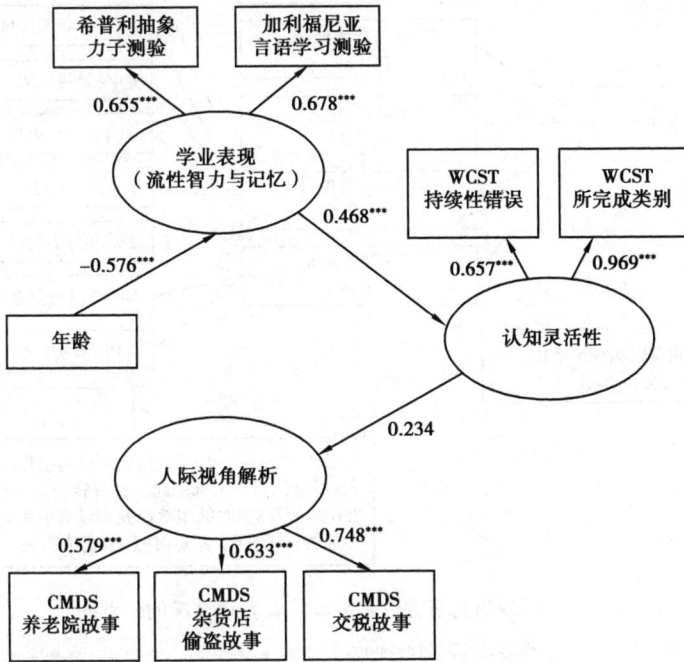

图6.9 一个关于人际视角的解析模型

来源：马祖罗夫斯基(Mazurowski，2001，p. 104)。经原作者许可使用。

最后一点要指出的是，图还可以用来跟踪参试者在一段时间内的活动情况。例如，牛顿、勒托尼克、刘易斯、汤普森、英格力史(Newton，Litrownik，Lewis，Thompson，& English，2011)就使用图来展示只与生母生活在一起的高冒险孩子4到8岁期间的家境转化情况。图6.10显示，在这些孩子4岁的时候，有662人参加了研究；但到了8岁时，最后的样本包含了417个孩子；图中具体说明了孩子与自己生母分开的缘由。

```
                    ┌─────────────────┐          ┌────────────────────────┐
                    │  6岁：N=516     │          │ 8岁：N=472（458+14）  │
                    └─────────────────┘          └────────────────────────┘
                    ┌─────────────────┐          ┌────────────────────────┐
                    │ 7.6%与非生父母  │          │ 5.2%与非生父母一起（24）│
                    │  一起（39）     │          └────────────────────────┘
                    └─────────────────┘          ┌────────────────────────┐
┌──────────────────┐┌─────────────────┐          │ 0.4%只与生父一起（2）  │
│ 4岁：N=662只有生母││ 1.0%只与生父    │          └────────────────────────┘
└──────────────────┘│  一起（5）      │          ┌────────────────────────┐
                    └─────────────────┘          │ 91.1%只与生母一起（417）│
                    ┌─────────────────┐          └────────────────────────┘
                    │ 88.7%只与生母   │          ┌────────────────────────┐
                    │  一起（458）    │          │ 3.3%与生父母一起（15）  │
                    └─────────────────┘          └────────────────────────┘
                    ┌─────────────────┐          ┌────────────────────────┐
                    │ 2.7%与生父母    │          │ 28.6%与生父母一起（4）  │
                    │  一起（14）     │          └────────────────────────┘
                    └─────────────────┘          ┌────────────────────────┐
                                                  │ 64.3%只与生母一起（9）  │
┌──────────────────────────┐                     └────────────────────────┘
│ 6岁或/及8岁跟踪时丢失N=146 │                    ┌────────────────────────┐
│ （占662人的20.1%）        │                     │ 7.1%只与生父一起（1）   │
└──────────────────────────┘                     └────────────────────────┘
```

最后样本：N=417（所有4岁时只与生母一起的孩子6岁和8岁时仍然与生母一起，没有转变。）516人中的81%在6岁或/及8岁时的跟踪研究中没有丢失。那些与生母一起的孩子在6岁跟踪时91.1%仍未丢失。

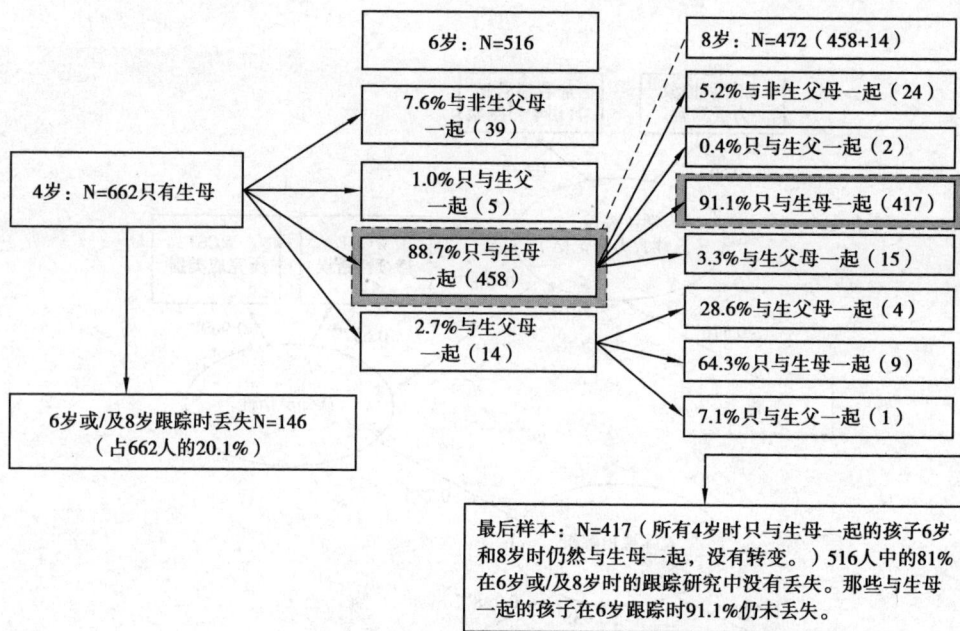

**图6.10　一项纵向研究过程中参试者流动情况的示意图**

来源:牛顿、勒托尼克、刘易斯、汤普森、英格力史(Newton, Litrownik, Lewis, Thompson, & English, 2011, p. 8)。

# 展示定性研究的结果 7

　　把学位论文的"结果"章写好,这需要两种相互联系的技能。一是选出并说清楚所采用的数据分析方法,二是用适当方式把分析的结果展示出来。对于定量研究,关于如何展示数据和总结统计分析结果,还有一些大家普遍接受的导则。但是对于定性研究,情况就不同了。虽然有些文献(例如,Gibbs, 2012; Grbich, 2012; Miles, Huberman, & Saldana, 2013; Silverman, 2013)就如何进行定性数据分析和报告分析结果提出了一些非常具体的建议,但是,目前从文献中我们还无法找到明显的一致意见。事实上,我们自己学生所使用的方式方法也各种各样。和所有研究一样,定性研究者首先要确定的策略是,把结果组织得井然有序,从而使数据的意义彰显出来,使数据的展示清楚、全面。

　　定性研究可能会产生大量的非数量型数据,这些数据代表的是各种说法和想法,而不是数值和统计量。这些数据包括(但不限于)访谈的文字转录、田野笔记、各种类型的记录、文件、录音录像、社交媒体和一些不明显的度量结果。研究者很可能成为这些海量数据的牺牲品,不知道该展示哪些数据,也不知道该从哪里开始。定量数据通过像 SPSS 这样的统计软件处理后,就能以标准的方式把分析结果输送出来,马上就可以做组内比较和组间比较。现在也有一些定性数据分析程序,而且功能也越来越复杂。定性学位论文的爆炸式增长伴随着一系列卓越定性数据分析程序的开发和完善。在表 7.1 中,我们给出了五种最流行的计算机辅助定性数据分析软件(机辅定性分析软件),并提供了各自的网站链接和试用版的下载路径。其中,有些软件是主要分析文本和文字转录数据用的,而有些则使用广泛的网络设计,旨在捕获照片和基于视频的数据。我们推荐这几款软件的原因是,它们的历史较长,网站卓越,提供试用版、培训和支持。这些软件都有所有权,不是免费软件。也有不少免费(开源)软件,例如 Aquad(小分队)、Coding Analysis Toolkit(编码分析工具箱)、Compendium(纲目)等。这些免费软件能做的事情与那些有所有权软件一样。因此,为了省钱,学生就可以选一款开源软件使用。需要说明的是,我们并没有对这些软件做过效验,并不知道它们的易用情况和可靠性。关于这些软件的情况,感兴趣的读者可参阅维基百科。那里,既有各种有所有权的软件,免费(开源)软件,也有基于云的机辅定性分析软件。

关于如何选择机辅定性分析软件,我们提以下几点建议。第一点,和其他统计软件一样,我们建议你使用自己学校、院系或论文导师所使用或推荐使用的软件。第二点,我们建议你考虑学会使用该软件需要多少时间。我们下面所推荐的机辅定性分析软件,都有基于万维网的用户手册、培训、视频、支持。使用一款免费软件似乎是个不错的主意,但是,缺少一些必要的背后支持,你可能要花大量的时间来学习如何使用软件,还要解决使用过程中遇到的各种问题。因此从长远的角度看,使用免费软件可能会得不偿失。因此,在选用机辅定性分析软件时,你可能要考虑以下五个方面:(1)该软件的用户支持随时可得吗?(2)该软件有高质量的文字说明材料吗?(3)该软件的用户界面易学易用吗?(4)该软件能在你的操作系统(Windows、Mac、Linux)中正常运行吗?(5)该软件能轻易把数据导入并以你想要的格式(Word、Excel、HTML、PDF等)导出吗?

请你时刻牢记,所有基于计算机的定性数据分析程序都是数据的组织者。因此,这些软件能够节省大量的用来储存、编码、操纵文本和其他数据的时间。把大量的书写文本或其他材料存入计算机以及表7.1中的软件,这肯定是一件很有意义的工作。如果你正在对材料进行复杂的编码,软件可以当你的个人助理,你点击一下鼠标它就能帮你找到你所需的关键段落。有了软件,给文本编码就变得容易多了,包括把同一个分析单元归入多个类别;软件也能把文本片段移来移去,这便于把片段归类,便于对片段进行查询和提取。软件甚至还能根据常用词汇和短语来帮你分拣及连接数据。因此,软件可以帮助你检验自己的想法和假设,并以内容分析、描述性统计以及图形的方式把数据展示出来。不过,定性分析者也提出了一些很是令人担忧的问题。诚如圣约翰、约翰逊(St. John & Johnson, 2000)指出的那样:

> 令人担忧的问题包括:过程的日益确定化和僵化,对编码方法和提取方法的特权化,对数据的具象化,越来越迫使研究人员关注数据的量和阔度而不是关注数据的深度和意义,把大量的时间和精力都用在学习如何使用计算机软件之上,越来越多的商业化气息,注意力偏离真正的数据分析工作。(p. 393)

如果你有兴趣深究这些议题,我们建议你访问萨里大学的机辅定性数据分析软件网络项目以及文本分析信息(Text Analysis Info)这个专门对人类沟通内容进行分析的网站。该网站提供了一些关于辅助定性分析软件的信息。例如,网站上对 Anvil 5.0 的介绍是:一款免费的视频注释工具……能提供准确到帧的多级注释,用户可以自定义注释结构。

表7.1　定性数据分析软件精选

| 名称 | 销售商 | 有无免费下载演示版 | 备注(均来自开发商网站) |
|---|---|---|---|
| ATLAS.ti 7 | Scientific Software Development | 有。 | ATLAS.ti 是一套紧密整合的工具,援助对书面文本、音频、视频及图形数据的分析。其工具整合是专门设计来在工作流程中完美地援助定性研究人的。本软件所提供的多种工具,能帮助研究人对大量的意义片段进行高复杂度的管理、萃取、比对、探索和重组,方式灵活、方便创意且系统。 |
| Ethnograph 6.0 | Qualis Research Associates | 有。 | 该款软件的主页,仅提供了关于该软件功能及特色的图解,但并没有关于软件的介绍。因此,学生无法根据网页信息决定是否能选用该软件。 |
| Hyper-RESEARCH | Research Ware Inc. | 有。 | HyperRESEARCH能助你对自己的数据进行编码和提取,构造理论,进行分析。有了这些高级的多媒体能力,你就可以处理文本、图形、音频和视频资料。这是一款实在的编码—提取数据分析程序,其Theory Builder功能还能进行理论构造。 |
| QSR NVivo 10 (前身为 NUD*IST) | QSR International | 有。 | NVivo是一款能援助定性研究和混合方法研究的软件。通过软件,你能够对多种数据的内容进行采集、组织和分析,包括访谈、焦点小组、讨论、调查、社交媒体数据、视频、网页;能用强大的搜索、征询和视觉化工具对你的数据进行深度分析;能揭示各种微妙联系,一边工作一边把你的见解和想法增加进去,严密论证自己的发现,与他人分享自己的工作结果。 |
| MAXQDA 11 MAX-QDAplus | MAXQDA | 有。 | MAXQDA是一款专业软件,用来对定性数据和混合方法数据进行分析,全世界已有数以千计的人在使用。最早于1989年投放市场,长期为研究人员提供强大的、富于创新性的简单易用性分析工具,助研究者成功完成研究项目。 |

表7.2 定量编码模式与定性编码模式

|  | 定量 | 定性 |
|---|---|---|
| 在研究过程中的阶段 | 在数据采集和数据分析之间 | 整个研究过程 |
| 与类别的关系 | 预先确定的类别 | 生成类别 |
| 与原始数据的关系 | 用代码代替原始数据,不保留原始数据 | 代码指向原始数据,保留原始数据 |
| 对类别的修正 | 通常不增加新类别 | 不断生成新的类别 |
| 编码过程 | 编码属于文书性工作 | 编码属于分析性工作 |

来源:理查兹(Rechards, 2009, p. 94)。

总之,一方面,目前专为促进定性数据分析而设计的新软件很多;另一方面,这些软件也都有这样一个局限:不能读出文本结构所表达的意义,或其他构成你的研究基础的质性材料的意义。关于意义的读取责任,依然落在你这个研究人的肩上。如果稍有不慎,你就会变得过分依赖计算机软件的结果,从而忽视对意义的挖掘和对理论的构建,这两个方面才是一切良好定性研究的基本标志。我们强烈建议:你要亲自阅读和思考自己的数据,负起创建数据类别的首要责任,自己从数据中得出结论。如果愿意,你可以用软件援助自己的研究活动,而不是依赖软件,让软件代替你"做"数据分析。

定性数据分析有相当大的灵活性,且每一个定性分析都需要研究人来设计自己的结果展示方式。大多数定性研究者在做数据分析时首先会一遍又一遍地看自己所收集到的全部信息(包括访谈的文字转录和田野笔记),以寻找对数据的总体感觉。他们也可能把信息总结成备忘和感想式的札记。由于文本数据的范围和数量非常庞大,所以研究者几乎总是需要通过分类或编码来对数据进行梳理,从而达到简化数据的目的。理查兹(Richards, 2009)曾对定性编码与定量编码之间的重要区别做了澄清,这种澄清更多出现在社会调查之中。表7.2把这些重要区别汇总在了一起。理查兹还建议用一种比较直接的方法来对定性数据编码:(1)描述性编码,这与定量编码很像,要对刻画每一个案例的属性(年龄、来源等)进行存储和总结;(2)主题编码或根据主题对文本进行分类标识,这很花时间,但可以自动处理;(3)分析编码,这是根据数据反思过程中所出现的想法来创建新的类别。最后一步是构造定性理论的核心。

每一种主要的定性研究传统都有它自己分析文本数据的路数。与定性数据的分析相比,定性数据和定性结论在论文中展示的灵活性就更大了。现象学传统的领头人之一的穆斯塔卡斯(Moustakas, 1994)就讨论过两种分析的路数。第一种是冯·卡姆(van Kaam, 1966)方法的修正版;第二种是斯蒂维克(Stevick, 1971)、克莱茨(Colaizzi,

1973)以及基恩(Keen,1975)等人所建议方法的变通。下面的七个步骤就是根据穆斯塔卡斯(Moustakas,1994,p.122)中的步骤改编的,每一个参试者的全部文字转录都要经过这些过程。先全面描述研究者自己对某一现象的经历,然后就将描述转录为文本,逐一进行以下几个步骤的工作。

1. 审查每一个陈述,看它在何种程度上描述了有关经历。
2. 记录下所有的相关陈述。
3. 删掉所有的冗余或与其他陈述重叠的陈述,保留下经历中具有关键意义的单元。
4. 把留下的意义单元组织成不同的主题。
5. 把这些主题凝炼成关于经历的片段描述,通过直接引用的方法对描述加以扩充。
6. 充分发挥你的想象力,从多个角度挖掘文本中的可能意义,构建关于自己经历结构的描写。
7. 创建关于自己经历的意义和要点的篇章结构描述。

对研究中每一参试者的完整叙事记录,都要进行上述七步工作。然后,把所有这些单个篇章结构描述整合在一起,形成全组经历的意义和本质的复合描述。"篇章"描述是关于经历了"什么"的描述,"结构"描述是关于"如何"经历的描述(Moustakas,1994)。我们在第3章中曾简单介绍过的弗朗西斯(Francis,2012)那篇关于教师领导与课业严格性的学位论文,就描述了她自己如何通过这两个过程来帮助自己找出数据中的各种主题的,并借助自我反思的方法,对超越任何单个参试者反应的经历"本质"加以剖析。

选择做现象学学位论文的学生,需要熟练掌握这些凝炼数据的步骤。我们的学生黛安娜·阿姆斯特朗(Armstrong,1995),多年前就做了一篇精彩的现象学的博士学位论文,研究内容是盲人的梦。她主要依赖的是对先天盲人(出生时就是盲人)或后天盲人(有一段视觉经历后才变成盲人)所做的36次访谈的数据。她所采用的数据凝炼办法是基于吉奥吉(Giorgi,2009)提出的自然主义方法,论文最终形成了多种描述,包括关于感觉输入、做梦背景、主导情感色彩以及睡梦本身内容结构的描述。在"结果"章,阿姆斯特朗一开始就简要介绍了每一位参试者的基本情况(这是定性研究的典型做法),然后她才把访谈数据反映的主题展示出来,并通过大量的例子和参试者语言引用,对主题进行了充分的支持和说明。

民族志研究的结果包括对人和环境的详细说明。沃克特(Wolcott,1994)曾建议,"结果"章要包括:(1)对文化和文化中所发生之事的说明;(2)对各种发现的分析,包括对案例模式的辨识和对案例的比较,对田野工作程序的批评,把所得信息置入更大的分析框架;(3)对文化共享团体的解释,包括对理论含义和个人经历的解释。正如克雷斯韦尔(Creswell, 2013)所言,这种说明,可以是对个体或团体某一天生活情况的圈点,是对关键事件的聚焦,对某种分析框架的采用,或者,是不同信息提供者的不同观点的报告。分析中可以使用一些表格、图像、图解等,以帮助自己把文字信息说清,对文字信息加以评价。解释阶段要透过数据,看该研究对于更大的研究提问有什么意义。对民族志研究结果的表达,可以用高度非个性化的客观方式,可以用更个性化的印象主义方式,也可以是这两者之间的任何方式。如果你想用民族志方法做学位论文,你需要咨询一下你的论文指导委员会,以便对拟使用的方法加以适当调整,从而满足本学科和本专业的要求。

阿尼萨·巴特勒(Butler, 2006)的那项雄心勃勃的民族志研究,探讨了有色人种在以白人为主的大学城的生活和工作经历。她采取的是个性化的方法,为的是能采集到重要数据,能进行严密的论证。巴特勒做的是一项自我民族志研究(autoethnography),这与大多数更为客观的纯民族志研究取向研究不同的是,把研究者自己作为科罗拉多波尔多镇知情参试者—观察者的经历和观察包括了进来。在学位论文的"结果"章,她一开始先讲述了自己在这一环境中作为有色人种的漫长经历。随后是对23位其他与社区相关的有色人的深度访谈概要,另一部分交代结构化调查的结果,还有一部分是关于一系列焦点小组调查结果的介绍。在论文的后面几章中,她保持了自传那种混合风格,在个人与文化之间来回穿梭。通过三角数据互验,她提出了一系列的主题,其中包括生活或工作在大学城中的有色人的文化适应过程;最后,她以分析和讨论研究意义的方式结束了自己的学位论文。

扎根理论的支持者对在学位论文"结果"章中该如何表达研究中发生的事情,则有某种不同的主张。要让自然主义的数据彰显意义,那就要采用归纳分析技术。扎根理论有一套也许是最结构化、最统一的信息处理程序,能把信息的类别确定出来,并从这些类别出发,构造一个叙事,把各种类别的信息联系起来,生成一组理论命题。通过对数据的系统编码,把数据分成尽可能多的主题和意义类别。随着类别的出现和对类别的提炼,研究者就开始考虑类别之间如何联系以及如此联系有什么理论意义。慢慢地,意义类别的理论属性就开始"结晶",并形成模式。这些所形成的模式就是扎根理论。

扎根理论法有单元化和类别化两个基本子过程,构成其归纳分析的基础。单元化就是把一个一个的信息单位从文本中分离出来的编码操作过程。类别化则是把单元化所得到的信息单位,根据意义的相似性组织成不同类别的过程。随着类别数量达到一个饱和点,研究者就开始拟定规则,以便把所需要的信息单位纳入一定的类别,把不需要的信息单位排除在该类别之外。这个过程被格拉泽和斯特劳斯(Glaser & Strauss, 1967)称为持续比较法(constant comparative method)。要对持续比较法进行不断的修订、修改、修正,再把所有的新单位都放进适当的类别,即使把更多的单位加入一个类别也不会提供任何新信息的时候,就可以停止这种比较过程。

不同的扎根理论工作者使用不同的术语,采取不尽相同的定性数据分析步骤。这就对研究生和那些尝试用扎根理论路数做高水平研究的人员造成巨大的混乱。下面讨论的理论基础,是我们从当代扎根理论文献中提炼出的核心原则。如您所知,格拉泽和斯特劳斯出自不同的学术传统。格拉泽的学术背景是实证主义和定量研究,斯特劳斯的学术背景是符号互动论和田野研究。他们两个人的初始合作,为定性数据分析的可能主导路线搭建起了发展的舞台。尽管如此,多年下来,两人之间的视角差异已经放大,既造成当下的混乱局面,也激发了很多备选扎根理论分析方法的出版发表。

可以很安全地说,用扎根理论进行数据分析的第一步是,把所有的访谈(或其他的资源材料)一字不变地做成文字转录,然后一遍一遍地从头到尾仔细阅读这些转录,让自己沉浸在参试者的各种思考之中,使自己熟悉转录中的内容。接下来要做的,就是制订组织材料要用的"代码"。编码就是把文本缩减成更小的类别的过程。在此过程中,要设计一些能反映数据文字(或影像)代表的话题或思想的标签。有些时候,会把"代码"叫"类别"或"主题"或"指标"(Gibbs, 2012)。"代码簿"(code-book)就是关于代码及其说明的表单,通常研究者把它做成一个小本或在线文件夹。这是一个不断演化的表单:随着分析过程的推进,新的代码会随时加入,旧的代码也会改变。

编码的第一个阶段通常叫"开放性编码"(open coding),这是格拉泽和斯特劳斯的用语,卡麦兹(Charmaz, 2014)和其他一些研究者则用"初始编码"(initial coding)。根据科尔宾和斯特劳斯(Corbin & Strauss, 2014),开放性编码就是根据描述类别,对整个文本进行审视。"开放性"一词的用意是,鼓励大家放开对文本编码,以防止把任何其他可能出现的类别排除在外,因为这些类别可能会变得与理论有关。卡麦兹建议,在处理文字转录时要考虑回答四个问题,其中前三个都是来自格拉泽(Glaser, 1978)的问题。

1.这些数据是研究什么的?
2.该事件指向什么类别?
3.数据中实际发生的是什么?
4.是从谁的角度看的?

大多数的扎根理论工作者都建议,要根据描述性类别,对文字转录逐行逐句进行审视。不过,一些研究者当下编码时还是有所选择的(例如 Hennink, Hutter, & Bailey, 2011)。作为例解,我们选择了托德(Todd, 2011)扎根理论研究中的开放性编码例子,详见表7.3。

表7.3 扎根理论视角下的开放性编码实例

| 平等关系与力量改善 | |
|---|---|
| 开放性代码 | 例 句 |
| 性别议题 | 对于我们这代人,我认为,制度化的性别歧视在很大程度上是与男性建立关系方面的议题,所以是一种真正的很好的释负,也用不着非得处理它。【大笑】 |
| 平衡 | 但房子还是共有的,一切关于房子维护和打理方面的费用是50/50开,不包括那些与房屋升值有关的开支。 |
| 家务劳动分工 | 当然了,我很喜欢做饭,我基本上是这样,我负责屋子的打理和做饭等,他负责洗衣服。 |
| 性别角色 | 如果你和你的对象并不能在身体上让彼此快乐,你会很反感的。一个人可能会坚持那样做,而另一个人则会抗拒,你不能让这种很不健康的过程继续往复下去。要是你和你的对象的身体相互兼容,那这样挺棒,真的挺棒,你有这么多的闲暇时间,正因为你不沉浸于此,你也不走开。"我的天哪,他们在做这个,而我也想让他们做这个。"太棒啦,你也不用担心,而且你还有更多的时间想其他事情,如徒步旅行等。 |

来源:托德(Todd, 2011, p. 78)。经原作者许可使用。

接下来的一步是主轴(axial)编码,这是斯特劳斯及其同事(Strauss & Corbin, 1998; Strauss, 1987)提出的名称。这一步的工作是,根据各自的属性和维度,把类别与相应的子类别联系起来。这一步,要看大类别之间的关系如何,要看大类别与其子类别之间的关系如何。有时,把主轴编码和接下来的选择性(selective)编码放到一起进行。在格拉泽看来,要把选择性编码严格限制在与核心主题或类别相关的那些类别之中(Urquhart, 2013)。在科尔宾和斯特劳斯(Corbin & Strauss, 2014)看来,选择性编码是用来对源自数据的理论进行整合和进一步凝练用的。这个时候,所选择的单个类别就成了中心,于是便生成一个理论模型,把其他的类别与该中心类别联系起来,联系的依据是:它们各自如何影响中心类别,如何被中心类别所致,如何为中心类别提供环境,或如何作为中心类别的中介。人们也可以把这个过程看作理论编码。格拉泽(Glaser, 1978)就很喜欢理论编码这个术语,因为该术语一下把人的注意力吸引到了两个问题上面:此前所编制的代码如何相互联系?这些代码如何与浮现中的理论相联系?

无论如何定义编码步骤,死板地坚持这些步骤并没有那么重要。更重要的是,要逐渐把自己从描述性和个人化的文本观点中解脱出来,不断进入对参试者经历的概念性和理论性理解。在学位论文中,可以把所得出的理论作为有数据生成的假设来提出,或者作为综合模型而推出(或者同时作为两者推出),也许可以借助图和表,以便在本研究的语境以及之前研究和实践的语境中来了解现象。理论一旦成文,就需要接受补充性的效验。

在社会科学的很多定性研究中,都能见到持续比较法。本质上,这是一种用补充数据来核查并修订新出现理论的方法,无论新补充数据是来自对同一个案例中所有数据片段的检查,还是来自对不同案例之间数据的检查。这种方法可以用来对每一个编码类别进行打磨。具体做法是,寻找有关的例子,直到新信息不再产生更多的意义为止。这个需要停下来的冗余点叫"饱和"(saturation)。在整个过程中,都鼓励定性研究人通过其他案例来对这些临时假设进行评价。离常案例分析(deviant case analysis)指的是,要延伸到差异悬殊的数据或案例之中来寻求意义,这样有助于把研究的概念性结论说清楚,或把概念性结论的适用范围划出来。

很多定性研究者采用的是与斯特劳斯和格拉泽早期工作不太相同的编码方法。如果想从不同的视角透视扎根理论的编码艺术和科学,可以参考三部著作:科尔宾、斯特劳斯(Corbin & Strauss,2014),卡麦兹(Charmaz,2014),厄克特(Urquhart,2013)。

再举一个使用扎根理论路数收集处理定性数据的博士学位论文例子。这是前面提到过的托德(Todd,2011)的学位论文,研究的是如何成为强GLBT家庭的过程。她对21对来自全美国的男同性恋(Gay,缩写G)、女同性恋(Lesbian,缩写L)、双性恋(Bisexual,缩写B)、变性恋(Transgender,缩写T)配偶进行了访谈,有的采用面对面访谈,有的采用电话访谈。下面的评论,反映出作者在研究中采集和分析了好大一堆数据:

> 在每次访谈结束之后,就立刻对采集到的所有数据进行文字转录和编码工作。这样又允许在数据采集过程中进行备忘、图解并向研究需要的方向移动。所有的数字型记录都转录成了文字,得到长达278单行距页的数据(每个访谈的中位数据长度为14页)。全部文字转录工作都是研究者自己做的。( p. 58)

托德对自己的数据分析过程做了如下描述:

> 数据分析的基础是在数据中的浸泡,是一个又一个的备忘录和代码,是对数据的梳理以及参试者之间的比对。数据分析工作始于开放性编码这一解析过程。在这个过程中,研究人要找出概念,并从数据中发现概念的属性和维度(Strauss & Corbin,2008)。数据分析过程的下一步是主轴编码。在这一步,研究人要把类别与相应的子类别(与一个类别相关联的各种概念,能进一步指定类别的具体内容,使类别更加清晰)联系起来。这样一来,数据就以新的方式排列起来,研究人就能把其中的中心现象确定出来,把具体的策略、语境和干预条件确定出来(Creswell,2007)。编码过程的最后一步是选择性编码。这是一个对理论进行整合及精炼的过程,是发现一个故事把开放和主轴编码过程中所确定出的内容整合起来的过程。研究人不断重复这一过程,直至出现理论饱和现象。这时,数据中就不再有新的属性、维度或关系出现。分析过程使用了计算机辅助数据分

析软件MAXqda2(maxqda.com)。(p. 64)

下面是另一个定性数据分析的例子,它选自劳拉·塔格曼-盖布瑞尔(Tugman-Gabriel,2011)的博士学位论文。这是一项民族志研究,其设计目的是提出一个关于梅隆金人(Melungeon)种族身份发展的扎根理论。梅隆金人是一个很小的多种族群体,生活在美国东南部的阿巴拉契亚山脉中。塔格曼-盖布瑞尔花了5个月的时间走访并纳入梅隆金人社区,她参加社区的大事活动,观察那里的社会习俗,并对社区的居民进行系统访谈,为自己的研究采集基础数据。她想提出一个理论来说明这个被世人忽视和误解的文化组群。关于首轮数据分析,塔格曼-盖布瑞尔有如下描述:

> 从第一个访谈到最后一个访谈,我都采用循环过程采集数据,对每个访谈都是,对我自己田野日记中的备忘录和条目都一一反思,数据分析最后终于把本过程的各种结果整合起来,与访谈纲要融为一体。初始数据分析的首要目的是把我的即时印象和提问记录下来,是抓住我的思想演变过程和数据概念化过程。在每个访谈之后,我都随即对数据进行粗略的分析,一边在自己的田野日记里写下备忘录,一边倾听访谈的录音。(p. 65)

之后,便是她的深度数据分析,用的还是斯特劳斯和科尔宾(Strauss & Corbin,1998)的扎根理论分析程序:

> 起初,编码只是一个常识性的过程,一个叫开放性编码的过程。这是一个对数据进行解构的过程,是找出数据中明显存在的概念和构念并给它们贴上标签的过程。我用了几种方法来完成开放性编码的任务。首先,我一边听访谈录音,一边在我的田野日记里做编码批注。为了确保文字转录材料的准确性,我一边读文字转录一边听录音。第二步的时候,我把文字转录材料打印了出来。我把材料中的重要词语画了出来,并在页边做些批注。为了把数据进一步组织起来,我就把文字转录材料和编码结果输入QSR公司的NVivo软件第8版。这是一款有专门用途的计算机软件,旨在帮助定性数据的组织和分析工作。我用这款软件把编码和数据分析过程中所浮现的主题进一步组织起来并加以图解。(p. 66)

下一个阶段的数据分析,就是用**主轴编码**把数据重新组织起来,包括用图解的方法把演变中概念间的关系直观地展示出来。然后就是**选择性编码**,这是一个进一步凝炼浮现中理论的归纳性过程。在这个阶段,塔格曼-盖布瑞尔遵照斯特劳斯和科尔宾(Strauss & Corbin,1998)的建议,继而写出了一个故事梗概,以便能尽可能完全捕获对于问题"这儿正在发生什么事情?"的回答。

在波尔金霍恩(Polkinghorne, 2005)看来,作为定性研究之一的叙事研究,用叙事的方式来解读基于访谈的数据(或书面传记数据),这样就构建出一个有开始—中间—结尾结构的故事。由参试者所披露出的事件和经历最终变成了"情节"。在颇具洞察力的研究者的探索之中,情节摇身一变,便赋予了意义。可见,叙事研究的解读过程是一个不同于传统以主题为中心的定性内容分析路向(Chase, 2005)。这种分析一开始,先要吸纳参试者的种种声音和故事,而不是解密他们的叙事,就像这些是对访谈提问的应答一样。换种说法就是,研究者首先要寻找每一个访谈之中的各种声音,而不是寻找不同访谈之间的各种主题。这样,就有可能把同一个叙事之中的不同故事之间的关系找出来。例如,悲伤和放手这种经历也许从来都没有明显表达出来,但却可以作为一个大桥,把两个不同的故事连接起来,譬如把一个父母有致残性患病的故事与不进入家族企业的故事连接起来。叙事研究人要把同一文本一遍又一遍地细读,要从不同的视角去读,以便获得对叙事整体结构的了解,对情绪弦外音的了解,对叙事人成长发展轨迹的了解,对主题和事件底层的概念网络的了解。

荷西蒙(Hoshmond, 2005)对叙事研究者使用的一些分析程序所做的分析,对了解这程序很有帮助。如果想了解更多的叙事分析情况,我们建议大家阅读美国心理学协会的"生活叙事研究"(Narrative Study of Lives)系列丛书,特别是最近出版的《身份与故事:叙事中的创造性自我》(*Identity and Story: Creative Self in Narrative*)(McAdams et al., 2006)。如果想参考博士学位论文,可阅读伊雷娜·塔尔(Tal, 2004)的心理学博士学位论文。这篇论文探讨的是,在非西方文化中成为妇女的意义。她用叙事分析的方法,对27位埃塞俄比亚犹太妇女首次月经的故事进行了分析。塔尔通过个体访谈和焦点小组访谈混合的方法采集自己的数据;她反复阅读自己的文字转录材料;她用外推的方法,得出了七个主题,为此,她把参试者现在对过去经历意义做出的埋解作为语境,把参试者的叙事看作是对自己过去经历的重构。塔尔用下面的方式开启自己的"结果"章。

> 在本章中,我要讲述埃塞俄比亚妇女首次月经的故事。先讲拉菲(Raffi)家三代人的故事,以引出在其他大多数故事中都要出现的主题。和我的其他数据一样,这一访谈是从希伯来语转录的文本翻译过来的,我尽可能让译文接近讲述者的语言风格。而且,我省略了我自己的问题,好让故事沿着信息提供的顺序和说明的方式展开。在采访拉菲一家后,我将确定这一故事和其他故事中出现的作为本项目组成部分的主题。虽然我是按照这些主题组织材料的,但还是让每一个被采访的妇女都按照能使别人理解的方式讲述自己的故事。下一章,我将解释和讨论这些故事。(p. 89)

苏珊·戈德堡(Goldberg，2007)的叙事学博士学位论文尤其雄心勃勃。这篇论文所研究的是双相情感障碍(bipolar disorder)的社会建构。戈德堡对五位妇女和一位男子做了深度访谈,这六人都诊断有双相情感障碍。她处理数据的路数,已经注意到了叙事研究者的两难处境:一方面要把参试者的各种声音尽可能准确地表征出来,这被乔塞尔森(Josselson，2004)称作"对阐释学的信仰";另一方面还要同时把那些参试者没有觉察到的意义解读出来,这被乔塞尔森(Josselson，2004)称作"对阐释学的怀疑"。从对访谈文字转录文本的仔细分析以及戈德堡自己那些海量批注和思考之中,多个主题浮现而出。可以把这些主题组织成四种类别:在被诊断为患有双相情感障碍之前,参试者是如何理解自己的经历及行为的,最初是如何对诊断结果做出反应的,是如何吸纳并使得经历具有意义的,他们是如何建立自己对双相情感障碍的说明框架的。论文对每一个类别都用单独一章的篇幅进行探索讨论(即,这篇学位论文有四个"结果"章),引用大量的个体参试者语言以及不同参试者都涉及的主题。

定性研究结果一章的组织方式差别很大。通常,要用一节来介绍或提供有关参试者或情景(或两者)概况。虽然塔尔(Tal，2004)选择了通过每一个参试者的经历来引出她自己的主题,但是大多数的定性研究者都是围绕主题来组织结果章的,或者就像下面这个例子一样,把各章都围绕数据分析所得出的诸多主题来组织。对主题的描述和澄清,通常要通过大量的数据例证和参试者语言引用来凸显。不过,尚未使用的数据和参试者语言要比用到的多得多。例如,社会学家以把引语随意穿插在行文之中而著称,心理学家则倾向于先对受访人的回答做个长篇概述,然后才是一些解释(Chase，2005)。在研究结果的表述中,研究者想法和意见的显眼和权威程度,参试者话语的呈现程度、对结论的影响程度,定性研究者之间也存在差异。

结果章的典型结构是先介绍参试者情况,然后澄清主题,引用参试者的话语对这些主题加以说明;最后再把不同主题在更高的概念层面上拉到一起(通常在讨论章中),在理论高度把这些主题连接起来,把主题与现有文献联系起来。作为范例,可参考贝弗莉·安德森(Josselson，2004)的博士学位论文。这篇论文研究的是警察使用致命武力的情况。所谓致命武力,就是能让嫌疑人、公民或其他警察严重受伤的武力。安德森对16名直接参与致命武力使用情景的警察做了长时间的半结构化访谈,提炼出了六个主题,标签名分别为:"粉碎正义世界的信仰""警察动武是后发动武""创伤接触是累加性的""向人民/警徽负责""女警察有不同标准""寻找意义与和平"。这些主题在参试者经历和感想的支撑下明显可见。她把这些主题聚合到一起,以进一步增强对警察创伤综合征的了解。

爱德维娜·哈林(Haring，2006)那篇关于企业外派人员如何理解其返回母国文化经历的扎根理论博士学位论文,有几个方面都值得我们注意。哈林知道有些研究者对扎根理论的批评意见:扎根理论数据分析可能会过度结构化,会受到规则的过度约束。不过,她很是赏识这种规则约束下的有结构的创造元素。她博士学位论文的"结果"章明显倾向于理论的构建,使人深有感触。她用三章的篇幅来专门说明和探索海归人员意义构建理论中的三个核心概念:决策,上升不融洽,衰减。这三个概念是支持她核心理论变量"世界间的张力"的关键元素。最终模型(图7.1)在论文的"结果"部分和"讨论"部分生成,与这两部分中的已有文献连接在一起。

另一篇定性学位论文是雅鲍姆·基尔平-杰克逊(Gilpin-Jackson,2012)的博士学位论文。这篇论文研究的是非洲移民和难民的战后叙事。通过叙事学的视角,作者做了12场长访谈,还考察了6个来自战争幸存者国的传记文本。有6个主题浮现而出,通过创伤后成长和转变学习模型,把这些主题捆绑在了一起。创伤后成长模型中的核心元素是有一次"情感共鸣经历"。通过主题、语言引用、叙事描述,基尔平-杰克逊把自己的结果展示出来,最终凝结成理论模型,用表7.4那样的复杂表进行表达。

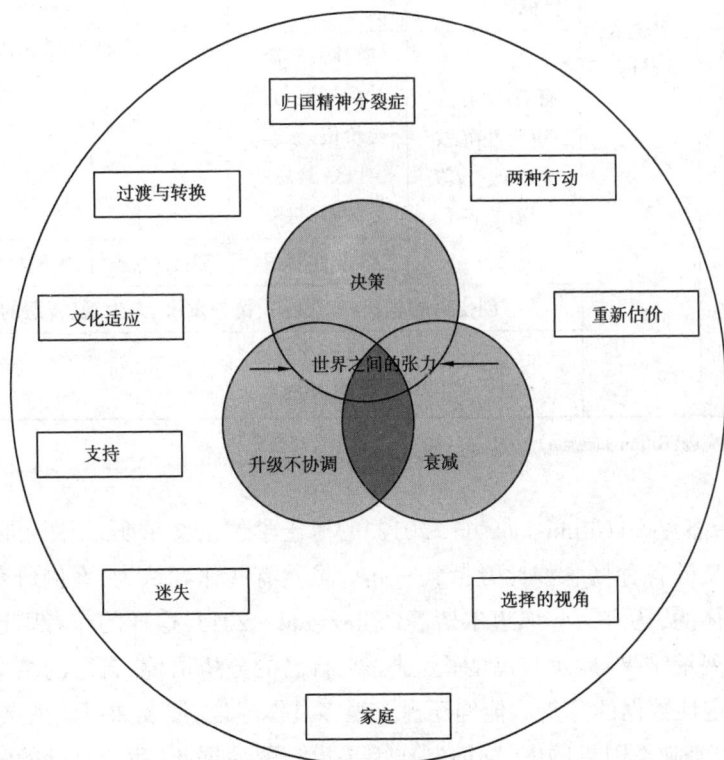

**图7.1　海归人员意义建构的扎根理论**

来源:哈林(Haring,2006,p.172)。经原作者同意翻印。

表7.4 战后转变和创伤后成长的并行认知和共鸣过程模型

| | | 认知过程 与创伤后成长相联系 | 个人—创伤前 个体差异 假想世界信仰 受文化影响 | 共鸣 所触发的情感/非认知改变性学习过程:自发,偶发或促发 | | |
|---|---|---|---|---|---|---|
| | | 战争 | | | | |
| 影响因素:自身(年龄、性别、社会地位),竞争/战争类型 | 创伤、难民及移民融入经历 | 目标/受阻/受到挑战的叙事 对安全、保障及人类的信任 | | | | |
| | | 创伤反应(自动沉思,心理反应,情绪反应) | 自我分析:写/祈祷 | | | |
| | | | 自我释放:谈说/分享 | | | |
| | | 管理精神痛苦 重新调整沉思 内容重新评估 目标 | 主导性社会文化话语与语境影响 | 人生观 | 目的 有信任释放 共鸣时刻 洞见 精神/道德发展 | 社会觉悟 |
| | | 有意/反射性/建设性沉思 图式改变/叙事修正 | 整体性知晓 社会规范与社会价值(家庭、社区、禁忌) 故事讲述 | | | |
| | | | 转变性学习 | 决心/意志(由家庭/社区所驱动) | | |
| | | 创伤后的成长—对经历、精神发展、人生观、智慧的整合 | | | | |
| | | | 个体行动与社会行动 | | | |

来源:基尔平-杰克逊(Gilpin-Jackson, 2012, p.188)。经原作者同意翻印。

基尔平-杰克逊(Gilpin-Jackson,2012)的博士学位论文示明,用图可以把定性研究中正在浮现的各种概念如此囊括到一起。虽然有些作者认为,案例研究报告必须主要是叙事体的,还有一些像迈尔斯等(Miles et al.,2013)这样的作者则建议用各种不同的形式展示结果:展示自己的概念框架、自己的分析语境、自己的结果。这样才能大大促进定性数据的分析。他们还提了很多具体建议,涉及如何做散点图,如何组织流程图,如何制作因果网图,如何制作因果模型图。据此,我们自己的学生一般都同时应用几种方法来展示自己的结果,包括文字、图像、表格。

# 讨 论 8

完成了数据的采集、分析以及"结果"章的撰写之后,剩下的论文工作好像没有什么好做的了。受这种思想的影响,很多学生都对"讨论"章不以为然。结果,把这一章写得不够深刻,不够全面。

"讨论"章是一个很好的机会,趁此你可以通过数据,创造性地把自己的研究结果与现存的理论和研究整合起来。就内容和格式而言,"方法"章和"结果"章都有明确的导则,但对于如何写"讨论"章,就没有那么具体的框架可循了。尽管如此,一个好的"讨论"章通常包括以下要素:

1. 对重要研究发现的概述;
2. 依据现有研究对本研究发现的思考(特别要注意你的研究如何重复或未能重复现存研究,以及你的研究如何拓展或澄清其他研究);
3. 本研究对当前理论的意义(纯应用型研究除外);
4. 对未能支持或只是部分支持假设的那些发现进行仔细盘查;
5. 可能影响结果有效性或概括性的各种局限;
6. 对进一步研究工作的建议;
7. 本研究对专业实践或应用的意义(可有可无)。

请回想一下第1章中介绍的研究循环圈。该圈把学位论文的整个过程看作是在演绎推理和归纳推理两种模式之间的循环演化:先从一般到具体,然后再由具体回到一般。在很大程度上,"讨论"章是归纳思维的施展,抓住本研究的具体结果,通过把本研究的结果与已有文献相结合的方式,把自己的结果提升为一定的理论推断。该章是"引言"和"文献综述"的接续,写作风格和内容也与那两章颇为相似。这里,在所获得的数据的基础上,你推出自己的论点,探索变量间所浮现出的关系的意义。你要对本研究在多大程度上回答了最初提问做出评价,要把推理尽量建立在数据基础之上。要在数据之中寻找规则性,要看能否沿多条路线找到同一结论的证据。随着对自己发现的解释,你要考虑文献中其他解释的优点和缺点,要注意本研究数据和结论与他人贡献的相同和不同之处。好的"讨论"章总要公开承认和评价对自己研究结果的不同解释。

仅仅重述自己的研究发现是不够的，不过，重述发现是开启"讨论"章的好方法。当然，重要的是，一开始要提醒读者本研究的目的是什么。克莱恩（Kline，2009）就曾提议，要立刻讨论那些会影响本研究可信度和可应用性的任何局限，这样，研究发现就能够在此语境中得以理解。虽然该建议有它的优点，但是更常规的做法是，先讨论结果，之后再指出本研究的局限。一种普遍的做法是，在采集完并考察过数据的背景下，回过头来再逐个审视每个假设和每个研究提问的情况。要把注意力一直集中在对所决定问题的直接说明之上，一次只讨论一个主要想法。讨论时要避免用一些出了本研究就没有意义的语言，例如避免用"假设1"或者说"A组的得分显著高于B组"，而要用平白的语言，要用变量的名称。这样，不熟悉你的研究的专门术语的读者就能够读懂你的研究结果。例如，不用技术性很强的语言，可以用下面的句子来表述研究结果："与那些没有受过培训的教师相比，接受过冲突化解技能强化培训的教师在解决教室冲突方面的成效显著更高。"这句话既没有均值和标准差之类的数值，也没有 $p$ 值和 $F$ 值之类的正式统计表述，但却依然表达了这些值和统计检验想要传递的要点。学生的问题是，经常在"讨论"章塞满了数字。要切记，若真的需要知道具体数值，读者是可以返回去在"结果"章找的。

"讨论"章撰写中的最常见疏忽，也许就是没有返回到文献之中，把自己的研究结果跟其他的关于同一现象的实证研究整合起来。好的讨论，要把每一个结果都嵌入到文献综述所提供的理论环境之中。因此，在"讨论"章，你需要引用某些自己在前面讨论过的相关研究；你需要再回到文献中，去寻找理解自己研究结果的更多角度，来寻找支持性的或反对性的证据。"讨论"章中常见的陈述方式有：

> 本研究的结果跟琼斯（Jones，2011）的发现一致，即，习得性无助与就业努力之间负相关，但本研究把琼斯的发现扩展到了非残疾人群。

> 和史密斯（Smith，2012）靠自我报告来寻找掩饰证据而得到的结果不同，本研究发现有行为证据支持，青少年实际喝的酒比他们向家人承认的要多。

针对学生一些常见误解，我们就如何写好"讨论"章再提以下几条建议：

1. 在"结果"章中，要把数据分析彻底地展示出来。就像在"结果"章中不讨论研究发现一样，在"讨论"章中也不展示对数据的二次分析。不要在本章把那些在"结果"章中没有提到的数据拉扯进来。

2. 不要重复和再次阐述已经说过的观点。"讨论"章经常被错误地当作是对各种具体发现的总结，其实不是这样。相反，本章要讨论发现，而不是重述发现。本章的焦点是,说明如何通过分析各特定变量之间的关系,才能从你自己的数据中推断出更广泛的概念和理论。请看例子:"基于这些发现,似乎只是在未公开表达悲痛的家庭中,丧失父亲或母亲才导致青少年自杀行为的增加。"要避免做任何跟实证数据或理论没有关系的臆测。

3. 不要包括无关紧要的细节,也不要没有目标地乱扯。这是你展示创造性思维的好机会。但是,和其他各章一样,"讨论"章也要有逻辑,有焦点。自己获得了跟假设一致的结果,讨论结果对本领域的意义时激动一下或高兴高兴,这都没有什么错。错的是,在讨论自己研究对于更大范围内关于该课题的相关研究文献的意义时言过其实。保持科学研究者应有克制的方法之一是,避免使用情感色彩浓烈的语言,像"令人吃惊",甚至"有趣"或"重要"这样的言辞就不能用。要让读者根据你的数据情况来判断你的结果和结论,而不是根据你的夸张性语言。

4. 学生论文中的常见倾向是,把关于一项研究的所有可能的批评都罗列出来,而且语气颇为自责。其实,更好的做法是接受研究的实际情况。如果真的有根本性的批评,像把负面发现归咎于研究设计中的重大缺陷,那就完全有理由质疑:这样的研究为什么还要做呢? 同时,完全有可能发现未曾预计到的缺陷或局限。只有在评价自己研究结论的相对可信性时,才能指出这样的缺陷或局限。如果你用了某个具体的方法采集数据,例如用了调查法,一定要避免让读者到你的方法章去找一串"调查法研究的局限"。这样做只能使你的讨论被无需有的材料所充斥,同时也变相说明,你并没有仔细思考自己研究的具体局限问题。

5. 另一种常见的倾向是,为未来的研究提出一长串的建议。这是不可取的。集中提上一两个主要建议要好得多。例如,建议把某一研究扩展到男性、黑发白种女性、13~16 岁年龄群体等的做法,其实是浪费篇幅。更好的做法是,只建议接下来应该做什么来推进给定领域里的某项研究。换句话说,建议要具体,不能用"需要做更多研究"这样的陈词滥调作为本章结尾应付差事。

6. 注意,不要把该项研究就能轻易解决的问题作为对未来研究的建议提出来。这种建议显示的只能是你对自己的数据还没有研究透彻。

显然,对于显著性的发现,你必须展示并加以讨论。但是,当结果不是统计显著或"接近"显著时又该怎么办呢? 当然不能作假,不能把不显著的发现充作显著发现;严格地说,就不应该这么做。你是研究人,是你定出的拒绝零假设的显著性标准,那你自己就得遵守。话又说回来,显著性水平的约定(例如 0.05 或 0.01)多少也带点任意性,而且,每个领域似乎都有自己的流行标准,以供大家判断到底是承认还是忽略那些不是非常达到设定水平的情况。我们的立场是,发现的效应大小(例如变量能解释两个变量总方差的百分比,或者度量相互关系密切程度的相关系数大小)最终所提供的信息,要比是否存在统计显著效应提供的更多。这是不要盲目轻信统计学的又一条理由,因为统计要么高估特定结果的意义,要么低估。我们也认为,不能把自己的研究结果不显著的"原因"归咎于样本量还不够大。换个说法就是,不能说如果样本更大一些就可能得到显著性的结果。这种说法可能对也可能错。如果你说自己的研究缺乏足够的力度表明"肯定"存在某效应,这只能间接说明自己没有把研究规划好。

对于不显著的结果,学生们可能会感到特别沮丧,因为这时假设就得不到有效支持。其实,结果不显著并不意味着研究质量低劣。研究就是这样一个谁也无法知道结果的寻宝行当;如果一项研究是按照公认标准做的,负面结果一定不能作为否定研究合法性的证据。在采集数据之前,你就应该对研究所有可能出现的结果有所预期并做好解释的准备,从而使研究结果没有任何坏结果,这一点非常重要。对于推进学科领域中的知识而言,任何结果都有信息价值。只不过是,负面结果预示应该做全面探究。负面结果通常可归因于方法上的或理论上的缺陷。方法上的缺陷可能要难搞一些,因为一般假定,在研究的设计阶段就应该注意到这些问题。尽管如此,现实世界和完美计划之间总会存在一些偏差。即便是最细心的研究者,事先也未必就能预料到诸如邮件寄错、助手辞职、参试者拒绝完成后测、仪器发生故障之类的情况。不显著性的结果却可能被看作一次挑战已知理论的机会,这么看也算一个重大研究贡献。例如,很多产生显著性效应的研究都依赖于横向数据,因此就未能把事先存在的情况考虑进去。如果你设计了一项纵向研究把广泛的事先存在情况容纳进来,那情况就很可能是,之前那些基于横向数据的发现被证明是站不住脚的。这样的结果,一种某种关系不存在的发现(即,在有控制条件下不显著)何尝不代表一项重要贡献。

定性学位论文中的"讨论"章与定量论文的功能相似,即从本研究的结果中把那些对理论和实践有意义的东西提炼出来。如前所述,有些研究者或专业可能习惯把讨论的内容融入"结果"章,甚至是一系列的结果章。不过,我们见过的大多数定性研究学位论文,无论其方法取向如何,也都单独有"讨论"章。甚至可以这么认为,与定量研究相比,讨论研究发现的意义对定性研究更重要。在实验性或准实验性研究中,假设总是根据理论和有关实证文献提出来的。但是在大多数的定性研究中,根本就不存在这样的假设;而且,研究问题与理论及研究文献之间的关系也并不总是那么明显。理论是在收集并探究完数据之后才以归纳方式浮现出的。因此,非常需要对新提出理论的意义进行讨论,并在论文的结束之际,把自己所提出的理论置于现存实证文献和理论文献的大环境之中。这正是"讨论"章的确切功能。

学位论文通常并没有"总结"节，不过，专设一个"结论"节也很常见。[1]在"结论"节，你得用短短几段文字，把自己发现的主要意义简要总结一下。一定要克制自己，不要在论文的最后几页里喋喋不休地诉说衷肠，要么抱怨本研究领域、学科部门或整个世界的可悲状况，要么借此机会大肆鼓吹自己研究的意义或可能带来的大好机会。适当引上一些意味深长且鼓舞人心的文字可以对"结论"节增添一些点缀，但要切记，有力的文字并不等于陈词滥调。一方面，要避免上述陷阱；另一方面，最后一段的基调必须积极。这很重要。我们见过太多的学位论文，没有强调本研究得到了些什么，而是在结论部分为本研究没有得到什么而致歉。我们鼓励你，要首先想一想自己为什么要做这个项目，想一想要把自己的哪些研究所得留给读者。当然，你的研究对本领域到底会产生多大影响，最终还得由时间来决定。

## 内容提要

每一篇学位论文都要求有一个"内容提要"[2]。本质上，内容提要是对整篇论文的简短总结，通常置于"引言"章之前。表达清晰对于"内容提要"的重要性，怎么强调也不为过，因为一般这是论文中唯一要录入到计算机数据库和收入《博士论文提要》（*Dissertation Abstracts*）的部分。这也是读者通常最先读到的学位论文部分，也可能是论文的唯一部分。所以，"内容提要"一定要准确反映学位论文的内容，还要看上去清晰有物。

在学位论文写完之后再来撰写内容提要，这相对容易一些。你几乎可以从论文的每章之中拎出来两三个关键句子来组拼出一篇"内容提要"，因为"内容提要"是对研究目的、方法、结果和意义的概述。重要的是要精确具体，只包括论文中的内容。

学位论文的内容提要一般大约为150个英文单词（约合300个汉字）（美国心理学协会对内容提要的限制是不超过120个英语单词），其中要包括对研究问题、参试者情况、研究方法与程序（避免使用缩写和个人用语）、结果、结论及意义的总结陈述。报

---

1　在有些情况下，论文的最后一章用"结论"作标题，虽然我们个人并没有这种经历。这一章是专门用来总结研究发现以及发现对理论和实践的意义的。

2　中文主要有"摘要"和"内容提要"两个名称与英文中的Abstract对应，其中"摘要"更流行。考虑到"摘要"二字容易误导作者，所以选择用"内容提要"。顾名思义，"内容提要"的核心是"内容"和"提要"，即把论文中的重要内容用简单明了的语言准确无误地提炼出来，而不是从论文中摘几句所谓重要的话重新拼凑出一个新的段落。实际上，直接从论文中摘句是"内容提要"写作的大忌，同时也是最常见的错误。——译者注

告研究所用的具体操作和程序时,要用过去做过的口吻;陈述基于研究发现的结论时,要用现在的口吻。下面是一篇博士学位论文提要样板,摘自一篇定量研究论文:

> 把低收入非裔美国女性暴露在一系列不成比例的可能导致心理创伤的事件之中。有证据表明,这些女性曾经历过高严重程度的童年虐待,且因此出现了抑郁和创伤后应激障碍。以前的研究也表明,重度抑郁障碍和创伤后应激障碍症是有童年虐待经历者成年后有自杀行为的中介。本研究寻求探索心理弹性在改善该中介效应中所起的作用。本研究用了一种基于logistic回归技术的路径分析框架,探索弹性以创伤后应激障碍和重度抑郁障碍为中介对童年受虐待与成年自身行为之间关系的调节作用。本研究所得结果暗示,弹性可能是一个保护性因素,在有创伤后应激障碍存在的情况下,能把与童年受虐相关联的自杀行为危险系数降低;但是,该弹性并不改善重度抑郁症对童年受虐关联自杀行为的影响。结果进而证明,对于那些曾暴露在一两种童年虐待之中的个体,此种弹性的作用最有效;但对那些暴露在高严重程度童年虐待之中的个体,此种弹性的保护作用则更加弱小。(Samples, 2012, p.x)

下面再举一个定性博士学位论文的例子:

> 本叙事研究探讨首次月经经历的意义,经历由以色列的埃塞俄比亚犹太妇女重构。共采集了19位年龄在19~64岁的妇女的叙事,是通过个人和小组访谈的方式收集的。采用心理分析理论、发展理论以及女权主义和人类学的研究方法,对首次月经的各种理解方式在少女到成年妇女过渡过程中的地位进行了考察。研究探明,青春期所形成的女性身份与对月经初潮意义的理解相联系。对前工业时期非西方文化(例如以色列部落)中成年过程的分析表明,少女关于月经初潮时所经历的巨大(生理)变化的意义,很多都来自她们生活在其中的文化脚本。在该文化中,首次月经与母性有密切联系;因此,成年妇女和母性相合并。性征被间接地表达为危险和害怕被侵犯。建议用类似的路数去收集与女童和成年妇女有关的个人经历故事,以便了解她们是如何理解成为和作为妇女的意义的。(Tal, 2004, p.3)

## 题名

在本章最后来讨论题名撰写问题,这乍看起来有些奇怪。学位论文通常是先起一个工作题名,等研究完成之后再修改敲定。经常让我们吃惊的是,学生在给自己的学位论文取名时往往很随意,哪怕他们知道,好的题名能吸引资深学者对论文意义的关注。一个清晰准确的论文题名谈何容易。给论文取名时,要按照以下步骤来做:

1.要把所有必要的索引词[1]都包括进来,要把研究的内容正确且完全地传达出来。

2.删掉所有多余的或对根本意义没有贡献的词。

3.组织好各词之间的顺序,以准确反映出所要表达的意义。

这里举一些有问题的题名例子:

有缺陷的题名:一项关于权威人格信息加工缺陷的研究

其中,"一项关于……的研究"就显得多余,没有必要。

修改后的题名:权威人格的信息加工缺陷

有缺陷的题名:法庭上作证遭受性虐待儿童的影响

未能表述清楚到底是谁受到法庭作证影响。

修改后的题名:法庭上作证对遭受过性虐待儿童的影响

有缺陷的题名:对两个 Bruch 氏肥胖症子组和一个对照组中孤独、肥胖症和其他选定变量之间关系的探索性研究

这个题名实在太长、太臃肿。尽量用不超过12~15个英文单词(汉语一般要求不超过20个汉字)把主要思想扼要表达出来。

修改后的题名:孤独在 Bruch 氏肥胖症子组中的地位

有缺陷的题名:通过无色—有色 HTP 预测冲动行为

英文题名中不能用缩写。对博士学位论文的准确索引,取决于所有变量的完整性。

修改后的题名:通过无色—有色的"屋-树-人测验"预测冲动行为

---

1 国内普遍把 keywords 写成 key words,且翻译成"关键词"。其实,这里的 key 是个名词,义为"钥匙"。现在有些国际学刊用的是 index term,直译成汉语就是"索引项",当然也可以译成"索引词"或"检索词""检索项"等。——译者注

**窍门箱8.1**

**讨论:同学们的建议**

1.你不能总是依靠标准论文样稿和出版指南来设计自己学位论文的具体格式。论文是要提交给你所就读的研究生院的,而不是学术刊物的,所以,你一定要根据自己就读单位对自己专业的具体要求来撰写学位论文。例如,对学位论文是否需要"总结""讨论"章,用以及如何编排参考文献等,不同院系之间的要求似乎并不相同。

2.在收集和分析完数据之后,你会觉得自己的论文已经完成了。事情并非如此。我就不得不重写"讨论"一章。我建议你要预留足够的时间和精力,以便思考研究结果的意义和价值。对"讨论"一章的完成不要设定不切实际的期限!在很多方面,"讨论"章都将成为学位论文最重要的一章。

3.我用私人日记来记载自己的困惑、发现及烦恼,每次与论文指导委员会主席谈话或寻求其他成员帮助时,我都做有记录,并写上具体的时间。这样,我就倍感压力,尤其是在需要排除论文写作过程中的情感阻碍时。有时,我会记下以后有时间时需要做的事情。因为有关论文的一切我都记在了日记中,所以,在决定论文下一步该怎么办时,我总能找着自己灵感的中心所在。

4.我很奇怪地发现,在完成学位论文之后,自己既有一种成就感,也有一种明显的失落感,差不多就像得了产后忧郁症那样。如果你有明显的失落感,不要大惊小怪。毕竟,为了生出学位论文这个玩意儿,你投入了那么多的时间,那么大的努力。

# 第三篇
## 写作过程：你可以轻松地撰写学位论文

# 克服各种障碍：
# 在驾驭自己命运的过程中成为专家 **9**

在本书中，我们穿插了一些我们自己学生的切身感受和建议，以帮助大家更顺利地成功完成学位论文。在这一章，我们挑选了五个专题进行讨论。这些专题，如果不充分注意的话，可能在论文写作过程中引起"并发症"。这几个专题是：

- 与论文指导委员会合作；
- 克服情绪障碍；
- 克服任务障碍；
- 依靠他人采集和分析数据；
- 论文答辩。

意识到以上专题所讨论的问题，就已经在预防以后可能出现的麻烦方面迈出了一大步。

## 与论文指导委员会合作

每一个学位论文指导委员会都是一个独立的小社会。在最好的情况下，委员会的所有成员都配合默契、经常交流，在整个论文撰写过程中都会支持、指导学生。这只是理想情况。在现实生活中，运气很少会这么好。委员会的成员经常会意见相左，争吵不息，各有自己的小算盘，至少也会有一个成员漫不经心或固执非凡，以一种无法原谅的方式卡住你的论文进程，使你无法把论文完成。

对于大多数的研究生而言，自己是有机会挑选多数（即使不是全体）论文指导委员会成员的。可以肯定，在大多数的院系里，流言就足以提供挑选导师所需的消息。也许你想挑"好说话的"导师，那些即使你的论文质量差也会放你过，而不提多少反馈意见（且不说是否有帮助）的导师。从我们的经验看，逃避严厉导师几乎没有多少好处，当然这里指的是严厉，而不是指固执和不可理喻，是经常给学生提严格的反馈意见，对论文产品有最高的质量要求。我们发现，如果学生能提早主动征询、坚决要求并及时处理那些即使有时带批评性的反馈意见，自己的研究不仅会做得很棒，而且提出的开题报告也会很顺利地引导自己通过之后几乎各个阶段的论文工作。处理学业中难跨门槛的方法和处理生活中门槛的方法一样，都是要满怀善意、襟怀坦白地处理负面反馈信息。这是一种很值得养成的处世技能。

有些人可能认为，可以先选一位能力很强且很愿意帮助学生的老师当论文指导委员会主席，然后与主席密切商量，选出其他几位委员会成员，他们不大会给你提多少实质性建议，因此也不会延缓你的学位论文进度。要是我们连这都没有注意到，那也就太漫不经心了。这个办法看似玩世不恭，但却可能实用。在这样一个委员会的指导下做学位论文，你就没有必要让论文稿在各位委员之间频繁流传，而是主要以主席的智慧和支持作为意见和指导。这种办法是否合适，部分取决于你对自己所在院系"政治"气候的评估。

处理反馈意见时你会发现，论文指导委员会不同成员的看法可能会有分歧，所提的建议可能会相互矛盾。这些你都需要应对。毫无疑问，老师各有各的口味和偏好，也有各自的学术兴趣。委员甲建议你采用量表甲，委员乙又建议你用量表乙；委员丙说你应该删除论文的某个部分，委员丁却说你应该扩充这个部分。这些都是预料之中的事情，委员会成员的意见和建议从来都不会完全一致。你必须负起自己的责任。你的学位论文是你自己的项目，你必须跟每位导师协商。至关重要的是，你要分清楚，哪些建议是关键性的，哪些是装点性的。如果是一点小小的变动，那就完全没有必要固守己见，不妨让这位对你论文有表决权的老师高兴高兴；要是重要问题，那你就应该坚持己见，要通过事实和道理来说服委员，而不是在情感上抵制。在委员会成员意见分歧到无法调和的时候，那你就该寻求主席的支持了；也许，你可以把这个难题交给委员会的老师们，让他们自己解决。千万不可以玩弄伎俩，用一个委员的意见来反对另外一个委员。

论文指导委员会的组成至关重要。一定要先选定主席，然后在征求主席意见的基础上再选择其他成员。所有老师心里都有一份"小名单"，注明哪些同事自己乐意合作，哪些自己不乐意合作。通常，你总希望委员会的老师能推进自己的论文进程，而不是阻碍。除了这一普遍原则之外，考虑论文指导委员会合适人选的一种方法是，看自己的论文需要哪些方面的指导。如果你的研究涉及亚洲移民儿童的胆怯症问题，那么，至少要有一位老师是以下各主要研究领域的专家就很有意义：胆怯症、恐惧症或焦虑症；亚洲文化与移民；儿童或发展问题；等等。要是你很幸运，可能还会碰上一位或者两位老师，可以把上述的所有方面都包揽下来（例如，你的研究是从某位老师止在进行的研究项目中衍生出来的），但你可能还是需要三个不同的老师。要确保论文指导委员会里至少有一位老师，对你预期使用的方法和分析程序非常熟悉。最后不要忘记，整个论文过程中的情感支持也非常重要。我们建议，论文指导委员会里应该有一位会调节情绪的老师。要知道，在做学位论文的过程中，挫败感是在所难免的。

一定要时刻注意论文指导委员会的典型工作程序。要切记，指导老师总是很忙的。因此，你要给他们留出足够的时间来看你的论文稿子，回答你的问题。你可以事先问一下老师，什么时候会给你反馈意见。还有，你不能假定，指导老师会像你自己那样仔细保管你的开题报告或论文稿子。无论在什么情况下，对所有的文件都要注意备份，包括在计算机上备份。经验告诉我们，要把备份放置在不同的地方；因为，我们有个学生不久前因为火灾而丢失了所有的论文材料。论文稿或数据不幸"丢了"，而且没有任何记录幸存，这怎么说都是一场实实在在的悲剧！你也可以考虑使用线上备份服务（即云存储），例如用 iCloud 或 Caronite 服务，可以对文件进行自动备份和加密。现在，至少有100多家这样的服务机构。不过，我们建议在选择服务时要从多方面进行评估，包括速度、可靠性、安全性以及公司商业模式的可持续性。要知道，一个关门倒闭的公司是没有义务为你保存数据的。

## 克服情绪障碍

我们发现，要促成研究生成功完成学位论文，只提供技术性的指导和咨询是不够的。因为学位论文工作难免会激发某些情绪反应，稍有疏忽，就可能使论文进程受阻。在写作论文过程中，随时会有各种对自尊心的打击，这很正常。在这个过程中，学生经常会觉得永远没有尽头。有些学生，即使走到死胡同的尽头也不知道放弃，在应该调转想法的时候也死守不放；另外一些学生却正好相反，对自己的想法说改就变，而不是花足够时间去探讨一个想法不可避免的缺陷。有些学生经常怀疑选题意义和方法合适性的目的，竟然是为了自我折磨。如果你的压力太大，你就难免会想，自己是不是漏掉了什么，觉得自己的论文永远也完不成。作为学生，你需要保持看问题的视角，要务必使自己觉得挫败是预料之中的，也是一定会结束的。方法之一是，把做论文的过程分成几个小阶段，给每个阶段都设定好明确的看起来能做到的目标；任何时候，如果觉得挫败感越来越严重，要及时寻求他人的情感支持。

有的时候，你也可能深感自己实力不够，无力完成一篇可接受的学位论文。我们的经验是，学位论文的撰写经常会把学生的基本行为模式打乱，触动他们的各种脆弱情感神经。下面是在我们的学生中出现过的部分典型问题：

- 认为完成学位论文并拿到硕/博士学位是对亲近之人的背叛，因为他们的教育程度远没有这么高。

- 认为完成学位论文并拿到硕/博士学位会带来更大的责任和未来成就压力，而这些成就又可望而不可即。
- 认为完成学位论文并拿到硕/博士学位会牺牲家庭和婚姻，因为别人害怕跟"硕/博士"一起生活，尤其是女性硕/博士。
- 认为完成硕/博士学位论文所需要的智力远远超过自己的能力。
- 认为自己就是一个骗子，只是"假装"能完成硕/博士学位论文。
- 认为看不到尽头，自己永远都完不成硕/博士学位论文。
- 认为为了完成硕/博士学位论文，自己不得不放弃道德理想，而且还要出卖自己的灵魂。

这份清单中的问题看似琐碎，和硕/博研究生的教育水平似乎不相称，但现实情况让我们发现，这些感觉和态度的普遍程度，已经超出我们的预期，经常严重到妨碍学生写作学位论文的程度。因此，我们专门建立了督查组机制，鼓励学生不仅与老师同学分享学科研究的思路，还要与他们分享自己论文写作过程中的担忧和疑虑。我们发现，对这些情感障碍的敏锐探索，和学术指导一样能推进论文的进程。我们很欣慰地发现，学生一般都能够辨识并使用一些重要的障碍排除技能，他们可能从来都不曾意识到，自己居然就有这些技能。

## 克服任务障碍

写一篇学位论文不但要耗费时间，还基本上得"孤军奋战"，而且，一写就是两年左右的时间。不管你的社会支持系统多么安全可靠，你都需要持之以恒，咬紧牙关完成论文。一定程度的压力会有一些帮助，但事先安排好时间和地点也同样有益。

不能很好地管理时间，这既是情绪问题，也是认知问题。大学里有太多的"只差"族，指那些完成了全部其他学业要求，就只差一篇学位论文而未能获得硕/博士学位的学生。出现这种情况有很多常见原因，其中之一便是没能充分处理好时间问题。确实，学位论文是一项很花时间的研究生学业要求。由于课程的完成取决于整个研究生专业的课程安排，而做论文则是完全自由的。这种无限制的自由可能就是论文工作陷入警告和瘫痪状态的原因。希望下面的一些小贴士，能帮你安排好生活，助你顺利完成学位论文。

1. 给自己一点宁静和私人空间。在家里或办公室里安排出一块空间或区域，用于且只用于研究学习。这一安排在论文阶段尤其重要。要把这块空间神圣化，写账单、打电话等其他活动都要在别处进行。这种做法是刺激控制行为矫正原理的直接应用。

2. 根据逐次逼近原理把论文工作切分成便于打理的小块。硕/博士学位论文的整体篇幅确实令人望而却步，心生畏惧。对这样的大块头工作，要分而治之，要一块一块地完成——综述文献；提出研究问题，陈述研究问题；"方法"章；"结果"章；"讨论"章。还要把章切分成更小的块，可以以天为单位切分任务，也可以以周为单位切分任务。

3. 把你的思想写在纸上。不要让自己长时间只想不写。看到自己的思想出现在纸上或电脑屏幕上，会产生无形的动力。一开始不要担心文字粗糙，重要的是创建一种工作模式，使自己定期定量产出一些文字结果。

4. 与他人交流看法。有些人，尤其是性格外向的人，似乎在与他人讨论时灵感才最多。也有些人喜欢独处，习惯独自一人静听自己的心声。不管你属于哪一类人，跟朋友及同事讨论自己的想法，这有助于你从一个全新的视角审视自己的问题，使你保持积极的工作状态。

5. 以周为单位制订计划，使你每周都有几个小时集中做论文。我们的很多学生建议，每天都要留一些时间专门来做论文。当然，你的具体时间安排要受你的其他安排的影响，但重要的是安排要合理，要有规律。一份实在的时间安排计划能帮助你顺利通过论文工作中的不可避免的阶段，时而没有了想法，时而出现了障碍，时而又来了诱惑，等等。要确保安排做论文工作的时间是一天中最优的工作时间。回想一下，自己修专题讨论课时，每次课都是3~4个小时，而且要定时定期去上课，你不会想着怎么去缺课。把你的学位论文工作就看成是修一门自己不能缺席的"学位论文写作"专题课。

6. 要认识到，即使再健壮的马也时不时地需要休息。要给自己留一些娱乐散心的时间，这么做只会加快论文的进程。如果发现自己已经没有按照安排做论文了，如果发现自己已经丢下了论文去度小假，要对自己友善一点，宽容一点。要知道，仅仅安排时间做论文是不够的，有效使用所安排的时间本身就要求，不要在你忙于做其他事情的时段安排学位论文工作，例如作业的截止时间、解决问题的时间、看电视节目的时间等。

在完成论文的过程中，不可避免会出现许多日常活动。一定要注意家人的感受，因为，在做论文的过程中，你肯定要与家人协商，以减少自己的家务以及与家人接触的时间。经验表明，学生毕业拿到学位时，他们最感谢的就是家人对论文工作的支持和宽容。反之，如果配偶不耐烦或者不支持，论文的进展就会大打折扣。得到配偶持续不断支持的方法之一就是，保持与伴侣沟通，让对方随时了解论文的内容和进展情况。不然的话，在你埋头从事那看似深奥、琐碎或根本就是没完没了的学术工程时，你那重要的另一半会很容易感到被你抛弃，受你冷落。

## 依靠他人采集和分析数据

控制自己的行为是一回事，控制他人的行为则是另一回事。至少在两种情况下，可以预期有帮手或咨询人员参与你的学位论文工作。一种情况是研究的确立和数据采集，另一种是对数据的分析。很多学位论文都要求有关单位和机构的合作，特别是在接触可用且合适的参试者池的时候。

如前所述，有些时候，完全有可能从某项正在进行的大项目上割下一块来作为你的学位论文研究。这种策略有很多地方需要注意。任何领域中的最好研究，在很大程度上都是合作型的，需要一大批的专业人士参与。如果有人目前正在做一个大型研究项目，尤其是有基金和机构资助的项目，加入这个项目有很大的优势。有现成的参试者池可供你挑选参试者，而且经常还有可能对那些已确定的研究重点增加一些测量和干预方面的内容。如果有机会且选择了走这条路，以下几个方面你要时刻铭记在心。

1. 要切记，学位论文从概念到设计都必须是你自己的项目，你需要对项目始终保持所有权。意思是，你必须能够按照自己认为合适的方式获得和分析数据，能够自由表述自己得出的任何结论，不管他人在整个项目中的特别利益为何，或对整个项目的投入有多大。不要相信任何顺便做出的模糊承诺，特别是那些无权保证你使用数据或参试者群体的人的承诺。要明确说出自己的具体需求，要取得有权承诺人士的承诺，从而使你自己能够参加项目，能够使用数据。你还需要有自己署名发表研究成果的自由。

2. 有些时候，他人研究计划中的时间安排可能与你的需要并不吻合。我们发现，在开题报告完成并获得批准之前就开始采集硕/博士学位论文数据的学生，是在冒很大的风险做事。在开始采集数据之前，你的方法和程序就需要到位并获得同意。如果你加入一个较大的研究项目，这可能会有困难。而且，如果你的数据采集还要受外部因素的控制，那问题会很棘手。例如，在开学之初或项目的原定开启之日能否找到学生或你需要评价的团组。解决这一问题的办法就是提前做好规划，并假定确定程序所需的时间比想象的还要长。有些研究做得非常好，充分利用成熟的非预期事件采集数据（例如，一场政治革命或生态灾难），但硕/博学位论文很少可以这样做。

3. 毋庸置疑，关于你的研究问题和研究程序，你和你的论文指导委员会才是最终裁判。在他人的大研究项目中，所用的测量工具和程序往往不能测量你想测量的东西。要保证，在事关自己论文的关键方面你可以自由改变方法，确保自己研究的质量。例如,如果你确定,你所能获得的唯一体重减轻量度作为身体健康与否的指标还不充分,那么,你开题报告中对自己研究的设定可能就不对。

另一种问题是请同辈采集数据,或对数据编码。很多学生都当过研究助理采集数据或对数据编码。但是,作为研究生,你使用研究助理时,你对助理的权威是无法和教授相比的。我们的经验表明,助理在评卷和其他方面经常会中途退出,或者不能一直按照你的要求完成工作。雇用助理时要非常谨慎,还要有备用方案,以防万一。要做好对助理的培训工作,而且,在整个研究过程中都要监督好助理的工作。作为研究者的你,由于完全沉浸在研究之中,很多事在你看来可能显而易见,但别人可能会感到云里雾里。经常出现的问题是,得到的关于数据编码的评分者间信度很低。原因是,对编码人员没有进行充分培训。

最后需要指出的是,不管什么时候与老师或顾问合作,你都要切记,要对自己的论文项目负责,而且要负责到底。我们碰到很多这样的情况:论文出了问题后,学生会有意无意地把自己本应承担的责任往别人身上推。有一次,有个学生必须在某个固定的时间点前提交开题报告,这样她才能及时得到论文指导委员会的授权,在1周之内完成数据采集,不然,她就得再等6个月,之后才能有机会采集数据。她向论文指导委员会承诺说,一定要在固定期限三周之前提交开题报告。结果,随着期限的来临,她又惊慌地给论文指导委员会打电话恳求延期。论文指导委员会同意延后一周。在说明还需要"几天"之后,她在数据采集期过10天就要结束之时提交了开题报告。于是,论文指导委员会中的一位老师认为,该生的数据采集程序需要做一些调整,但是,在这次数据采集的时间期内,该生是无法完成这些调整的。对论文指导委员会老师加班加点阅读自己开题报告所付出的努力,这位女学生不但不感谢,反而把整个事情简单说成是:"某某博士就是不让我去采集数据。"我们强烈建议大家,千万不要歪曲事实,把本应由自己承担的责任以各种不同的方式推卸到他人身上。

出现差错时,学生还会把责任推到顾问身上,特别是统计顾问身上。虽然说有时依靠经验丰富的统计专家来"啃你的数字"很有帮助,但是你绝对不能把你自己的数据分析权丢给统计专家,尽管这种转嫁工作的做法很有诱惑力。你可以这样做,但对结果负责的人始终应该是你,而不应该是别人。你要负起这个责任。有些时候,可以让统计顾问**为你**分析数据,**辅助你**解释结果,但你不该把这种做法当成自己躲避学习和应用统计技术的妙招。在数据采集和分析的全部过程中,你都要直接负起自己的责任,千万不要动不动就"我不懂""这个由我的顾问在管"。这样的自我定位绝对不可取。

## 论文答辩

学位论文的口头答辩是个悠久的传统，大多数研究生可能因口头答辩而产生一些焦虑。答辩的内容非常丰富，从以正规的仪式向一群"同行"公开报告学生自己的发现，到无情的答辩委员会对论文质量进行令人极度痛苦的审查和"拷问"。我们的看法是，如果论文指导委员会没有认可论文工作已经完成，是绝不会安排任何人进入论文答辩这一最后程序的。所以，答辩的功能之一是，让你正式地"脱掉"学生外套，"披上"学者大衣。这是对你完成了一项重要学术任务的庆祝，是你成为博士的象征性礼仪。在最好的情况下，答辩会是一个机会，让你大声宣布你的研究对自己学术领域的意义，在接受答辩委员会挑战的过程中向他们宣布：我有权以本领域被认可的专家的身份和你们坐在一起。

你可以从多方面做一些适当准备，使你自己的答辩过程好过一些。充分吃透你自己的研究肯定是至关重要的。待到论文答辩之时，你很可能已经成为你所研究的具体课题方面的领头权威。对自己研究的细节（包括相关文献）越熟悉，你就越像个专家。答辩委员会的正确角色是，给你换上一副新的眼镜，让你透过这副新眼镜再把你自己的研究重新审视一遍。因为，到了这个时候，你可能与自己的研究靠得太近，很难再从远方的其他高点透视或鉴赏自己的研究了。

在最好的情况下，论文答辩委员会的目的和你的目的是相吻合的：把你的研究结果以未来同事的身份展示出来。有些时候，答辩的学生就没有这么幸运：把一场答辩弄成了委员会成员各自拔高自我、贬低答辩生的机会。为了应对这种挑战，我们建议，你要尽可能地控制住局面。有个学生在回忆自己如何努力控制论文答辩时的焦虑心情时这么说：

> 为了应对论文答辩时的焦虑心情，我决定采取主动策略而不是被动策略。我提前到达答辩现场，把房间的桌椅以最有利于自己的格局重新布置了一遍。在每个答辩委员进门时，我都恭恭敬敬地一一问候。我开始有一种是我在邀请他们参加我所主持的活动的感觉！这个方法确实有效，把我的焦虑最小化，让我跳出了"受害人"的深坑。

通常，答辩一开始，要让学生用10到45分钟的时间介绍自己研究的概要。事前要做好充分准备。介绍一定要突出重点和要点，不要用入微细节把听众给搞懵。PPT这样的音像辅助工具几乎必不可少，这些有助于你把自己的研究内容组织起来，清楚地展示出来。但是必须时刻牢记，PPT只是用来改善展示结果的，而不是用来取代你自己的精心准备的，或者，用来把听众的注意焦点从你身上转移到屏幕上的。无疑，

PPT既可能是助手,也可能是杀手。因此,很值得熟悉这类辅助工具的使用方法,把工具的潜能有效地发挥出来。帕拉迪(Paradi, 2013)对PPT听众做过定期调查,并把那些听众最讨厌的展示方式发表了出来。他的最新讨厌点清单请参见表9.1。最让听众讨厌的是,宣讲人只读幻灯片上的文字;紧随其后的便是,幻灯片的字号太小,不容易看清;文字表述用完整句子,而不是用短语列表。千万不要指望用拖长论文内容介绍的时间来缩短答辩老师提问的时间。要是你细小入微地一味介绍你那些无穷无尽的表格和研究结果,而没有突出自己研究的理论基础和对研究领域的贡献,答辩委员会的老师就会对你产生怀疑。这种情况下他们会假定,你的知识水平不够,还不能对自己的研究工作做有意义的讨论。

在你介绍完自己的研究总结之后,接下来就是各位答辩老师的提问和点评。有些委员的点评温和些,有些则咄咄逼人。答辩委员会就是根据你对这些点评的反应来确定推荐意见的。在最好的情况下,这些一轮又一轮的问题会激发出对本研究和本主题的一系列充满活力且令人愉快的讨论。这样的讨论会进一步确立你作为专业人士的信誉。因此,你越是能主动把控这作为最后一环的论文答辩机会,把自己的研究成果公布于世,你在答辩过程中的感觉就会越好;你越是积极主动,坦然面对,答辩委员会就越不会为难你。要做好不会回答有些问题的心理准备。那并不是你的世界末日。你甚至还可以明智地"留一些机会给答辩委员会",好让他们感到对你的项目完成有些被认可的贡献。

论文答辩最可能的结果是:通过,但需要做一些小的修改。小改是相对大改而言的,是指那些不撼动论文中心观点的改动,例如需要再增加一些文献,需要做一些进一步的分析或更深入的讨论,等等。大改是对论文的理论或方法的实质性变动,因此也更加麻烦。避免大改的良药是:在论文工作的整个过程中,都要保持和论文指导委员会的沟通,及时让他们了解你的论文进程,例如,每写完一章都请委员们审阅一下。

表9.1 **PPT展示中的七个讨厌点** *N = 682*

| 1.演讲人只向我们读幻灯片上的文字 | 72.0% |
| --- | --- |
| 2.字号太小,让人看不清 | 50.6% |
| 3.用完整句子,而不是要点的短语列表 | 48.4% |
| 4.图像太复杂 | 30.8% |
| 5.颜色选择不当 | 25.8% |
| 6.无明确目的 | 22.1% |
| 7.内容没有逻辑 | 21.0% |

来源:根据帕利迪(Paradi, 2013)的数据制作。

在做论文这两年左右的时间里，你征求论文指导委员会的反馈意见越多，委员会在答辩时推翻你整个论文的可能性就越小。要详细记录下你是何时交的，交的哪一章，交给了哪位委员，什么时候提供的反馈（如果有的话）。提醒委员你还没有收到她/他的反馈意见，这并没什么不礼貌的。但是，你要给老师留有足够的时间来答复你，不要用日常琐碎问题去烦扰委员会的老师。要当心那些一直不了解你研究项目、没有时间看你论文的委员。这种人可能会问你统计或方法方面的问题，因为提这类问题不需要你研究领域里的专业知识，甚至不需知道你论文的内容。因此，你一定要清楚自己用每种统计方法分析数据的原因。只要这样，当有人问你，"那么琼斯先生，你为什么要用方差分析来评估假设3呢？"你就会脱口而出，因为你早有准备。

成功完成论文答辩之后，同学大多会产生明显的松懈感。这种情绪上松懈的表现之一，往往包括"我再也不想看自己论文一眼了"。我们建议，你要尽快对答辩中提出的变动要求一一回应。否则，你的论文可能会拖个没完，永无结束之日。

对大多数的社会科学家来说，博士学位论文可能是职业生涯中最最宏大的研究项目。因此，博士学位论文不仅是进入职业界和学术界的入场券，而且是你自尊和学术成就的源泉。这是一种脱胎换骨的体验。颇有悖论意义的是，一方面，大多数学生回想自己博士学位论文的经历时都会说，那是一种令人筋疲力尽、完全被压垮、常常还令人厌恶的感觉；另一方面，学生又觉得这种经历使人变强，让人改变，是进入专业学者圈子的重要转折点。

## 是否要出版博士学位论文

大多数的博士学位论文从来都不会出版。这是很不幸的事情。因为，博士学位论文可能是青年学者一生中完成的唯一一项最深入透彻的研究工作。有些大学就期望学生把出版自己的学位论文当作自己职业或学术研究生涯的组成部分。不过，对很多人来说，博士学位不过是进入职业实务界的跳板。对于实务执业者而言，出版并不是获得认可和晋升的必需条件。在学术界，出版是职业晋升的最有价值的硬通货，因此，这足以构成很多研究生寻求把自己博士学位论文出版出来的动机。我们也坚持认为，对自己所学的专业，你应该有义务把自己的研究发现，一有机会就传播到更多的专业和学术圈中，因为你的研究发现通常也是他人自愿参与和合作的结果。因此，我们还是鼓励你出版自己的学位工作结果，哪怕这是你一生中唯一的一次出版。

我们发现，答辩完成后要是学生不尽快努力把博士学位论文中的研究结果出版出来，不管是以期刊文章还是以书籍的形式，那该成果得以出版的可能性就很小了。尽管有很多人在答辩后回家的路上就已经把自己的博士学位论文忘得一干二净，但是，另外一些人却把自己的博士学位论文打磨成一件或多件可能发表的成果，从而开启自己的职业生涯。答辩之后,你越能赶快集中精力,积极准备论文的出版工作,你的论文出版的可能性就越大。并不是所有的博士学位论文都值得出版,而你的论文答辩委员会中的核心成员是评估你的论文是否值得出版的很好人选,尤其是答辩委员会主席,她/他可能会极力鼓励你把论文中的成果出版出来。我们建议,你应该把你的博士学位论文看作是整个大学教育过程的一个部分,应该由大家联合管理,把它的生命在答辩之后进一步延续下去。根据我们的经验,在大多数的院系中,对由博士论文衍生出的出版物的署名有以下准则。

1. 你的论文指导老师,为你的论文做了大量的工作。因此,在任何基于博士学位论文的出版物或会议论文中,导师的名字不可缺少。

2. 在学术圈内,出版物上作者的排名顺序非常重要。如果你想在博士学位论文完成之后就出版其中的成果,当且仅当你是自己一个人把博士论文改成了期刊论文,把改写后的文章投递给有关学刊,回答了审稿人的审稿意见并根据需要多次完成文章的投递工作,那么,你就应该是第一作者。换句话说,只有当你做了第一作者该做的工作时,你才能作为第一作者。

3. 如果你完成博士论文后就放弃把论文中的成果出版出来,那么,你的委员会主席应该有权出版你论文中的成果。在这种情况下,作者排名的顺序要根据谁做了出版准备工作而定。做准备工作的老师应该作为第一作者,而作为学生的你,则要根据参与程度(如有的话)作为第二或第三作者。

4. 即使你在博士学位论文完成之后未做任何进一步的工作,你的名字也应该出现在任何与该论文有关的出版物上。

在开始整理论文成果以供出版之前,我们建议你要仔细考虑把稿子投到什么地方去。取得博士学位的时候,你应该很熟悉自己相关研究领域的绝大多数学刊,因为在你的博士学位论文中,你应该已经参考过这些学刊上发表的论文。投稿前一定要询问相关学刊,了解有关投稿须知。每个学刊的投稿须知各不相同,不仅格式体例不同,而且对论文的长度要求也不同。要严格遵守投稿须知中的要求。学界的共识是,一次只能把一篇文章投向一个学刊。因此,要做好论文的备份,以便首次投稿被拒后再投它刊。第二次投稿刊物的投稿难度也许应该比第一次低一些。你收到的审稿意见很可能是"修改后重投"。这时,要给自己充分的时间来彻底消化审稿意见。然后,最好再与其他合作者协商,看如何适当修改。对每一条审稿意见都要做透彻的回应,其中也包括你(们)拒绝接受某条审稿意见不对论文进行修改的理由。如果你收到的是否定性审稿意见,千万不要因此而伤心。哪个学者都有过被拒稿的经历,包括我们中间那些最著名的研究者。学刊编辑指出的研究和写作缺陷,通常对作者是非常有帮助的。你可以很好地从这些反馈意见或建议中汲取营养,把稿件修改得更好。修改之后,你既可以向同一学刊重投,也可以改投其他刊物。我们强烈建议,在改投其他刊物之前,你一定要对自己的文章进行修改。要知道,在第二个刊物所邀请的审稿同行中,很可能也有第一个刊物的审稿人,她/他可能已经审阅过你的稿件。

有些院系部门允许或鼓励学生以学刊稿件的格式体例撰写博士学位论文。不过,绝大多数情况是,对学位论文编辑和整理之后,才可以投往学刊发表。博士论文要比学刊文章的篇幅长得多,尤其是文献综述部分。博士论文的文献综述一般综合全面,而学刊文章文献综述却常常只聚焦重点文献(最多几页)以引出本研究即可。快速浏览一下自己的文献综述,重点集中在总结部分和最基本的研究和参考文献上,你就可以很好地感觉出哪些文献需要去除,哪些需要包括进来。

达里尔·贝姆(Bem, 2004)把文章分成两类,一类是设计研究时你计划要写的文章,另一类是你看到研究结果后才觉得有意义要写的文章。他强烈建议你选择写第二类文章,要根据所得到的发现来撰写自己拟发表的论文。很多期刊文章都没有要求把具体假设写出来,但确实包含一个或多个明确的研究问题,并要求在介绍方法之前对研究设计的概貌有一个说明。在拟发表的文章中,要把"方法"章中的大部分材料都包括进来。因为,读者仍然需要确切知道,你为获得该研究结果都做了哪些工作。另一方面,你可能也不需要把博士论文中的所有结果都写进一篇文章中发表。你需要做的是,仔细审查数据,从中获得清晰且富有说服力的见解。贝姆(Bem, 2004)提醒得很对,没有人在乎你是否预测到了这些结果。已经获得的研究发现比没有实在凭据的预言要重要得多。只要你没有刻意省掉那些与所引发现有矛盾的发现,那些会使所引发现最小化的发现,或那些让所引发现得以澄清的发现,那你就没有义务把那些没有意义或不相干的结果都包括进来,或者说,把自己的全部发现都塞进一篇文章之中。最后再指出一点。你需要对你博士学位论文的"讨论"章加以裁剪,以符合期刊文章的格式要求。只保留下那些关于研究结果的清晰透彻的论述,以及那些最相关的研究意义和局限。

你的博士学位论文是写给一组极其专业的读者的,但典型学刊文章的读者却没有那么专业。因此,贝姆(Bem, 2004)建议,要降低文章对读者专业知识的要求,让那些虽然不具备你所在专业领域知识,但却受过其他方面良好教育的读者也能读懂你的文章。自始至终,文章的语言表达都要清楚,要能吸引住读者,要简单直白,而不要满篇学术套话。如果你想更彻底地了解如何为学刊撰写实证文章,请参阅贝姆的书(Bem, 2004),他给出了大量关于如何发表研究结果的建议。这些建议虽然来自心理学领域,但社会科学其他领域的论文撰写者也可以参考。

最后,我们就如何把定性(相对定量而言)博士论文整理成可以出版的稿件,提一些具体的建议。由于结构上的长篇叙事性,定性博士学位论文也许不会像定量学位论文那样被轻易浓缩成小文章在学刊上发表。但事实胜于雄辩。我们那些完成定性博士学位论文的学生,有的把学位论文作为一本书或者书中的一章出版,有的同样也把学位论文转化成学刊文章出版。现在，社会科学专业学刊越来越能接受定性研究的结果，而且更多专门发表定性研究结果的学刊不断登场亮相。为了满足学刊严格的文章篇幅限制要求，新出炉的研究生无疑需要削减学位论文中的大量文字内容和长篇引语。无论如何，还是有可能在短得多的篇幅内，把学位论文中的研究问题凸显出来，把博士学位论文的精神保留下来。

亨特（Hunt，2011）在一篇文章中，就如何把定量研究结果整理成文章在学刊发表，总结出了一些颇有助益的建议。其中两条我们特别赞成。第一条是，不要为自己做了定性研究而不断致歉，要么竭力解释这么做的理由，要么过度强调定性研究的长处。第二条是，要使用定性研究自身的术语（例如"可信性"），不要采用传统定量研究的术语和概念。从艾略特、菲舍尔、瑞尼（Elliott, Fischer, & Rennie，1999）这篇文章中就不难看到定性定量这两种研究范式在术语上的差异。这篇文章的初衷，是为如何评估已出版的定性研究提一些导则。我们把这些建议的导则汇总在表9.2中。当时，几位作者谨慎地指出：所提导则只是尝试性的，肯定会随着时间的推移而演化，奉劝读者不要生搬硬套。时至今日，在很大程度上，这些导则对提高定性论文在知名学术或专业期刊上发表的可能性，都仍然有效。

这里，我们需要对表中的第二套导则做些讨论。"有自己的观点"指的是，要表明自己对所研究课题的价值观和假定，这样才能帮助读者解读和理解你的结论。"置样本于情景之中"意味着，要有足够多的关于参试者和研究环境的描述性数据。"扎根于例证之中"的意思是，要从数据中选取足够多的关于主题的例证，这样才能传达出对数据与其意义融合的良好理解。"提供可信性核查"这一导则建议我们，要把证明类

表9.2　心理学及相关领域中的定性研究出版导则（演进中）

| 定性和定量通用导则 | 定性专用导则 |
| --- | --- |
| 1.有明确的科学背景和目的 | 1.有自己的观点 |
| 2.有适当的方法 | 2.置样本于情景之中 |
| 3.尊重参试者 | 3.扎根于例证之中 |
| 4.有对方法的详细具体说明 | 4.提供可信性核查 |
| 5.有适当的讨论 | 5.逻辑能自洽 |
| 6.语言表述清楚 | 6.完成了一般或具体的研究任务 |
| 7.有对知识的贡献 | 7.能与读者共鸣 |

来源：摘自"Evolving Guidelines for Publication of Qualitative Research Studies in Psychology and Related Fields，" by R. Elliott, C. T. Fischer, and D. L. Rennie, 1999, *British Journal of Clinical Psychology*, 38, p. 220. Copyright 1999 by R. Elliott et al. Reproduced with permission from the *British Journal of Clinical Psychology*, ©The British Psychological Society.

别、主题、解读之可信性的各种方法都包括进来。这些可能包括：使用多位定性分析师，核对自己对参试者的理解，用两种或以上的定性分析方法，用外部资源对数据进行三角核查，等等。"能自洽"指的是，要把不同的文本数据（故事、叙事、"地图"、框架）整合在一起。如果你的研究目的是形成对某一现象的"普遍"理解，那么，你得出结论的基础就必须是适当范围的参试者或情景；如果你的研究目的是对一件"具体"事例或案例的理解，那么，就需要有足够多的信息来确保你的这种理解。最后一条导则是"能与读者共鸣"。意思是，你的表述对读者要有足够大的说服力，要能让读者感觉到，你对该课题所做的表达准确无误，丰富了读者对该课题的真正理解。

---

**窍门箱9.1**

**克服各种障碍：同学们的建议**

1. 不要浪费时间试图把每件事都做到完美。大多数阶段，即使不是所有阶段，都需要做些修改。因此，差不多就可以交出去了。"我浪费在担心自己把事情是否做对了上的时间，比实际花在写论文上的时间还长。"要果断地把论文交出去。

2. 把论文工作分成小块，一块一块地完成极其有效，因为这样你就不会被那么一大块工作而搞蒙，而觉得一小块工作很好做。例如，先想一个选题，编制论文提纲，根据提纲写一个概要，然后把概要进一步扩展。

3. 帮助我在学位论文道路上从不下道且不断前行的，是一种叫作"学位论文支持组"的周例会。每次会上，自己都不得不向同伴汇报自己都完成了些什么或没有完成什么。这种自我问责的方法很给力。而且，听听同伴和老师谈他们对各种问题的看法也很有帮助。

4. 虽然你并不能预计每一种障碍，但还是要经常提前针对已知问题和预计问题做好各种预案，需要多少次就做多少次。要从生活中的各个方面寻找资源、利用资源，包括学术、职业、个人等。有人帮助就要接受。

5. 想到什么就赶快把它写下来。你并不是非得把这些想法的来龙去脉搞清楚或等到它们成熟之后再写下来。想写的时候可以多写一些，以后不想写或写不出新东西的时候，有的是时间修改。即使自己的状态不是最好也要写。你会吃惊地发现，即使在自己写下的最粗糙的东西中也能找到一些"宝石"。

6. 回过头来看，我最好的经验是，每当我把自己的研究纲要对不熟悉的人讲一遍之后，我就觉得自己把问题看得更加全面了，方向更加明确了。每次给人讲的时候，我都认识到：（1）我知道自己在谈些什么；（2）要把问题回答好并不那么容易。这说明有些新的漏洞还需要在研究中补，或者在自己的知识库里补。

7. 学生挑选的教授要能在自己的选题方面有所帮助，也肯花时间回答自己的问题，且所给的反馈意见都是建设性的。而且，学生要努力与论文指导委员会的成员见面，越多越好。那可不是什么时候都可能的。不过，通过某种形式的契约争取足够的应答时间对我来说简直太重要了。

# 写 作 10

【本章的大部分思想和表达方式都属于我们前同事乔迪·威洛夫的原初贡献。我们非常感谢这位热心且慷慨的女士。在世之时,她既是我们的好友,也是一位特别优秀的作家。】

用文字把自己的思想表达出来是研究者的一项基本技能。从研究项目的开始到对研究结果的报告,大多数研究者花在写作上的时间要超过实际做实验、做统计分析的时间:他们要把自己的想法写出来,要把自己对以前理论和研究成果的理解、自己的研究过程、研究发现和研究结论等等都写出来。人们很容易忽视"科学"在多大程度上取决于用书面文字传播思想,也容易忽略研究的成功在多大程度上得益于良好的文字写作能力。一份写得精彩的研究项目申请,更有可能赢得资助机构的资助,一份写得精美的开题报告更能被论文指导委员会认可,一篇写得精当的论文更可能被专业刊物刊用,更能让读者理解和欣赏。因此,如果你的写作能力强,你的研究成果的最终影响力很可能会大大增强。

多阅读一些有关的专题写作著作或文章,你会学到很多关于如何写研究报告的知识。这些专题性的参考文献教你如何按照惯例组织和编排论文和报告,帮你按照研究写作的典型逻辑和发展路线进行学术写作。你还可以通过阅读有关专业学术刊物上的文章来学习学术写作的格式体例和组织结构。模仿这些范文,或许能使你的报告更符合有关学刊的要求。

但不幸的是,很多专业学刊上所提供的范文,要么是误导他人的大作,要么是把他人弄糊涂的杰作,要么是令人厌烦文章的代表作。有些文章范本给人的感觉是,好像作者是在故意把报告写得一般读者不可能读懂,只是给所谓的精英读者读的。这些精英读者对相关主题的现有了解足以使他们能够解读和翻译这里所写的书面报告。这种写研究报告的方法确实还很流行,写出的东西只能是令人费解的"官样"文章。如果你以这种文章为范本,你也许会使某些读者信服,你的文章很深奥、很重要,所以他们什么也看不懂。但是,你同时也就失去了跟那些尚未进入内圈的读者进行交流沟通的机会。

大多数人在某个阶段或许都深受某一篇科学文章的影响,因为该文章帮助自己理解了以前所不能理解的问题,或吸引住了自己的思想和情感,刺激我们去思考某一课题。如果你希望自己的文章能取得这种效果,那就一定要重视写作风格,要学会把自己的思想用清晰、有力,甚至优雅的文字表达出来。为此,你需要学会以下四种技能。

- 你怎么想就怎么写。
- 选词遣句,把你自己的理解直接表达出来。
- 不用科研行话和故弄玄虚的套话。
- 找出自己的潜在读者,要尽量想象一下他们会怎么理解你写的东西。

学会如何以这种方式写作与学会为其他任何目的写作并没有什么不同。因为,对我们中的大多数人来说,有关"科研写作"的现实和神话使他们满头雾水,颇感尴尬、愚蠢、心里乱作一团。因此,学习提高普通写作能力,可能要比学习提高科研写作能力会更容易一些。

## 过去的写作经历

破除写作神秘感的一种方法是,回想自己作为"作者"的历史。回忆自己的经历有助于理解自己当下的快乐、负面感受以及写作问题。虽然以往有苦有乐的写作经历无疑是独特的,但人类发展有共性,教育结构也有相似性,这些通常都影响大多数人学习写作的方法。简要回顾一下这方面的共性和相似性,有助于回忆起以往的某些经历,有助于认清自己此时此刻的感受。在对这些经历的追忆和重新评估过程中,你也可能会悟出一些方法,改变自己当下的不良感受,着手解决自己所面临的困难。

### 学到的是与作品拉大距离

当我们开始学习如何写自己名字的时候,写作生涯大概就开始了。别看那时的写作过程艰难困苦,写出的东西也歪七扭八,毫无优美可言,但那却是巨大的成就。写名字也许还不算"真正意义上的写作",因为那只是学习一笔一画拼凑成字而已,但这确实是在纸上表达自我的开始,是用一种新方式与他人进行思想情感交流的第一步。但不幸的是，之后的教育使你与自己所写之物的距离越来越大，结果你便开始轻视自己的心声，甚至让你得出在文章里写自己的心声不合适的结论。你可能慢慢学着忽略对自己所写作品的所有权，或者，学着忽视"你写了什么"与"你是谁""你有什么想法或感觉"之间的任何联系。

这种把自我与所写作品之间距离拉开的要求也许不可避免，因为把概念构思出来与把思想写在纸上或输入电脑之间有一定的时间滞后。孩子生硬的小手根本跟不上自己那想要表达的复杂思想的速度。上学后的头几年里，孩子所掌握的口语词汇量比所掌握的阅读或写作词汇要广泛且熟练得多。对一年级孩子来说，学会写"跑，跑，跑"或"看到贝蒂抓住球"就算重大成就，但这基本上不过是机械性的训练，跟孩子自己的思想或谈论世界的方式没有多少联系。

自我与所写之间拉开距离也许是学校优先教育内容所带来的果。学校倾向于先教会孩子一些像书写、写字、语法之类的基本技能。当然，孩子们确实需要先掌握这些技能，然后才能运用写作交流思想。但是，把技能学习与孩子的成长经历分割开来也存在很大风险。这会让孩子以为，写作与自我以及自己想用文字表达的事情没什么关系。即使学生学会这些基本技能，之后的学习经历可能会继续进一步拉大孩子的思想感情与写作之间的距离。写作课通常只教孩子如何使用图书馆和参考资料，要求学生把从"研究"中所学到的事实展示出来。

### 学到的是把写作看成一项乏味的活动

用写作项目来扩充标准课堂学习内容或评估孩子是否掌握了采集与题目有关信息的技能，是教会学生重要学习技能的合理方式。但这样可能会导致一个令人遗憾的结果：学生会错误地认为，写作的目的就是把别人关于某个索然无味的主题的信息写下来。他们所学到的部分"知识"可能是，写作是一项既乏味又无回报的活动，因此，写作作业能拖多久就拖多久。一般，学生要是在上学过程中体会到写作是增进对事物的理解，是把感兴趣且认为重要的事情写出来的快乐，这不仅罕见，而且不正常。所以，我们中间的如此多的人长大之后把写作当成了一种负担，这毫不奇怪。

### 学到的是让你感觉到自己不够写作的资格

后来进入初中、高中，再到大学，老师变得越来越注重对学生作文的评价，对语法、标点符号、错别字特别关注，有时甚至到了根本不管内容和思想结构布局的地步。大多数人都还记得作文发下来时的那种失落心情。每一页都是密密麻麻的红色批注，还把每页上的错误数用图像直观显示出来。找来找去，就是找不到老师喜欢哪些只言片语的证据。相反,所能找到的都是一些负面性的页边批注,指出我们哪些地方没写清楚,哪些地方不符合逻辑,哪些地方别扭。不管当初写的时候我们曾感到多么快乐,多么激动,在看到老师批改的那一刻起,一切都变得索然无味,暗淡无光。有些人可能会因此而产生自己很笨、很蠢的感觉,从此便开始害怕写文章。虽然那些有写作"天赋"的和碰到有同情心的老师的学生,可能幸免了这种令人想起来就憎恶的经历,但很多人却因为不快乐的学校写作经历而害怕写作。老师,尤其是大学老师,对这么多学生都缺乏最起码的写作能力这件事非常上心。可就是这些老师,却以加倍的努力来指出学生的错误,而更少愿意关注学生所表达的思想,表扬学生的思想内容。

以上关于写作问题的共同学习经历的回顾,主要关注的是那些促成下列信念的问题。

- 写自己的思想不是很合适。
- 写作主要是一项重述他人思想的枯燥活动。
- 文章是写给那些刻意挑错纠误的人读的。

令我们这些曾被误导过的人惊奇的是,高中或大学毕业之后,我们还是没有完全放弃写东西。在这种教育环境下,要是我们害怕写东西,难以坐下来写东西,认为自己没有能力写东西,这再平常不过了。然而,我们大多数人都在继续写东西。我们要把一天要干的事情写成清单,要写下对保姆或管道工的具体要求,要写商业信函、投诉信、解释函、慰问信、悼念信,偶尔还要写感谢信。虽说有人哀怨亲情信件正在日益消失,但是,我们中间仍然有人在给远方的父母、孩子和朋友写信。要是工作需要,我们还得写工作进度报告、项目提案、备忘录以及说明书等。我们写这些东西时,并没有不行之类的焦虑感或抗拒。我们也许为朋友不断更新脸书和博客上关于自己生活或兴趣的条目内容,而且还写得很开心。过去那种令人憎恶写作的感觉,只是在我们必须写所谓严肃的东西让其他人看或评价的时候,才会猛然戏剧般地产生出来。撰写关于理论或学术研究方面的东西时可能最令人担心:不但有严格的规范约定和关于这种写作的各种神话传说在限制我们的表达自由,而且关于抽象问题的写作本来一般就困难,尤其是在我们对所写的内容还不能完全了解的时候。虽然说挣扎着写自己思想这一过程本身通常就是理清思路的过程,有加深理解的作用,但是,这一挣扎过程容易让人迂回,把一些字词句"巧妙地"堆在一起,足以含混不清,让谁也不能发现,我们到底了解什么,对什么还没有了解。

如果你整天为自己的写作而煎熬,或者怎么都不愿意动笔,或者坚信自己没有写作的天赋,请你不要绝望。只要你能思考,能把自己思考的东西说出来,那么,你肯定可以学会写作,甚至有可能会喜欢上写作。你需要克服的主要障碍是:(1)恐惧感,这是由过去不愉快的写作经历带来的;(2)厌恶感,这是由过去他人不关心你的写作内容造成的;(3)完美主义,这会使你过分关注遣词造句,过于担心他人的评价,或总想把关于该课题的每一个细节都全部写出来;(4)放弃对自己话语和思想的权利,这会使你感觉到没有权利把自己的思想以某种方式表达出来让其他人审察和评价;(5)缺乏耐性,这会让你觉得写作就应该不费气力,认为不需要花时间和精力像学习其他技能一样去学习写作;(6)骄傲自满,这会使你觉得自己的文采何等了得,因而不愿意承认自己有时写出的东西并不那么好。虽然还会有别的困难,例如错别字、语法、句子结构等,但是,这些困难通常都可以通过其他方法来克服:可以通过学习语法规则,可以请编辑或审校把关,可以用文字处理程序查找错误,或者,用词典或常见语法及常见错别字指南。

## 克服写作中的障碍

克服因负面经历和不现实预期所造成的写作障碍,这一挑战听上去就令人生畏,可能非得需要实施大量的心理治疗和干预不可。要想让焦虑感松弛下来,要想放弃完美主义,或者放弃对别人评议的担心,这些都不是什么容易的事情。成功作家对自己工作的抱怨告诉我们,即使是最优秀的作家,他们同样受到过这些问题的困扰,很多成功作家甚至一卡壳就是好长时间。遇到这种情况,他们的解决方法是,每天都坚持艰难地写呀写。大多数作家都强调,坚持定时定点写很重要;他们还介绍了自己确保定时定点写的策略。很多人都会同意,不开始动笔常常是一件太容易的事了,这就如同难以动手洗碗、难以开始跑步、难以练习弹钢琴一样。其实,所有技能都需要经常实践,而且我们中的大多数人都习惯于在生活中给自己立下很多规矩,从而使自己能够做一些我们自认为重要的事情。作家常常在每天中划出几段时间专门写东西,或者规定每天必须完成几页的写作任务。他们把写作工作看得非常重,这足以使他们在安排生活时分配给写作的时间至少同其他活动的时间一样神圣。如果你真的想学会写作,那你就必须把写作看成是你的定时定点的日常活动,至少要和刷牙读报一样重要。除此之外,别无其他更好的办法能提高你的写作技能,提高你写作的慰藉感。

## 如何动笔

### 列清单法

下定决心把写作看作是一项每天必做之事,这并不能帮你解决一切问题。盯着摊开的纸张和电脑屏幕上一闪一闪的光标,心里一片茫然,真不知道从何处下笔。即使是必须完成的紧急写作任务,你也可能发现自己简直一个词也写不出来。有些时候,看看大多数人每天都写了些什么东西也许会有所帮助。例如,你不妨先把打算在论文中要写的重要想法列成一个清单。列清单是一种大家再也熟悉不过的令人惬意的活动。不就是去商店前写一张购物清单嘛,哪有什么好深奥的,好意义非凡的? 可就是这样的清单,就能帮你把自己的思想和一天中要做的事情按照轻重缓急组织起来。同样,把那些似乎重要的想法列成清单,也能帮你把要写的东西组织起来,使其慢慢成形。一份好的清单潜力无穷,任你挖掘。你可以按照重要性来排列内容项目,这样,就可以提醒你哪些内容一定要包括进来,这就像写当天的活动清单是提醒自己第一件事是交电费一样,不然晚上回家就得摸黑。你还可以把清单排列成首先要做的,最后要做的,中间要做的,就像杂事清单一样,提醒你要先把炖锅拿出冰柜,最后去买冰激凌。清单有助于你考虑各种思想之间的联系方式以及哪些思想需要聚类在一起,就像有用的购物清单一样,能把生菜、苹果、土豆放在一起,以便与黄油、鸡蛋、牛奶分开。不断变换清单的顺序组织,你就可以发掘出自己要写材料的结构,能使自己先行动起来,清楚自己要前往何处。

### 聚类思维法

如果所列出的清单令自己感到糊涂,让你怎么也无法在写作之前做出大纲,那么,你就可以采取另外一种也许更适合自己思维的方式开启写作。加伯里艾尔·里戈(Rico, 2000)在《自然地写》(*Writing the Natural Way*)这本书中,介绍了一种她认为有助于作者进入人脑自然结构趋势的方法。她把这种方法叫作"聚类思维法"(clustering)。这种方法首先是做自由联想,把所选主题写在一张纸的中间,然后把联想到的与该主题有关的词句写在该主题周围,具体排放位置随便。随着你把更多的随机想法不断地记录下来,就可以用线条把彼此之间有联系的思想连起来,并逐渐把这些想法变成一幅联想"地图"。里戈坚信,到了一定时候,结构就会浮现而出,这样你就可以就所选主题写出一个差不多的段落。这个段落代表着你对主题当下的理解,你的想法就这样自然、融洽地组织在了一起。在许多写作工作坊施行的结果表明，该方法确实让大多数人在很短的时间内写出了有意义的文章段落。如果你在写作过程中卡了壳，无法寸进，你不妨试试这个方法。你也许会幸运地发现，聚类思维法很适合自己。

### 给朋友写信法

还有一个办法可以助你先动起笔来，那就是假装你在写信告诉一位朋友自己的课题和有关该课题的发现。假设你想探讨男性和女性在决定参加政治竞选时是否经历不同的过程。如果你要写信告诉朋友这件事，那么你就可能想告诉朋友你为什么要选择该课题，为什么你觉得该课题重要，你对那些可能存在的差异都有些什么想法等等。试想，你需要告诉朋友一些什么内容才能帮助朋友了解你的想法。这可能会助你把笔动起来，围绕选题把你的思想组织起来，且不会让你感到惧怕，好像要把自己的论文给答辩委员会主席或赞助机构审查委员会看似的。因为你已经知道朋友对从政性别差异的立场和了解程度，你可以想象朋友会怎样看待你的文章，会做出何种反应。你可以预想一些必要的论据，好说服朋友认可自己的选题是一个重要的研究课题。

以这种仿佛给朋友写信的方式开启论文写作，突出了写作的交流方面，能使你意识到自己在写作这一交流关系中的重要性。这就鼓励你用简单、直接、不带技术的语言把自己的想法写出来。这也能让你把你和你关心这一课题的原因联系起来。如果连这种"给朋友写信"都让你更加害怕的话，那你的选题也就太枯燥了，没有人愿意去读。可见，这种方法也许能帮你换个更好的题目。

### 新闻写作技法

从新闻学概论课中，我们还可能学到另一种动笔写作的方法。新闻学概论课教导雏鸟记者：在写新闻报道时，开头一段必须告诉读者"谁""什么""为什么""什么时候""什么地方"。（再加上一个"如何"，这在学术写作中非常有用。）记者要学习把这些基本的骨架性信息写进新闻引子段，因为这样一来，即使编辑砍掉了故事的其余部分，新闻事件本身也能保持完整。这一新闻写作手法对写任何文章都有用。即使你不用担心读者会只读你文章的第一段，这种方法也有助于你开篇，因为它明确规定了少数几项具体的任务，而这些任务又能帮助你把有关的内容组织起来，能提醒你把哪些必要的信息包括进来，告诉读者你的文章要讨论些什么。这一引子段经常就成了你整个论文的引入段。举个例子，如果你想写老城区青少年暴力犯罪问题，用下面段落作为引入段就很不错。

　　(什么?)老城区青少年暴力犯罪越来越多这个问题正在成为重要的社会问题,(为什么?)这不仅危害着大量青少年的生命,还增加了控制犯罪的成本。因此,了解这种犯罪攀升的原因是一项必须开展的研究工作。本研究将对(什么时候?)2006年秋(哪里?)底特律(谁?)15到19岁之间的青少年样本进行(如何?)态度问卷调查,以确定他们对校园暴力事件原因的感受情况。

　　回答新闻问题这项相对简单任务的结果,就是一个论文的引入段。此段直接而清楚地陈述了本研究的目的和方法,使读者对了解后面的深入探讨有所准备。读完之后,你的读者就可以作出决断,决定自己是否对你的题目和方法有足够的兴趣,是否要把你的文章继续读下去。

### 写故事法

　　如果你喜欢讲故事,那不妨以故事的形式来写你的论文。你是如何对这个课题产生兴趣的,这可能就是一种很自然的开始方式;你也可以把你如何对此课题进行更多了解的故事讲述出来。大多数人从小就知道故事的基本结构,对讲故事的套路记得非常清楚:以"很久以前"开始,以"打那以后他们便永远幸福地生活在一起"结尾。开头为的是搭好台子,结尾为的是圆满收场,之间一定是主人公的上台出场,然后是问题的出现,再后是采取行动,以得到最后的"幸福结局"。这期间充满紧张和悬念,使读者愿意一直读下去。

　　也许你会觉得把写研究报告与写故事相提并论有点怪异,但是,有些科学文章写得特别扣人心弦,让人兴致盎然,和优秀侦探小说非常相似。作者描述"神秘世界",讲述自己如何发现"线索",采集证据,排除各种"错误"解决方案,一路向前,最后得出令人信服的答案。这种写法尤其适合报告社会科学中的研究发现和理论,因为,社会科学所考虑的现象通常很是复杂,潜在的"原因"既多种多样又相互交织。研究者和理论家经常从相对简单的假设入手,如压力增加与疾病有关等。很快,故事情节就复杂起来。于是,研究者就必须考虑影响该关系的其他因素,最后构造出"一组人物"来,这些人物的作用就在于解释压力如何影响幸福感受。把这样的故事写出来,告诉读者你怎样跟踪各种想法,排除案件中的"干扰",发现新的线索,采集必需的新证据等等。这是一种扣人心弦的综述文献的方法,它自身就可能生成各种新的洞见。

　　上面所介绍的各种开篇手法,为你提供了一种组织思想和想法的方式,便于你整理思路,使你那难产的文字落在纸头之上或出现在电脑屏幕之上。同时,你也可以看出自己文章余下的部分将走向何方,将呈现什么样的结构,因为每一种手法都带有明确的写作目的,具体如下。

- 理清思路。
- 确认各想法之间的联系。
- 用平常语言把你自己的想法表达出来。
- 说服一个人顺着你的思维方式看问题。
- 向读者提供基本信息。
- 讲述自己想法的发展故事。

如果你的写作除完成作业之外本来就没有其他目的，那么，这些手法可能帮你生成一些其他目的，让你的写作过程更顺利、更有趣。

## 题目与激情

如果你有权选择写作题目的话，当然是关于你的硕/博士学位论文题目，那么你所要做的最重要的一件能促进写作的事就是，选一个自己在乎且感兴趣的题目。虽然有些导师反对学生选择与自身非常相关的题目，怕这样会伤及文章的客观性。但与写那些与自己亲身经历、关注和兴趣毫无关系的题目可能会出现的问题相比，这种风险要小得多。自选题目写起来有激情。有了激情，那些保持努力、忍受挫败煎熬、进行创造性思维所需要的能量，都会源源不断。这种激情，可能是寻找迷惑问题答案的强烈愿望，也可能是探索相关主题的强烈好奇心，甚至可能是想把自己的重大发现告诉他人的强烈欲望。激情不仅是推动写作前进的能量，而且有助于确保你与所写作的材料进行互动，并参照你自己的思想、信息和经历来检验他人的思想和信息。你这样写出的东西不但更为完整，而且更有可能激发你自己以及读者的新想法。只要你对所选课题倾情注入，就一定会引起他人对你作品的兴趣。来自激情和兴趣的能量，将透过你的文字显露出来，几乎能使任何读者都激动不已。

如果你开始质疑所读过的内容，或者想和作者辩论，或者迫切想深入探究这个课题，这就是你对自己所选课题兴趣增长，甚至产生激情的证据。这些都是知识发展过程中令人兴奋的时刻。在探寻研究课题的过程中，你不应该放弃这种种的可能性。尤其是在完成课堂写作作业的时候，你可能会发现，思考自己关切的任何问题时一开始都很困难。在选择题目之前可泛读一些跟课题内容有关的材料，特别关注那些能激发问题或联系好奇心的思想观点，这对于你找出能让自己有充分兴趣和持续动力的题目，是有用的。

即使你很在乎自己的题目，如果你把自己局限在只报告已知情况之上，那在你身上也可能还是不能产生前述的那种激情。只写这些内容，你写出的东西就会像洗衣清单一样，只会记录一些他人的发现或言论，这不但写起来无趣，读起来也同样乏味。

第4章在讨论文献综述写作时提到的警告,不仅适用于学位论文写作,也适用于任何学术写作。"侦探小说式"的写法,通常能把你的兴奋心情更有效地传递给你的读者。所谓"侦探小说式"写法,就是围绕自己所求答的问题来组织材料,以展现可能的答案的方式组织写作。可以这么说,围绕课题写与围绕问题写之间的区别是,一个是对关于一个课题的已知信息进行评述,一个是把已知信息与手头问题之间的相关性寻找出来。尽管两种方式想要交流的信息基本相同,但侦探小说式的写法能使作者与已有信息积极互动,也可能使读者与所读信息同样积极互动。一旦你发现自己在琢磨:一件事为什么会这样?会如何发生作用?谁会受到影响?是一直都这样呢,还是靠其他因素诱发?那么,你肯定是找到了一个好题目,值得你研究,值得你写点东西。你的这些提问会使你很在乎它们的答案,会使你更容易地写出一篇结构周密、饶有兴趣的论文。

## 作者身份及作者的声音

上面我们所讨论的关于在乎和激情方面的大部分内容,都直接涉及好文章的另一项重要品性,就姑且叫它"亮出作者身份"吧。把自己置身于自己的作品之外,这是一种让自己写起来厌,让他人读起来烦的再好不过的方法了。这种把自己置身于知情者、学者、解读者、发现者之外的不幸写作倾向,大家常常很早就以前面说过的方式学会了。教育工作者出于对教育的执着,经常强调孩子有必要把自己学到的东西展示出来。孩子参加考试或写作文的目的,就是展示:要是没有老师的教导,他们就不会学到所要求的文学、地理、历史、科学以及其他方面的知识。老师很少鼓励学生对所学知识进行思考,把自己的思考结果与他人分享,计学生把自己从经历中得到的或从非标准课本及参考资料中得到的知识写出来。这样就很容易让孩子觉得,"正统知识"(received knowledge;见 Belenky et al., 1986)比从其他任何渠道得到的知识都更真实、更有价值、更有回报。按照定义,"正统知识"就是来自他人的既成知识。如果把对孩子所学知识的考量变成考他们能够背诵多少教过的知识的话,那么就很难让孩子感受到,他们自己有权成为知识的创造者。

学术写作写的是理论和研究,所以作者一般不光是把正统知识记录下来。学术作者几乎总在思考问题,在已有证据的基础上得出自己的结论,并对自己所取得的信息反复思考,务求能把信息组织起来,整合起来。尽管如此,很多理论家和研究者都坚持认为,作者在文章中亮出自己的身份或把自己加入进去是不合适的风格。传统惯例要求:在文章中作者要用第三人称指称自己,而不能用"我";动词要尽量用被动语态,即使作者是在讨论自己的发现或理论,也必须假装是其他人在思考,是其他人做出的发现或得出的结论。当然，在作者写到"有人发现……""可以合理得出结论认为……"时，大家也都知道这里的意思是"我发现……""我由此得出结论认为……"。但是，这样的语言表述难免让人觉得，作者所展示的好像是从其他地方得来的二手知识，而不是自己创造出来的新知识。这种抹掉个人痕迹的写作风格，其动因不仅是让人不要去主张自己对原创品的作者权，而且明显是想要彰显作品的客观性，不想让人觉得，是一个很可能会出错的活人在写关于自己的想法和结论。关于这种写法是科研写作唯一合适风格的思想，使那些本来就觉得自己无权有想法、无权思考有关课题、无权得出自己结论的很多人，更加觉得自己没有这些权利。主张自己的作者权利就是承担自己作为作者的责任。尽管这难免令人生畏，但同时也能让人不断变强。

尽管出版机构的写作规则可能要求你把自己的身影从自己的作品中隐去，但没有任何规则禁止你开诚布公地承认——"我对此表示怀疑，我认为这些想法未得到证据支持，我查阅了文献，我设计了一项研究，我的结论是……"等等。这样写你就会非常清醒地意识到，你是作品的作者，要对自己说的话负责，有权和他人交流自己的想法和理解。如果你在自己的文章中用了"我"，即使后来为了满足他人的要求你不得不删除文中的这些"我"，做起来既容易又不至于抹煞掉你的作者身份。APA格式(2010)明确指出：以客观性为名而不恰当或不合逻辑地落实行动的做法是会误导人的。其中的例子就有滥用第三人称，滥用拟人化，滥用"我们"(p. 69)。APA格式还指出，用"笔者"或"实验者"来指称自己既笨拙又有歧义，给人一种你没有参加研究的印象。虽然很多学刊和导师仍然坚持应该用一种"无主体"的口吻写作，但是受APA格式的倡导，学刊编辑已经改变了写作要求。

在自己的文章中把自己的"声音"发出来，这要求作者有强烈的自我意识，要意识到自己就是知识和想法的所有人，有权给他人讲述自己的知识和想法。许多作家，例如海明威、普鲁斯特、马克·吐温、弗洛伊德等，他们的声音就很容易让熟悉他们作品的人辨识出来(也很容易被其他人拙劣地模仿)。如果你决意在自己的作品中亮出自己的作者身份并付诸实践，你的声音就会变得独具特色，和你的指印及走路样子一样。在这个意义上，发出自己的声音不仅使你的作品有了主人，而且还能把写作变成一个更"自然"的过程；在这个过程中，遣词造句表达思想都变得更加流畅自然，也不需要多少的刻意努力。

没有谁一夜之间就能学会在自己的作品中把自己的声音发出来，而且，加快发出声音的步伐也不易言表。彼得·埃尔伯在《写出力道来》(*Writing with Power*)(Elbow, 1998)一书中，用一整章的篇幅来讨论如何在作品中把自己声音发出来的问题。就在这一章，他表达了对那些把发出声音看成是类似于真实性、真诚性和权威性的人的不满。埃尔伯指出：

大多数人讲话时都有声音,但在所写的作品中却把声音丢失了。声音是一种响声或质感,是"人们"的音。听电话时,朋友还没有报出姓名我们就辨认出他们是谁。有少数人能把自己的声音注入自己的作品。当你读他们的书信或他们写的其他东西时,你就能从中听出他们的音。(Elbow, 1998, p. 288)

埃尔伯(Elbow, 1998)坚定地认为,进行有意识的发声自我训练和借助他人的帮助来区分有声音段落和无声音段落,可以鼓励学生在他们的写作中进行更多的发声实验,使学生能够把自己更多地注入到自己所写的东西之中。除了要求你关注自己的思想、情感和特有表达方式外,要想获得属于自己的文字声音,还得依靠自己的思想权意识以及把自己想法写出来的权利意识。也许,这种权利意识的发展就等同于自己文字中声音的发展。

你文字中的部分声音就体现在你爱用的词语上,体现在你的"自然"话语或文字作品的节奏之上,体现在你用比喻和意象表述思想的方式之上,体现在你对自己思想结构所赋予的最自然的组织形式之上。有时候,通过朗读自己写的作品,你就能感觉到里面是否缺了自己的声音。对于虚假声音、平常说话从来不用的蹩脚表达,以及缺少节奏和流畅性之类的问题,通过听往往比通过看更容易发现。听自己写下的东西时,你就可以从外人的视角来观察自己的文字。这样,你可能会更清楚地觉察出自己写下的东西与自己想交流的东西之间的不和谐声音。

有一种练习也许可以提醒你注意自己声音的要素。随机选一个题目,连续不断地写上几分钟,一定要心里想到什么就写什么,千万不能中途停下来。这种没有经过意识对内容或形式"恰当性"进行过滤的自由写作,能帮助你让自己的自然表达风格跃然纸上。

从几种不同角度写同一个情景,这既令人愉悦,又能进一步探讨如何把声音通过文字发出来。例如,把一项心理实验的研究报告重写几遍就可能获得启发。以客观科学的典型方式,这篇报告最有可能从无主的、匿名的、第三者的角度来撰写。假定这位第三者的目的是报告关于该实验的事实。先试着从一个受试的角度来写这项实验,通常把该受试称作"S"。然后,试着从实验者的角度来写,尽量想象一下该实验者在做实验过程中的想法和感受。最后,从读者的角度来写实验报告。这三种结果之间的差异就是三个不同声音的反映,可以帮助你把自己的声音解放出来。这么做可能还有附带收益:你会对实验过程中真正发生的情况以及如何解读这些情况产生新的看法。

## 关注受众和评价

写作是一种交流形式，不但涉及作者，还涉及潜在的读者，我已经强调过认识到这一点的重要性。写作时要保持对潜在读者的一定意识，这样你就可以预见，这些读者都需要知道些什么才能理解你的想法。想象读者的需求和解读技能是确保你所写的文章能以最清晰的方式把你想说的东西传递给你的读者。带着这种意识写作，也是一种在文字中把通常对话中特有的活力和能量保留住的好方法。

但是，对潜在读者的另外一种意识很有可能成为写作的障碍。如果写的过程中你老想着读者会如何评价你的作品的话，你的写作过程就可能受阻，有时甚至可能"窒息"。如果你竭力猜测读者期望你或想要你说些什么，你可能就难以把自己的想法自由地表达出来，把自己的思想观点诚实地反映出来。如果你老想着如何通过炫耀自己的博学和文采来感动读者，你就可能会迷失写作的真正目的，写得言不由衷，写下的也不是自己想写的东西。过度关注读者对自己文字作品的评价，可能就是你的写作阻碍之一，因为这种想法会使你追求作品的"完美"。由于你不可能预见别人眼里的完美是什么，这等于为自己设定了一项无法完成的任务，做不下去就自然不足为奇了。对极端完美主义者来说，写出的词句，没有一个完全合意；怎么挑选，选出的词也无法确切表达作者内心的想法。无论什么时候，只要你发现自己卡在了文章的第一段，一遍又一遍地在重写引入段，那你就不妨问一问自己，这究竟是为了达到谁的期望。把"心目中的编辑"扔开，你就可能获得充分的自由开启自己的写作，甚至可以完成初稿。与一篇错漏百出的开头相比，一个完整的初稿，对于更正和修订是更加有用的底稿。

有些时候，很难把"心目中的编辑"扔开。如果你发现自己长时间都在想如何表达某个想法才最好，或意识到自己在反复修改某一段落而毫无进展，这就表明你心目中有个编辑需要被扔开了。这些时候，你就不妨临时借助前面介绍过的种种"写作启动"策略了。可以先草拟一个段落，把可能要写的关键想法列成清单，以便他日回过头来再进行加工，这样你就可以继续下去了。把注意力从那喜欢评价你的读者身上转移开来，假想你是在给一位挚友写信或写故事，这样也许能把你的焦虑感充分降低，让你不再在意那些潜在编辑。还有一个有用的策略。你不妨假想有另外一群读者，他们如果有机会读到你所写的东西，肯定是会从中受益的。这些小技巧只能把你的严重"编辑焦虑症"部分缓解，帮你走出全面瘫痪状态。

## 如何修改

尽管我们一直都在告诫大家,写作时不要追求完美,但是,我们还是要强调反复阅读和修改稿件的重要性。任何人的初稿都不可能达到以下几个标准:

- 准确说出了我们想说的意思;
- 向读者提供了理解我们作品所需要的全部信息;
- 没有蹩脚的句子或蹩脚的语法结构;
- 反复斟酌也无法再做出任何重大改进。

把你写下的东西朗读出来,这是听出蹩脚表达和语法错误的好办法。实际上,任何文章都难免会存在一些文字或语法错误。想法一经变成书面文字,感觉上就是完整的、有条有理的。所以,还有一种方法是,请其他人读一下你写出的东西,帮助你把其中含糊不清或证据不足之处找出来。有些地方你觉得清楚,但其他人却读不明白。在写作中很容易省略论证的关键步骤,因此我们指望读者能跟上我们的思维,即使这些思维还没有完全阐明,有时我们甚至希望读者能直接猜出我们的心思。友好的读者可以帮助我们看到,那些我们期望读者知道的知识其实他们并不知道。另一个极端情况是,我们本质上是把相同的观点稍加改头换面,不断重复,导致论证被局限在一条死胡同里。第一次接触论文的人,对过度省略或过度冗余的问题,几乎总是比作者本人更为敏感。

道格拉斯·弗雷蒙斯(Flemons,2001,pp. 30-77)在《字里行间》(*Writing Between the Lines*)一书的"社会科学论文"(Social Sience Papers)一章中举了很多例子,向大家说明如何通过深思熟虑的编辑和修订来把句子和段落的质量提高。这一章非常有价值,因为它清楚地定义了社科论文的基本组成部分,同时还强调,作者应该对标准程序适当调整,从而使程序更加适合作者自己的研究目的。这则信息颇具思想解放意义,能让学生受到鼓舞,不再一味调整自己的思想、方法以及解释角度,从而把自己框在一个本来就不合适的模子之中。

在电脑还没普及的时候,一稿又一稿地撰写论文稿件既费时又费力。作者书房里的废纸篓里,总是扔满揉皱的废纸团,上面尽是各种丢弃不用的段落。后面的每一稿通常都得把前稿的大量内容重打一遍。因此,只有那些一直坚持不懈和有献身精神的作者,才有可能这么严格地约束自己,把这一稿又一稿的任务完成,最后拿出一份自己完全可以接受的终稿来。而把文章写在电脑里,你就可以不断修改,还可以自由地写下很多页之后最后才可能用上(不用时可以一键删除)的任何东西。这对当代的作者来说,确实是一份天赐的优待。

## 不间断写作的十一诀窍

从开始的启动、选题、培育激情、发出自己的声音到最后的修改和完成整个写作项目，这中间有很多的环节。所有这些，都要受到写作目的、选题以及读者的影响，不可能在一章的篇幅内把它们都谈到。下面我们就以清单形式，对前面谈过的"写作诀窍"做个小结，希望能帮助你，从开始考虑研究问题到最后交出合格学位论文，一路前行，动力源源不断。

1. 至少在第一稿中要用第一人称单数，让自己觉得，自己写的是自己的想法、反应、信念，是自己对他人作品的理解。作为作者，要乐于写出自己的感受和想法。能直说就直说。尽可能避免无源之声。如果因为发表等要求你必须使用其他人称形式，以后再改始终都来得及。

2. 如果你对表明自己的立场感到紧张，那么，在第一稿中可以多加修饰。在大胆的陈述中多加上一些像"我的看法是""我认为""在我看来""可能""经常""也许""在某些情况下"之类的修饰语，看起来就没有那么危险了。先得把自己的想法写出来，这总比因为焦虑、担心自己是否有权、有足够的知识或有充分的证据来发表强烈见解而卡壳要好。后面你还可以把这些表示不太坚定意思的修饰语删掉。

3. 最开始时，要努力忘掉读者会怎样评价自己写的是什么或是怎么写的。编辑、出版商、导师肯定是要给你提反馈意见的，以后有的是时间来处理这些烦恼。一开始就操心如何取悦那些爱提批评意见的读者，很可能会让你醉心于自己所写的每一个单词，结果你往往就会把自己的睿智和才华都用在挑选雅致的短语来感动你的评价者之上。这是对时间和精力的极大浪费。

4. 要尽量用短句子，尤其是在第一稿中。这样，你就可以避免让长句子把自己绕住，使自己的意思含糊不清。写作的很多时间都浪费在厘清荒唐的语法之上；如果尽量用一句话就只表达一个思想的话，这种荒唐的语法根本就不会存在。

5. 要尽量找到适合自己的写作风格和思想表达方式。要尊重自己的风格。如果对你来说，先把自己的各种想法做成一个大纲，然后再发展成文章的方法容易且有用，那你就这么干。如果你花在大纲上的时间比整个文章还长，那就先抛开大纲，别信什么一定要有个大纲的说辞。如果喜欢开夜车，开就是了。如果需要先绕圈子最后才能回到主题上来，那就只管绕吧。

6. 不要害怕用他人的文章做楷模。这不是造假，而是承认能从好的作品里面学习很多东西。如果你发现某篇文章写得特别清晰、有力、令你赏心，那你就要注意该作者是如何组织和交流自己的思想的。

7. 要给自己定写作规矩,每天写多少小时(或分钟),或每天要完成多少写作量。如果做起来有困难,那就把每天的目标降低一些,开始时不能超额完成任务。如果有必要,可以用闹钟定时。闹钟一响,哪怕你正在考虑一个好的想法,也要停止工作。很快你就会越来越觉得,这样一次一次地被闹钟打断工作很讨厌。于是,你就越来越想把写作的时间再延长几分钟。把闹钟的时间调长一点没有任何问题。但是,如果你发现自己又长时间地盯着稿纸或朝窗外看,你就得把闹钟调回到原来的时间。如果你每天都能写下几段,那一周下来就有六七页的东西了。对我们大多数人来说,与那种每天花上四五个小时漫无目的地乱折腾而最后弄出"一堆"没法用的文件相比,这要更鼓舞人心。

### 接下来,在初稿完成之后,你就得准备修改稿子了

8. 把初稿中自己爱用的那些形容词和副词全部去掉,只把那些对于表达意思绝对需要的形容词和副词留下。如果有可能,要用更确切或更生动的动词或名词把那些不够有趣的带有修饰语的动词或名称取代掉。如果你初稿中的情绪过分显露或使你的学位论文处于险境,那就除掉一些色彩浓烈的表达,确保自己的所言有证据捍卫。提醒同学们不要忘记我们一位名叫朱迪·史蒂文斯·朗(Judy Stevens Long)的同事关于写作的忠告:把句子中的所有副词、形容词以及介词短语都删除掉,让句子回归基本,这是找出你到底想说些什么的好办法。

9. 把所有的修饰性陈述都消除掉,只留下那些为了诚实和保留你的原意所不得不要的部分。既然都写出来了,你也该有点底气了,也不需要老是那么藏着掖着了。

10. 如果你这么多的短句读起来断断续续,像电报一样,那就可以把一些句子合并起来,使行文流畅一些。但合并句子时一定要当心。要是长句子令人费解,那就要保留原来的短句。读起来不顺总比读不懂要好。通过把短句并长,文章就会长句短句相间,看上去就更加多样,读起来就会更有节奏感。这种多样性和节奏感,会让你的文章更有力道,读来令人更有兴致。

11. 如果前述的写作规则或任何其他的写作规则不能被打破,或不能为你所用,就不要接受它们。套用一下朱莉亚·蔡尔德(Julia Child)关于做面包的不朽名言:不要忘记,你才是自己作品的主人。

## 对学位论文写作的意义

本章大部分聚焦讨论的写作问题,都是研究生和学者经常遇到的问题,已经超出了单纯学位论文写作的范围。正如我们前面说过的那样,帮助你提高学术写作技能的资料目前很多。道格拉斯·弗雷蒙斯(Flemons, 2001)的著作《字里行间》是写社会科学论文的宝典;雷克斯·克莱恩(Kline, 2009)在《成为一名行为科学研究者》(*Becoming a Behavioral Science Researcher*)这本书的一章中,提了很多关于如何为学术读者写作的建议。华莱士和雷(Wallace & Wray, 2011)的《研究生批判性阅读与写作》(*Critical Reading and Writing for Postgraduates*),是一本备受推崇的关于批判性思维策略和学术写作技能的著作。在本书的第4章中,我们也提出了一些如何提高学术写作水平和语法水平的小窍门。琳·托拉司(Truss, 2006)的著作《对标点符号的零容忍》(*Eats, Shoots and Leaves*)对英语语法的讨论既彻底又吸引人。至此,你也应该知道,成功地撰写学位论文和研究论文,特别是旨在发表的研究论文,很可能需要做出一定的让步,要把论文写得更短一点,更简明一些,焦点更集中一些。我们中的一位(克叶尔·鲁德斯坦)很高兴地回想起自己交博士学位论文第一稿时的情况。一交上去,委员会主任就告诉他自己的论文读起来很漂亮,很有希望在文学学术期刊《长青评论》(*Evergreen Review*)上发表。

今天,大多数的大学都提供写作课程,也提供各种结构化的学术写作润色服务。近年来,我们在菲尔丁研究生大学的同事创建了一个"虚拟写作中心",以帮助我们的研究生提高写作技能。他们所使用的在线(和面对面研讨班上的)练习活动包括:自由写作和自我评估(把每天写出的关于自己所感兴趣题目的文章与同辈在网上论坛中分享);主题陈述写作练习;批判性思维与论证;对研究论文的批判性总结;文献综述;有意义问题的提出;有效思想表达;学术体例与语法。这种基于计算机的学习环境,允许我们对文章做同行编辑评审以及老师评审和反馈。我们的同事山姆·奥舍森(Osherson, 2006)就曾睿智地评论说,科学作品没必要干瘪无味。正像他指出的那样,很多学生都持一种"作者是僵尸"的观点,认为要想成为成功的学者和研究者,自己就必须把论文中的所有活力和个人乐趣抽掉。我们的看法是,最好的研究文章(和学位论文)能通过写作风格把读者吸引住,写作风格能反映出作者对课题的兴趣以及课题对作者的吸引。

# 如何使用在线数据完成学位论文 **11**

    在本书的第1版中,我们赞赏了使用个人计算机的好处,认为用个人计算机做数据分析、进行写作、查询和组织文献能节省很多时间;但同时也建议,即使不用个人计算机,也可能完成学位论文。在第2版中我们的建议变成:要是你不使用个人计算机,不使用有关软件和互联网资源,那你就别想完成你的学位论文。此外,我们还介绍了各种可用来做文献综述、文献管理、定量及定性分析的软件;我们还讨论了需要利用各种维护工具软件来保护你的计算机。我们把很多这类信息都转移到了表格和小贴士框中,并提供了参考文献和相关软件以及数据库网站的连接。今天的学生都是计算机高手,一般从小学就开始用计算机了。而且,今天的计算机不仅使学生做研究的方法发生了革命,而且使学生的日常生活方式也发生了革命。研究过程中的每一个阶段,都惯例般地通过基于网络的应用软件来做。基于网络的调查设计和分析正在迅速地取代传统的邮件调查、电话调查以及面对面调查。定性研究既可能面对面与参试者接触,也可能在网上与参试者接触。这一章,我们就专门讨论在线数据索取、分析和采集的方法。

    首先,请大家回顾一下数据原初分析和二次分析之间的区别。原初数据分析指的是对研究者本人、由研究者本人培训的观察员或访谈员所收集的数据的分析。二次数据分析所分析的数据,是取自其他研究者所采集的数据(这些数据通常是为其他目的而采集),或者,是由非研究者在具体研究环境之外所创造的数据。例如,取自美国人口普查总局(U.S. Census)的数据,取自盖洛普(Gallup)、罗珀(Roper)及菲尔德(Field)等民意调查组织所采集的数据;联邦赞助研究基金项目所采集的数据,还有很多很容易在互联网上找到的数据。这最后一类数据的明确目的就是:让任何研究者都能随时使用。在下面的第一部分,我们介绍一些通过互联网获取二手数据的策略,并就如何使用二手数据提一些建议。

## 通过互联网获取二手数据的好处与坏处

对从网站上下载的数据进行二次分析,这已经变成所有研究者的经常性工作,而绝不仅仅是做学位论文的研究生才这么做。这么做研究的典型过程是:

1. 找到包含所需数据的网站;
2. 获取必要的密码,如果需要的话;
3. 掌握下载格式或数据提取系统;
4. 下载数据;
5. 把下载的数据导入统计分析软件。

二次数据分析并不是什么新想法;新的是,可获取数据的量很大,而且很容易获取。世界上最大的计算化社会科学数据档案库就可以通过密歇根大学社会研究所网站(www.icpsr.umich.edu)上的大学间政治社会研究财团(Inter-university Consortium for Political and Social Research,ICPSR)访问。在这个网站上,你会找到有关如何加入和下载该硕大数据库中数据的信息,还有会员机构的名单、定量方法培训以促进数据的高效使用,以及其他数据档案材料。目前,数以千计的学位论文是使用ICPSR所持有的数据来完成的。贴士框11.1中有关于ICPSR的信息。像ICPSR这类大型数据档案馆的创建,导致新词"数据宇宙"(dataverse)的出现。数据宇宙就是一个收藏各种研究数据的档案馆。有兴趣探索ICPSR的读者,可以访问"哈佛数据宇宙网"(Harvard Dataverse Network),该馆关于53000多项研究的数据,代表全世界所有学科领域,包括"世界最大的社会科学研究数据集"。

---

**贴士框 11.1　ICPSR 数据档案馆(大学间政治社会研究财团)**

ICPSR保持并提供通往大型社会科学数据库的通道,供研究和教学使用;提供定量方法培训以促进数据的高效使用。ICPSR提供的可搜索数据库包括自己的馆藏和直接下载多个机构的数据。该网站上有500000个以上的数据文件。

ICPSR还共同主管下列专题档案馆:

- 医疗卫生保健档案馆(HMCA)
- 全国计算机化老龄化数据档案馆(NACDA)
- 全国刑事数据档案馆(NACJD)
- 物质滥用与精神健康数据档案馆(SAMHDA)

　　美国人口普查总局所持有的数据可以通过网站访问。你要找的信息此站应有尽有，包括"Interactive Internet Tools"（互动型互联网工具）和"Direct File Access"（文件直通车）的链接，从而你就可以下载2000年的人口普查数据。此外，我们还向你推荐明尼苏达大学人口学中心的IPUMS（Integrated Public Use Microdata Series，综合公共使用微观数据系列）。在这里，你可以找到美国全国人口普查数据库，包含了1850年以来的全美国人口普查数据；你还可以找到一个国际数据库，包含了世界各国的人口普查数据。这些随时都可以方便调用的过往数据，既给我们带来了巨大的优势，又给我们带来了一些严重的风险。下面，先谈谈我们对二手数据优势的看法，然后再谈谈使用二手数据时应该考虑的几个事项。

　　首先，二手数据的质量很可能要远远高于任何一位研究生独立采集的数据。研究是很昂贵的，大规模的调查研究尤其昂贵；至于大规模的纵向调查研究，不仅其昂贵程度难以想象，它所需要的时间对研究生来说也不允许。然而，这种数据却很容易从互联网获得。例如，全国青年纵向调查1997（National Longitudinal Survey of Youth 1997，NLSY97）是全国纵向调查（National Longitudinal Survey，NLS）项目的一个子项。该项目是美国劳动部劳动统计局（Bureau of Labor Statistics，BLS）主持的大型系列调查。这些调查在多时间点上采集了各种不同男女群体在劳动市场上的经历信息。每一NLS样本都包括数千名个体，其中有些个体几十年来都在接受着调查。这些调查的结果储藏在美国全国刑事数据档案馆中，可通过ICPSR网站访问获取。可见，使用二手数据的第一个优势就是：在研究过程中的几乎所有时间点上，数据的质量都比研究生个人采集的数据高。在贴士框11.2中，我们提供了很多数据档案馆的链接和网址，这些网站上还有其他数据档案馆的链接。

　　利用二手数据资源的第二个理由是，采集一手数据的费用通常超过大多数研究生的资金承受范围。采集高质量的定量数据既耗资又费时。这就是很多学位论文采用横向数据，样本小且非随机的原因。受此严重制约，这些研究就不能进行因果推断，不能向已知总体推广，或者，不能达到足够的统计效力。非常不幸，除非这类研究在其他方面有独特性，否则通常是无法在同行审稿的学刊上发表的。

　　既然有上述两方面的耀眼优势，那为什么不是每个人都想通过互联网获取二手数据呢？第一个理由也许是，这些数据中可能没有提供研究者要直接回答主要研究提问所需的测量工具。这就导致，要么改变提问以"适应"可用的量具，要么部分利用他人的量具来创建自己的量具。问题是，这些"改编出来的量具"既没有信度记录，也没有必要效度研究的支持。

　　不想使用二手数据资源的第二个理由是，二手数据资源很难用，会令人一筹莫展。尽管很多数据档案馆网站在努力使自己的数据容易查到，并提供了广泛的数据归档说明,但要下载下来就不那么简单了。要使用二手数据,那就要随时做好应对各种困难的准备。不是所有的档案馆网站都用同样的方法对数据归档或让你下载,因此,你可能需要学习多种不同的数据下载和归档方式。除了下载数据和把下载数据导入自己软件所可能带来的潜在困惑之外,你可能还需要克服数据归档说明的不充分或不准确问题。为此,你就必须能够得到有关抽样设计的完整说明,必须能够获得准确而完整的编码本,以及在其他所有手段失灵情况下你必须要有的求助联系,从而在遇到缺陷问题时能够求得帮助。

避免使用二手数据的第三个理由是,论文指导委员会可能不批准你用二手数据。我们发现,委员会可能是出于两方面的考虑。第一,学位论文是一个过程,有多重目的。除了能代表你对某研究领域的新贡献外,学位论文还是一种培训研究人的很有价值的工具。委员会可能觉得,你应该全面参加学位论文研究过程的所有阶段,包括那些如果使用二手数据就可能跳过的阶段,像抽样的设计,量具的设计,数据的采集、录入及清理,数据库的建立等。我们也希望,那些用二手数据做学位论文的同学之前在其他研究生课中就已经学会了这些重要技能。第二,以前使用二手数据的学生给有些论文指导老师留下了不好的印象。这些不好的印象主要源自前述避免使用二手数据的前两个理由:学生想问的问题与数据能回答的问题不匹配,数据难以下载且不容易使用。

总之,我们认为,在适当的情况下使用二手数据是合理的,是可以接受的。不过,你必须先做好自己的工作。你不能假定完美的数据库很容易找到,一直都在等着你。你必须在多个网站上搜索,以找到自己兴趣、研究问题以及能用数据之间的完美匹配。在贴士框11.1和11.2中,我们列了一些最大的社会科学数据档案馆;但是,任何列表都不可能全面无漏,因为新的档案馆会不断出现。你可能在某网站上发现自己的理想数据库,但却没有多少独特的自有数据。例如,在1921—1922年,随着人们对优生运动及其遗传学兴趣的衰退,心理学家刘易斯·推孟(Lewis Terman)发起了一项研究,对早年智力优势在10年之间的保持情况做了调查。这一目标很快就延伸到了成年阶段,其目的是确定加州天才的生活之路。到目前为止,已有13波的数据采集浪潮。这项研究开始于1921—1922年,手段是对父母和被研究儿童做访谈,进行一系列的测验和调查。最早的1922年和1928年数据,集中在家庭生活和学校经历方面,包括对被研究儿童母亲的访谈和问卷调查数据。由于当时认为父亲在孩子养育中并不特别重要,所以就没有调查父亲。推孟样本中的各种生活变化以及罗伯特·西尔斯(Robert Sears)、李·克伦巴赫(Lee Cronbach)、保琳·西尔斯(Pauline Sears)和阿尔伯特·哈斯托弗(Albert Hastorf)的先驱工作,使人们的注意力重新落在了老龄化、工作生活和退休生活、家庭以及人生评价等问题之上,并在1972年、1977年、1982年、1986年和

1991—1992年的跟踪调查中进行了探索(Lewis Terman Study, n.d.)。

关于二手数据分析的更多问题,请参见卡娃·弗兰克佛-纳西米亚斯和大卫·纳西米亚斯《社会科学研究方法》(*Research Methods in the Social Sciences*)一书的第13章(Frankfort-Nachmias & Nachmias, 2008)。如果你真的考虑要以基于网络的数据来做研究,我们建议你从ICPSR开始。你也可以考虑佐治亚大学图书馆网站上的数据档案馆名单,或加州大学圣地亚哥分校的"数据统计研究引论"(Intro to Data and Statistical Research)网站。该网站上有很多常用统计工具链接和数据库链接,还有关于统计软件的推荐意见。最后,你也可以从Net网站上获取数据。该网站与其他156个可下载定量数据的网站链接,与全世界54个数据图书馆和数据档案馆链接,与来自数据图书馆、数据档案馆以及数据供应商的53个目录和数据名称表链接,还与20个销售数据的组织链接。

## 互联网作为原初的定量和定性数据资源

对于很多情况,互联网都可以作为采集原初数据的资源。首先,你可能就希望使用互联网来获取档案记录和信息。例如,你可能希望得到《纽约时报》中提到过某关键事件的所有文章。为此目的,你就可以访问ProQuest数据库。该数据库包含了《纽约时报》数据档案,既可以按主题搜索,也可以按检索词搜索。我们有一个学生就使用这个数据库搜索有关越南战争期死亡人数的情况(Huston-Warren, 2006)。第二,通过互联网,你可以监控发生在聊天室、网上博客、网上约会服务以及其他类似环境中的线上交流活动。例如,斯蒂芬尼·马凯(Mackay, 2012)就考察过一个女性滑板运动博客上的女性话语的传播情况。该博客由一个女子滑板运动员创办,基地在加拿大的蒙特利尔。第三,你可能希望设计自己的数据采集工具,并在互联网上发表。就在几年前,这还是一项重大任务,最好是由经验丰富的网页设计师来完成。然而现今,很多基于互联网的调查设计和数据存档服务已经相继出现,旨在辅助研究者编制基于互联网的调查工具,以得到完整的数据库为报偿。这种服务,在很大程度上就省去了不得不把数据输入数据库的艰辛劳作以及数据邮寄、打印和录入的费用。除此之外,很多网站还允许你进行在线设计,这就使调查设计过程变得简单、快捷、直截了当。在贴士框11.3中,我们提供了不少在线调查研究公司的链接和信息,包括链接、价格及服务。要注意,选择服务时可不能只看价格。我们建议你探索一下WebSM这家网站。WebSM是英语Web Survey Methodology(网络调查方法)的缩写,是一家专门致力于网络调查方法议题的机构网站。内容广泛覆盖了现代技术如何作用于调查数据采集过程的各个方面。在这里,你会发现有一份有关网络调查的书单,上面都是一些最近出版的探讨网络调查方法的文献和一些提供网络调查服务公司及软件的链接。设计网络调查时要考虑很多因素,既有影响应答人的比率的,也有影响数据的质量的。其中就包括调查的发起人、题目、完成的时间、题目的网页展示(Casey & Poropat,2014;Fan & Yan,2010;Sanchez-Fernandez,Munoz-Leiva,& Montoro-Rios,2012)。特别重要的是,你所选择的任何服务都需要支持不同的浏览器(Fan & Yan,2010)。

> 同一份网页调查问卷,在不同配置的计算机上,在用不同的浏览器浏览时,在使用不同的互联网服务时,在不同的互联网传送能力下,都会以不同的形式展现。由于这种变化,有些答卷人就可能看不到正常展示的问卷,不能成功递交自己的答卷,甚至最终退出调查。此外,同样重要的是,为了有效的数据导入和导出,调查所用的软件程序要支持各种格式的文件,例如XLS和SPSS格式的文件。(Fan & Yan,2010,p.137)

我们的学生很多都有一些使用在线调查设计和数据采集服务的经历。如果你的确要使用网站服务来采集或分析你的数据,那你就必须亲自谨慎地监控活动的过程,而不要依赖网站的人来替你监控。例如,我们有一位学生在做博士学位论文时就寻找一个200人的样本来完成调查。为了接触到广泛的受查(接受调查的人),她与一家网络研究公司签了合同,委托该公司来做这项调查,以便参试者能够在线上完成答卷任务。为了提高在较短期限内获得所需样本的可能性,她向每位答完调查问卷的符合条件的参试者(有饮食紊乱的女青年)都支付20美元的补偿。如此诱惑的报酬持续一天之后,网站就通知她,已经收到549份完成的调查问卷,而且还有几百份正在做答之中。这让她既吃惊又高兴,于是就立即关闭了调查。她现在是有了一个很棒的参试者样本,但却要从自己的口袋里掏出将近12000美元来支付给参试者啊!当然,从道义上讲,她应支付完成任务的每一位符合条件的参试者。这位学生的错误在于,事先没有设定样本大小的限度。这个错误尽管可以理解,但却代价惨重。

根据我们以往处理学生这类和类似问题的经验,我们提出以下八条建议。

1. 要仔细研究所知道的所有提供线上调查服务的公司。不同公司所提供的服务种类和价格差别很大。收费贵未必提供的有用信息就多,或许,贵的网站提供了很多你不需要的信息。

2. 量表一旦上线,要逐字核对每一问题及其选项,确保和原始量表底稿一致。错误和遗漏很常见。你要认真负责地把错误找出来加以更正,不然就得接受错误导致的后果的惩罚。

3. 对任何网上调查或实验都要进行试运行。因为，一旦与互联网接通，小错误也可能带来难以预料的严重后果。如有可能，要获取一个小"跟踪"数据集，以确保所下载的数据包括了所有东西。在线之前，先请几个朋友和论文指导委员会成员在线上做一下，并请他们提些建议。

4. 要有停止指令，以避免数据太多，除非额外数据是免费的。毕竟，大样本还是有大样本优势的。

5. 要多次核查，以确保完成调查的人确实属于你所需要总体的成员。例如，如果你只想研究男性，那么，在开始处就应该有说明，以告示参加人，只有男性才能够参加调查；在之后的调查问卷中，还要有关于参试者性别的题项。

6. 任何激励，不管是经济上的还是其他的，都可能导致同一参试者多次参加调查的情况，或不符合条件的人参加调查的情况。要和服务提供商一起商讨预防此类潜在问题的各种可能方法，并通过精心设计调查问卷，把欺骗的人筛查出来。

7. 要切记，对参试者数量，通常要考虑到不符合条件的参试者或数据填答不完整的情况。要做好至少20%的数据不完整或参试者不符合条件的准备。

8. 如果有可能，要通过各种限制，只让那些真正符合条件和很可能符合条件的人完成你的调查问卷。为此，你可以设定一个验证码或密码，这样就只有那些你联系过的或事先已经确定为符合条件者的人才能完成调查。

在通过互联网采集数据之前，还有一些重要问题需要考虑。首先，你的计算机技能是否足以应对调查中可能出现的各种问题？第二，你对自己拟抽样的总体以及如何通过你的计算机接触到这些样本是否有一个非常清楚的概念？第三，你的论文指导委员会是否接受并支持你采用这种数据采集策略？如果你对这三个问题的回答是肯定的，那你就可以考虑实现自己通过互联网采集证据的愿望了。

关于网上采集数据，有不少优秀著作值得参考。柏斯特、克鲁格（Best & Krueger，2004）的《互联网数据收集》（*Internet Data Collection*），迪尔曼、斯梅斯、克里斯申（Dill-man，Smyth，& Christian，2009）的《互联网、邮件及混合模式调查：定制的设计方法》（*Internet，Mail，and Mixed-Mode Surveys：The Tailored Design Method*），伯恩鲍姆（Birn-baum，2001）的《互联网行为研究导论》（*Introduction to Behavioral Research on the Inter-net*），都是很有用的基础读本。其中最后一本著作，不仅能指导网上调查，还能指导网上实验。由高斯苓、约翰逊（Gosling & Johnson，2010）编辑的《高级线上行为研究方法》（*Advanced Methods for Conducting Online Behavioral Research*）是一部高级参考书，书中有大量的基于互联网研究的例子，其中有一章专门讨论如何从社交网站和博客上采集数据，一章专门讨论如何用自动田野记录观察线上参试者的行为，还用了整整一

表11.1　关于互联网方法的六个成见

| 成见 | 发现 |
| --- | --- |
| 1.互联网样本在人口统计学上不够多样（例如：Krantz & Dala, 2000） | 各有优势：互联网样本比传统样本在很多方面（例如：性别）都更多样，虽然还不能完全代表总体。 |
| 2.互联网样本适应不良，被社会孤立，有抑郁倾向（例如：Kraut et al., 1998） | 用互联网的人和不用互联网的人在适应和抑郁症表现上并没有什么不同。 |
| 3.互联网数据在不同的展示形式下有不同的结果（例如：Azar, 2000） | 用互联网做的研究的结果在五大人格的两种展示版本上得到重复。 |
| 4.互联网参试者的动机不够（例如：Buchanan, 2000） | 互联网方法提供了鼓励参试者的手段（例如：即时反馈）。 |
| 5.互联网数据因参试者的匿名而打了折扣（例如：Skitka & Sargis, 2000） | 然而，在互联网上做研究的人可以采取适当措施把重复参加的人剔除掉。 |
| 6.基于互联网的发现与用其他方法得到的发现不同（例如：Krantz & Dala, 2000） | 目前为止的证据表明，基于互联网的发现与基于传统方法的发现一致（例如：关于自尊、人格），但仍然需要更多数据。 |

来源：高斯苓、范扎尔、司芮瓦斯塔瓦、约翰（Gosling, Vazire, Srivastava, & John, 2004, pp. 93-104）。

篇讨论如何把传统方法转移到网络上来。最后再推荐一本《SAGE线上研究方法手册》（*SAGE Handbook of Online Research Methods*）。这本手册中有一篇《虚拟民族志》（Virtual Ethnography），专门讨论基于互联网的访谈、线上焦点小组、分布式视频分析等论题。

但是，网络调查的信度和效度怎么办？论文指导委员会中那些对网上研究持怀疑和警觉态度的委员又该怎么办？网络调查可以信任吗？这些问题一直都有大量研究关注，各种答案也慢慢浮现出来（请比较 Duarte Bonini Campos et al., 2011；van den Berg et al., 2011）。高斯苓、范扎尔、司芮瓦斯塔瓦、约翰（Gosling, Vazire, Srivastava, & John, 2004）对一个大型互联网样本（$N = 361703$）做过对比分析，用510个已发表的传统样本来回答六个关于互联网问卷调查的成见问题。结果发现见表11.1。

网络调查服务提供商知道，有些答卷人可能会同时参加多个提供报偿或激励的调查项目，有些答卷人答题时也可能不是全神贯注。因此，有些服务提供商能够监控谁完成了问卷，答卷过程中的专心程度怎样。我们一位叫珍妮弗·强斯顿（Johnston, 2013）的学生对自己在Zoomerrang（现在已经和SurveyMonkey合并）上做调查的过程有如下描述：

把一份问卷挂在Zoomerrang网站上。答卷人会先读到一篇欢迎辞，接着是知情同意页,要求他们点击一个按钮,表示自己已经知道并完全理解参加调查的条件要求和权利,然后才能继续。Zoomerrang网站保证对调查保密。所有的个人信息都不向研究人提供,包括姓名、家庭住址或所在州、答题所用计算机的地址等。然后,如果还有名额,答卷人就可以进入正式调查,在完成开始的人口学调查问题之后他们可以继续下去。如果名额已满,答卷人就被告知不必继续下去了。每页上都显示已经完成了百分之几的问题。在调查的末尾,会引导答卷人到情况汇报页,这里有研究人、系主任、校内伦理委员会的联系信息。问卷需要25分钟的时间完成。

　　Zoom会员在完成问卷后会得50个Zoom分。Zoom分可以累积,会员可以用此积分兑换音乐、书、电子产品、厨房用品等。用于购物时,50个Zoom分等价于1美元。这个数量的补贴一般足以激励会员在空闲时完成调查,同时又不会多到对会员构成压力。Zoom会员由"市场调研工具"(Market Research Tools)这家拥Zoomerrang网站的研究公司管理和维持。他们使用一些传统的会员管理技术来维护和监控会员会的"健康"、准确性以及有用性,例如跟踪代表性、会员活动频次、旧会员离开时助推新会员招募的情况,还包括他们自己解决会员诈骗问题的专利技术,使用所谓"真实样本技术"的算法诊断每位答卷人是否独特、是否真实、是否用心。而且,虽然会员会委员主要是为了做市场/产品研究而招募的,但是,从来没有要求过会员自己购买或推销产品或服务(MarketTools, 2009.2)。(Johnston, 2013, p. 54)

　　互联网还可以用来支持你把真实验设计落实。例如,桑切斯-费尔南德斯等(Sanchez-Fernandez et al., 2012)的研究,就是为了考察影响网络调查完成率的因素,他们把电邮提醒的频次系统改变,把发给潜在答卷人的电邮个性化,并使用激励创建了一个2×2×2的析因设计。这样,无需多少创造性的思维,研究人就可以利用互联网不仅做横向调查,还要开展纵向研究,进行实验和准实验研究。

　　最后,我们还想提一下一种更新近的叫作众包(crowdsourcing)的技术。这种技术就是把所需求的服务、想法/点子或内容由一大群人(特别是线上社区)贡献出来。通过Amazon Mechanical Turk(缩写为MTurk)平台,个人、企业或集体就可以把自己所需要的任务通过互联网招募"工人"来完成,要付一定的费用。在MTurk平台上,拟完成的任务叫人类智能任务(Human Intelligence Tasks, HITs)。如果你想把自己的问卷完成,你首先要注册成为"请求人"(Requestor),然后,"请求人"就会让"工人"完成任务并支付费用。通过MTurk,"请求人"就可以具体设定答卷人能够接受HIT任务的确切资质要求,可以接受或拒绝结果。你可以设定每项HIT任务完成后你所愿意支付的酬劳,可以是一分、一块,或者更多。但亚马逊要从每一项完成任务的酬劳中抽取10%。

在社会科学研究中使用MTurk寻找参试者资源的情况已然发生，有些研究既独特又方法有趣，不可能不受到关注。关于MTurk参试者的特性，布尔梅斯特、科旺、高斯苓（Buhrmester, Kwang, & Gosling, 2011）就有以下总结：

> （1）MTurk参试者的人口统计学特性比传统互联网样本更加多样，比典型的美国大学样本更显著多样；（2）参与受到补贴多少和任务长短的影响，但仍然可以快速招募到廉价参试者；（3）实际补贴的多少并不影响数据的质量；（4）所获得的数据至少和传统方法所获数据一样可信。(p. 3)

我们有一位名叫劳伦·怀特的学生就使用MTurk对视频游戏玩耍和言语推理进行了探索（White, 2013）。他通过随机发送超级链接的方法，把参试者分派到不同的视频游戏中，怀特就这样设计出了一个混合析因实验，因变量是言语推理的准确度。所有的调查材料都存储在SurveyMonkey之上，用MTurk上的一个超级链接与调查连通。怀特认为，自己的经历既有益处也有缺陷。

> 最大的益处是，很快就能达到事先对每个研究所设定的目标数量N。每个研究的数据采集时间持续了大约10天，每个研究有几乎200份完整的调查材料。如果用人工方法采集这类数据，所需要的时间可能要长得多。(p. 79)

怀特接着叙述道：

> 每完成一份测验材料，参试者获得0.10美元的补贴。调查材料估计要用大约30分钟的时间完成。AMT根据完成调查的时间核算平均薪资，据此，完成一项30分钟调查补贴0.10美元算低费用。这么低的补贴可能会抑制参试者高质量地完成调查，会引起答卷疲劳，减少动力。而且，对问卷最后一些题目（即，后测言语推理问题）的回答，更多的人可能会随机乱猜。研究1包含6AFC，表明16%是随机猜测的；研究2包含5AFC，表明20%是随机猜测的。(p. 79)

关于如何使用Amazon Mechanical Turk（怀特缩写为AMT），怀特（私人沟通）提出下列4点建议，有些建议适用于任何形式的互联网调查。

1. 保持调查用材料尽可能清楚，尽可能容易处理。材料越难，AMT用户面对的任务就越复杂。如果任务太难或不清楚，你得到的调查结果就差，或者，很多数据就会缺失。

2. 时刻监控调查目标完成的进度。调查任务发布之后几个小时，大多数的调查问卷就开始完成收回。如果发觉收回的问卷不够多，你就得把任务再发布一次，或者，把某些准入标准改变一下。

3. 在设置AMT调查时，AMT会给你提供一份费用概算。如果有可能，尽量不要大幅砍价,但也不是要多少就给多少。

4.AMT网站上有一个很棒的FAQ(常见问题)和使用指南——这些信息非常有帮助!

## 大数据是什么?能作为学位论文的数据源吗?

如果不谈谈"大数据",我们关于基于二手数据库和互联网研究的讨论似乎缺少了点什么。互联网使我们有可能采集大量的信息,并把它组织起来,分享出去,所提供的方式方法,在从前绝无可能。对此,库克尔、梅尔-舍恩伯格(Cukier & Mayer-Schoenberger, 2013)曾这样评论过:

> 直到2000年,全世界所存储的信息只有四分之一是数字信息,其他的都存储在纸张、胶卷以及其他模拟介质之上。然而,由于数字信息扩张得如此快速——每三年翻一番——情景很快就翻了过来。今天,存储信息中非数字信息的占比已不足百分之二。(p. 28)

这种"数据化"的趋势,不仅为自然科学和社会科学工作者创造了新的研究机会,而且也就研究人应该如何巧妙使用这些数据提出了一些很有趣的问题。其中之一就是挑战"抽样"概念。我们在本科阶段所学的研究方法课告诉我们,我们之所以抽样,是因为我们无法使用总体,或者,使用总体太昂贵。初级统计学课也告诉我们,要用零假设显著性检验把我们从样本中得到的结果科学地概推到总体之中。然而,今天我们有了大数据,我们受到的约束就小了很多。例如,大多数的美国人口普查数据都可以下载,只要你的计算机存得下。而且,在那些包含数以百万计案例的数据库中,几乎所有关系都统计显著。当样本大小和费用不再能够约束我们采集、储存、组织和分析数据的能力时,新的统计分析方法也许更有意义。

最近,数据挖掘这种发现隐藏在大数据之中的规则和关系的崭新科学和艺术,已然成为热门课题(试比较 Han, Kamber, & Pei, 2011; Tan, Steinbach, & Kuman, 2013)。数据挖掘是一种与传统因果假设检验相对应的统计技术。特别惹人关注的是罗素(Russell, 2013)的著作《挖掘社交网:挖掘脸书、推特、领英、谷歌+、Github等上的数据》(*Mining the Social Web: Data Mining Facebook, Twitter, LinkedIn, Google+, GitHub, and More*)。当然,这种"盲目的经验主义"追求并非没有遇到批评。在没有良好理论框架可以参考的情况下,盲目地寻找大数据库以发现其中的潜在规则,对于大多数的学位论文来说可能并不合适。例如,胡巴(Huba, 2013)就批评道:

　　大数据这个，大数据那个。哇。最终，我们会以更好的途径出售内衣、汽车，以及"美好明天"药丸（虽然政治家和宗教家在出售"美好明天"药丸方面可能实际上胜过了亚马逊和谷歌）。盲目的经验主义——只要点击一下网上的按键，你就进入了某个大数据库。

　　"小数据"（little data）——经过精雕细凿，用来检验理论，由训练有素的专业人士精心采集、仔细分析——已经为我们打造出了人格理论、社会互动理论、宇宙理论以及购物和储蓄的行为经济学。（1-2段）

如何采集数据，怎样使用数据，这取决于研究人的目的、匠心及技巧。因此我们鼓励你，在追求自己研究兴趣的过程中，对所有的可选数据资源都要加以考虑。

## 基于互联网的数据分析

在线数据档案使用的最新进展是，绕过下载环节而直接进行在线数据分析。现在，大量的数据档案网站都提供了这一选项。用户可以选择挑选一些数据下载下来，或是在线对数据进行广泛的管理和统计分析。具体内容包括对变量进行重新赋码和计算，进行交叉制表、均值比较、多元回归分析等。

美国研究院（American Institutes for Research）研展出了一套非常有趣的在线数据分析库，名叫"灯塔"（Lighthouse）。"灯塔"的用户不需要什么特别的研究或统计技能就可以对复杂数据提出自己的问题。用户可以在该网站上创建自用表格、图形以及其他统计展示方式。"灯塔"把多个复杂的调查、评估或其他数据整合在一起，具有专家级统计分析师的知识。这一分析库与相应的数据一起存放。对于用户而言，系统似乎"知道数据"，并能从中挑出适当的分析程序。这一分析使系统能够把技术细节和复杂统计程序都隐藏起来，让用户看不见；让用户看到的，只有完全针对她或他所提问题定制的答案。任何对网上数据分析感兴趣的人，都应该探索一下这种新类型的统计分析方法。当然，"灯塔"系统中的"人工智慧"不会减少你本来应该承担的、熟悉分析自己数据所用的统计方法的责任。

<table>
<tr><td colspan="2" align="center">贴士框 11.2</td></tr>
</table>

**数据档案馆和图书馆**

| 网站名称 | 备注 |
|---|---|
| Center for Demography and Ecology, (University of Wisconsin-Madison)（人口统计学与生态学中心, 威斯康星大学麦迪逊分校） | 号称是"全国最细致的人口统计可机读数据文档"。从网站的首页上搜索"Signature Themes", 然后搜索"Data"。 |
| Cornell Institute for Social and Economic Research（Cornell University）（康奈尔经济与社会研究所, 康奈尔大学） | 可直接进入互联网上的精选数据集, 与数十个同类网站链接。 |
| Center for International Earth Science Information Network（CIESIN）（国际地球科学信息网络中心） | 世界人口、环境、健康和地理数据, 包括若干数据搜索互动系统。参见 Data & Information 链接。 |
| Consortium of European Social Science Data Archives（欧洲社会科学数据档案委员会） | 可搜索世界各地档案馆提供的数据。 |
| Data & Information Service Center（University of Wisconsin-Madison）（数据与信息服务中心, 威斯康星大学麦迪逊分校） | 社会科学和交叉学科的数据文件。数据信息收集范围包括：纵向调查、宏观经济指标、选举研究、人口研究、社会化模式、脱贫措施、劳动力参与情况、民意调查、健康与教育数据、人口普查数据 |
| Harvard Dataverse Network（哈佛数据宇宙网络中心） | 一个科研数据库, 在此, 研究人可以分享、引用、再用科研数据, 可以把科研数据存档。 |
| The Odum Institute（University of North Carolina）（奥德姆研究所, 北卡罗来纳大学） | 路易斯·哈里斯民意调查、卡罗来纳和南方焦点民意调查、全国州民意调查公共舆论数据网络的民意调查数据。有一个可取问题和频次的可搜索数据库, 有精选数据文件供下载用。点击 Data Archive 链接。 |
| International Social Survey Programme（ISSP）（国际社会调查项目） | 在 34 个国家开展的社会科学调查跨国合作项目, 参见 Archive and Data。 |
| National Archives and Records Administration—Center for Electronic Records（全国档案与记录管理总局——电子记录中心） | 与电子记录有关的信息, 包括数值型数据文件, 由美国政府各机构生成, 可通过全国档案与记录管理总局购买。参见 Access to Archival Databases。 |

续表

| 网站名称 | 备注 |
|---|---|
| National Data-Archive of Child Abuse and Neglect（NDACAN）（全国儿童虐待与忽视数据档案馆） | 与全国儿童虐待与忽视数据档案馆有关的信息，包括使命、出版物以及可提供的数据集。 |
| Roper Center for Public Opinion Research（罗珀民意研究中心） | 广泛的民意调查档案，包括盖洛普民意调查和许多其他民意调查。参见 DataAccess。 |
| UK Data Archive（University of Essex）（英国数据档案库，埃塞克斯大学） | 英国最大社会科学和人文数字数据集合的监护者，馆藏7000多种社会科学数据集。 |
| Data on the Net（University of California-San Diego）（网上数据，加州大学圣地亚哥分校） | 有很多数据网站的链接以及关于每个网站上可以找到什么数据的长篇说明；可以用索引词搜索；要确保检查一下"Multidisciplinary Data Finders"。 |

## 经济、社会、和社会政治网站

| 网站名称 | 备注 |
|---|---|
| Gallup（盖洛普） | 盖洛普组织的民意调查数据，包括来自其新闻和其他报道中的表格、统计结果和文章。 |
| General Social Survey（GSS，综合社会调查） | 关于美国国家民意研究中心两年一度的个人访谈调查的信息。包括一个搜索引擎，可搜索相关变量的代码表；一个提取工具，可挑选出数据。两个网站还有很多其他数据库。有广泛的在线数据分析选项。 |
| Federal Election Commission（联邦选举委员会） | 提供有关竞选活动募资情况的可下载数据。参见 Campaign Finiance Disclosure Portal。 |
| The World Bank（世界银行） | 关于很多国家的家庭调查结果，每个国家的访问条件各不一样。点击 DATA 链接，就可以按国、主题或经济指标浏览数据。 |
| American National Election Studies（ANES，美国全国选举研究） | 美国全国选举研究对在全国范围内对美国的选区进行调查。这项时间序列研究目前已涵盖50年的情况。本网站提供有关 ANES 的使命和程序信息以及其他文件。 |
| Panel Study of Income Dynamics（收入动态面板组研究） | 有关收入动态面板组研究的信息，一项关于美国家庭的纵向研究，1968年开始，现在仍在持续，包括就业、收入、财富、住房和健康等方面。 |

续表

| 网站名称 | 备注 |
|---|---|
| Uniform Crime Reports（University of Virginia）Dynamics（统一犯罪报告，弗吉尼亚大学） | 提取县级犯罪和逮捕数据的互动系统。 |
| United Kingdom Election Results（英国选举结果） | 提供1983年以来英国议会选举结果的链接。 |
| U. S. Department of Housing and Urban Development（美国住房与城市发展部） | 关于住房需求、市场状况及社区发展的数据。 |
| Statistics about . . .（University of Minnesota）（关于……的统计结果，明尼苏达大学） | 关于精选统计表、出版物以及按专题分类指标的链接 |
| USDA Economics，Statistics，and Market Information System（美国农业部经济、统计与市场信息系统） | 美国农业部各统计单位可提供的有关农业的出版物和数据：经济研究服务处；全国农业统计服务处；世界农业展望委员会。 |

## 政府统计机构

| | |
|---|---|
| Bureau of the Census（人口普查总局） | www.census.gov |
| Bureau of Economic Analysis（经济分析总局） | www.bea.gov |
| Bureau of Justice Statistics（司法统计总局） | www.ojp.usdoj.gov/bjs |
| Bureau of Labor Statistics（劳动统计总局） | www.bls.gov |
| Bureau of Transportation Statistics（运输统计总局） | www.bts.gov |
| Economic Research Service（经济研究服务处） | www.ers.usda.gov |
| Energy Information Administration（能源信息管理总局） | www.eia.doe.gov |
| FedStats（联邦统计） | www.fedstats.gov |
| Centers for Medicare and Medicaid Services（医疗保险和医疗补助服务中心） | www.cms.gov |
| National Center for Education Statistics（全国教育统计中心） | www.ed.gov/NCES |
| National Center for Health Statistics（全国健康统计中心） | www.cdc.gov/nchs |
| National Science Foundation，Division of Science Resources Studies（全国科学基金社会资源研究处） | www.nsf.gov/sbe/srs/stats.htm |
| Statistics Canada（加拿大统计局） | www.statcan.ca |
| Statistics Division of the United Nations Department for Economic and Social Information and Policy Analysis（联合国经济与社会信息及政策分析部统计司） | www.un.org/Depts/unsd |

| | 贴士框 11.3 | | |
|---|---|---|---|

**调查设计与数据采集的线上服务**

| 网站名称/产品 | 特色功能 | 收费标准 | 服务限制/评论 |
|---|---|---|---|
| CreateSurvey | 标准特色功能；有教育优惠 | 个人使用一个月15美元，全年199美元。允许做10种不同的调查，题目数量无限制，每个月最多1000份答卷。 | 可把调查在公司服务器上放一段时间。肯定值得认知考虑。 |
| FormSite | 每周一次的调查情况报告；支持多语言 | 根据所需参试者的数量、存储的大小、项目的个数，每月19.95到99.95美元。可免费使用14天。 | 可把调查在公司服务器上放一段时间；对每月参试者的数量有限制但数量很大。 |
| HostedSurvey | 标准特色功能；有教育优惠 | 按照参试者数量提前付费；前50名参试者免费，之后每1名参试者收费约0.45美元，直到1000名参试者。 | 自购买日起，可把调查在公司服务器上放18个月。 |
| SuperSurvey | 标准特色功能 | 有多种不同付费方式供选择，按单次调查/按月/按年。 | 不超过1000人的单次调查收费19.95美元，进行期1年内保持有效。 |
| SurveyMonkey | 标准特色功能；无限调查 | 供选方案使用每月17美元；题目数量无限，参试者人数无限量。 | 一款世界上最受欢迎的线上调查工具。已于Zoomerang合并。 |
| SurveyProf | 免费网站 | 对学生免费。 | 我们还没有使用该网站的经验。 |
| FluidSurveys | 标准特色功能 | 小型调查免费，专业版每月17美元，参试者无限量。 | 在智能手机和平板电脑上通过移动应用程序进行。 |
| Google docs | 免费网站 | 免费使用，但需要下载"谷歌驱动程序"（Google Drive）。 | 有数千模板供用户选择，但因无跳过模式，灵活性严重受限。仅推荐做简短调查。可输出到Excel中。 |

注:我们对大量提供网络调查服务的网站做了分析研究,有些网站并不是为学生开展单一网络调查而设计的,所以没有列入。我们不对以上这些服务网站排名,也不认为它们全面无遗。但我们坚信,上述网站几乎可以满足任何个人的需要。我们恳切建议:你要亲自探索一下这些网站及其选项,在知己知彼的条件下做出自己的抉择。

# 学位论文中的数目表达指南 12

【本章内容根据APA格式(2010)改编。】

很多院系都要求学生,要按照本专业学/协会的格式体例编排打印自己的学位论文。例如,心理学系就可能要求学生按照APA格式制作学位论文中的各种图表,也要按照APA格式的要求在文本中对图表进行说明或参引。这一章,我们要探讨一些文本中如何表达数目的规则,特别是APA格式(2010)中关注的九个方面。我们之所以介绍APA格式的数字使用指南,是因为该指南较为完整,涵盖了广泛的问题,并不限于心理学这一个学科领域。

## 用数字表达数目的情况[1]

**一般规则**:用阿拉伯数字表达10及以上的数目,用文字表达10以下的数日。
**举例**

| 正确 | 不正确 |
| --- | --- |
| 只有大约13% | 只有大约百分之十三 |
| 长22 mm的线段 | 长二十二毫米的线段 |
| 四个主题 | 4个主题 |
| 五个组中的三个 | 5个组中的3个 |

**例外情况:**

1.要把小于10的数目与等于或大于10的数目进行比较,且在同一段中出现,要用

---

1 这里数目字表达的规则主要是针对英文的,有些表达形式在中文里并不是错误。——译者注

阿拉伯数字表达小于10的数目,而不能用文字。

| 正确 | 不正确 |
|---|---|
| 32个组中的5个 | 32个组中的五个 |
| | 三十二个组中的五个 |
| 排序后为第3和第12 | 排序后为第三和第十二 |
| | 排序后为第三和第12 |
| 30个案例中的8个 | 30个案例中的八个 |
| | 三十个案例中的八个 |

2.在度量单位前,数目无论大小都要用阿拉伯数字表达。

| 正确 | 不正确 |
|---|---|
| 一截5 mm长的线段 | 一截五毫米长的线段 |
| | 一截五mm长的线段 |
| 一个36.22 cm长的平均值 | 一个三十六点二二厘米长的平均值 |

3.表示统计或数学函数、分数或小数量、百分比、比率、百分位和四分位的数目,无论大小都要用阿拉伯数字表达。

| 正确 | 不正确 |
|---|---|
| 3.54的平均值 | 三点五四的平均值 |
| | 三又百分之五十四的平均值 |
| 5减 | 五减 |
| 4 3/4倍 | 四又四分之三倍 |
| 0.44 | 零点四四 |
| | .44(小数点前一定要带0)* |
| 5 kg重 | 五公斤重 |
| 得分在第4百分位 | 得分在第四百分位 |

注:如果数目不可能超过1,则小数点前不能用0,例如相关系数、概率、比值、显著性水平。(这一条不适合中文)

4.凡表示时间、日期、年龄、样本或总体大小、得分或量尺上的点位、确切金额、作为数目的数词,无论大小,均要用阿拉伯数字表达。

| 正确 | 不正确 |
|---|---|
| 每个样本4人 | 每个样本四人 |
| 七个9岁儿童 | 七个九岁儿童 |
|  | 7个9岁儿童 |
| 7年中 | 七年中 |
| 1984年开始学习 | 一九八四年开始学习 |
| 4月1日前 | 四月一日前 |
| 没有组持续了3.5小时以上 | 没有组持续了三点五小时以上 |
| 6分或以上 | 六分或以上 |
| 给每个受试付7.5美元 | 给每个受试付七美元五十美分 |

5.数目在表示数字系列中的具体排位、书的章节编号及图表编号,或者,四个及以上数目一起排列时,无论大小,都要用阿拉伯数字表达。

| 正确 | 不正确 |
|---|---|
| 样本4 | 样本四 |
| 图1 | 图一 |
| 第60页 | 第六十页 |
| 第2、5、6、8、23章 | 第二、五、六、八、23章 |

## 用文字表示数目的情况

**一般规则**:用文字表达小于10且不表示精确测量结果的数目;用文字表达小于10且不与10及以上数目进行比较的数目。

**举例**

| 正确 | 不正确 |
|---|---|
| 大约七或八 | 大约7或8 |
| 第一组中的一个 | 第一组中的1个 |
|  | 第1组中的1个 |
| 只有两人 | 只有2人 |
| 两项调查 | 2项调查 |

续表

| 正确 | 不正确 |
|------|--------|
| 单向 ANOVA | 1 向 ANOVA |
| 双尾 $F$ 检验 | 2 尾 $F$ 检验 |

**例外情况：**

1.当数目"零"和"一"用文字表达更容易理解时，就用文字表达；如果"零"和"一"不与10或以上的数目一块使用，也要用文字表达。

| 正确 | 不正确 |
|------|--------|
| 一对一阶段 | 1 对 1 阶段 |
| 只有一个受试 | 只有 1 个受试 |
| 零这一概念 | 0 这一概念 |

2.位于句首、题名首或标题首的任何数目，都要用文字表达。（如果有可能，要重新组织句子或题名，不要让数目处在句首位置。）

| 正确 | 不正确 |
|------|--------|
| 五项研究支持 | 5项研究支持（中文可以这样用） |
| 百分之二十六的…… | 26%的……（中文可以这样用） |
| | 二十六%的…… |

3.常用的几个分数要用文字表达。

| 正确 | 不正确 |
|------|--------|
| 样本的一半；一半样本 | 样本的1/2；1/2样本 |
| | 1半样本 |
| 恰好五分之一 | 恰好1/5 |

4.遵守普遍接受的用法。

| 正确 | 不正确 |
|------|--------|
| 十二使徒 | 12使徒 |

| 正确 | 不正确 |
|------|--------|
| 十诫 | 10诫 |
| 七月四日 | 七月4日 |

## 用文字和阿拉伯数字混合表达数目

**一般规则**:要用文字和数字结合起来表达大整数目和数值前的数目修饰语。
**举例**:

### 大整数目

| 正确 | 不正确 |
|------|--------|
| 约3千(中文不适用) | 约3 000(中文可以这样用) |
| | 约三千(中文可以这样用) |
| 净亏损1百万美元(中文不适用) | 净亏损一百万美元(中文可以这样用) |
| | 净亏损1 000 000美元(中文可以这样用) |

### 数值前的数目修饰语

| 正确 | 不正确 |
|------|--------|
| 3种单向交互作用 | 三种单向交互作用(中文可以这样用) |
| 2张两美元纸币 | 2张2.00美元纸币 |
| | 2张2美元纸币 |

## 序数词

**一般规则**:序数词(除百分位和四分位数外)的表达形式和基数词一样。(这条规则不适用中文)
**举例**:

| 正确 | 不正确 |
|---|---|
| 第一个样本 | 第1个样本 |
| 第11年级 | 第十一年级 |
| 第2和第12 | 第二和第12 |
| | 第二和第十二 |
| 第二 | 第2 |
| 第12 | 第十二 |

## 小数

**一般规则**：在小于1数目的小数点前要加零。

**举例**：

| 正确 | 不正确 |
|---|---|
| 0.45 mm | 点四五毫米 |
| | .45 mm |
| 间隔0.2 s | 间隔.2秒 |

**例外情况**：对于数值不可能大于1的数目，小数点前不能用零，如相关系数值、概率值、比率值以及统计显著性水平值等。

$$R(65) = .44, p < .031。$$

## 用阿拉伯数字还是用罗马数字？

**一般规则**：尽可能用阿拉伯数字，尽可能不用罗马数字。

**例外情况**：如果罗马数字已经成为术语的一个组成部分，不要把它改为阿拉伯数字（例如"第Ⅱ类错误"）。

## 逗号的使用

**一般规则:** 对于大多数1,000或者以上的数字,要每三位数一组用逗号隔开。(中文有两种做法,一种是每三位用逗号隔开,一种是每三位空一格。)

**例外情况:**

| 页码数 | 第2134页 |
|---|---|
| 二进制数 | 001101010 |
| 序列号 | 521606789 |
| 温度值 | 2349°F |
| 音频的设定值 | 3000 Hz |
| 自由度值 | $F(35, 1100); df = 2400$ [原书误把此项和下格的小数点例子放在一起] |
| 小数点后边的数字 | 6,750.0748 |

## 数词的复数形式

**一般规则:** 构成复数时,无论数词是用阿拉伯数字还是文字表达,直接在数词后加上s或es即可,不要再加撇号'。(此条仅适用于英语。)

**举例:**

| 正确 | 不正确 |
|---|---|
| the early 1960s | the early 1960's(1960年代早期) |
| from the 30s and 40s | from the 30's and 40's(从30年代和40年代起) |

## APA对统计和数学运算结果的要求

1.我有什么责任?

你有责任选择正确的统计方法,确保所有支撑数据的准确性。在结果出版后,要把原始数据继续保留5年。

2.要提供统计分析方法的参考文献吗?

对常用统计方法,不需要提供参考文献。对那些教科书里通常找不到的不常用统计方法,应该提供参考文献。当一种统计方法以一种独特的、有争议的方式被使用时,或者该统计方法本身就是研究的焦点时,那就应该提供该方法的参考文献。

3.我在正文文本中应该怎样展示推断统计的结果?

关于统计检验的正确使用、错误使用以及结果展示中缺乏必要的信息问题,已有很多文献做过讨论,导致有些人建议干脆不用任何统计检验,或者把统计检验的使用控制到最少,从而把统计检验的使用重重削减(例如Kline,2013)。我们认为,在行文中报告推断统计检验的结果时,最少要给出统计量的符号、自由度、数值以及概率水平,要给出置信区间,给出效应大小值。如果统计程序不提供效应大小值和置信区间值,你应该自己计算出这两组值。

**举例:**

$t$ 检验

$t(7175) = 5.86, p < .001, 95\% \text{ CI} (1.27, 2.54), d = .44$。

卡方检验

$\chi^2(2, N = 78) = 3.90, p < .27, \Phi = .29$。

4.正文文本中要用符号还是用文字术语?

要用文字术语,不要用符号。

**举例:**

| 正确 | 不正确 |
|---|---|
| 各均值为 | 各 $M_s$ 为 |
| | 各 $X_s$ 为 |
| 各标准差为 | 各 $SD_s$ 为 |

5.我要怎样表达受试的数量?

用斜体大写字母 $N$ 表示样本中的总受试数量,用斜体小写 $n$ 表示样本中部分受试的数量。

**举例:**

样本总容量 $N = 130$

样本中每个组的容量 $n = 50$

6.我该如何表示百分比?

如果百分比的数值用阿拉伯数字表达时,数字后要用百分号%;如果没有百分比值,则用"百分比"表达。

**举例:**

样本的21% / 21%的样本

样本的百分比

**例外情况:**在图、表的题名和说明中,为了节省篇幅,要用符号%。

至此,我们完成了文本中数目表达问题的讨论。但是需要指出的是意,APA格式和其他格式指南中所包括的规则,远比我们这里讨论到的要多、要详细。此外,关于 APA 格式还有一本非常好的学习指南——《APA格式之学生作业和培训指南》(*APA Style：Students Workbook and Training Guide*)(APA,2010a)。该参考书中有各种说明和练习,包括文内引用、文后参考文献单、表格、统计和数学内容的表达等主题。

最后值得建议的是,学位论文一开始,就要使用本专业的格式体例来撰写。这样,你就有充足的时间来掌握格式体例的细节,免得最后不得不耗费大量时间把数百页文稿的格式体例修改一遍。

# 知情同意和其他伦理问题 13

作为研究生和未来的专业人士,你的重要职责之一就是,始终遵守伦理准则。这包括,让独立审查委员会来审查你自己的研究工作是不是按照道德准则要求开展的。目前,所有的大学都有开展人类研究应该遵守的伦理标准,而且大多都成立了正式的学术研究伦理委员会,建立了制度化的程序,以确保所有研究在启动之前就获得了参试者的知情同意。因此,研究生有责任了解所在大学的有关要求,获取必要的文件,按照所在大学的具体导则办事。所有这些,都要在研究程序确定之后、数据采集开始之前完成,完成得越早越好。要及时完成这项工作的重要理由之一是,你需要获得你所在大学的机构审查委员会(IRB)的授权签字,也许你还需要获得研究开展地的审查委员会的授权签字。这些都必须在研究开展之前完成,而且,搞不好会需要好几个月的时间。

确定某项具体研究是否符合伦理要求的标准的根基,正是科学界所加强的准则和价值。由西玻和托利奇(Sieber & Tolich, 2012)提出的以下五项准则尤其值得注意。

1. **研究的有效性**。用人做无效的研究是对人的不尊敬。无效研究所获得的知识往往是错误的,是具有误导性的,是对社会有危害的。

2. **研究者的能力**。让能力低下的调查者研究人的情况是对人的不尊敬。这样的研究并不能产生有益的结果。

3. **研究的益处**。让人处在异常的或有不必要风险的情景之中,或者,研究一个总体而该总体又不能从该研究所衍生出的知识中受益,这些都是对人的不尊敬。虽然研究可能会有危险,但要把危险最小化,把受益最大化。

4. **特殊群体**。把弱势群体暴露在他们无力反抗的条件之下是对弱势群体的不尊敬。

5. **知情同意**。不让本人自己决定是否参加一项研究有价值,决定自己是否愿意承受研究可能带来的危险,以便达到降低参试者的自主性的目的,这是对人的不尊敬。

　　在社会科学研究中，与受试使用有关的两个主要伦理问题，一是要在参试者完全知情同意后才可以参加研究，二是要确保参试者在研究过程中不受到伤害。最终，研究的价值要取决于研究所取得的可推广性知识可能带来的潜在益处与研究费用和潜在危险之间的平衡。屡见不鲜的问题是，学生研究者并没有认真考虑具体参试者在研究中可能会有什么样的感受和体验。不能傲慢地认为，实验操纵、访谈、问卷调查或结果反馈不会使参试者心烦、痛苦，或对有些参试者造成其他方面的损失。研究带一些风险是允许的，但对这种风险事先一定要有预测。

　　并非所有的研究都可能需要知情同意书，但这可不是研究者能单方面决定的事情。无论研究者是否认为存在潜在损害，所有的研究都应该经过机构审查。也有研究不要求知情同意，典型的例子有对数据的二次分析、档案研究以及对公开可观察数据的系统观察，例如对某郊区购物中心顾客的观察。对于这类情况，机构审查可能允许"加急"，所以研究者就可以提出"加急审查"要求。因为，这类研究很可能属于"危险极小"型的研究。对什么是危险极小，目前还缺乏明确定义，因此还需要主观判断。例如，危险极小的标准可能是由于研究所用问卷简短，或问卷中没有令参试者不安的问题。例如：关于最爱的运动项目或电视节目的问题，通常就不会让参试者感到不安；关于幼年时是否受过侵害、目前的心理状态以及酗酒或吸毒等问题，就很可能让参试者感到不安。考虑研究过程是否对参试者有潜在影响的一个有效办法，是调换一下角色，尽力想象参试者在研究中可能会产生的感受。关于保密，你会担心些什么？你认为哪些关于研究的信息重要因此需要知道？如果同组其他人都参加实验，你自己拒绝参加实验会有心理压力吗？

　　最有争议的研究设计类型，也许要算采取隐瞒或欺骗手段的研究，最著名的代表有所罗蒙•阿施的从众研究（Asch，1955）和斯丹利•米尔格拉姆的权威服从研究（Milgram，1963）。这类研究必须回答的两个问题是：有没有其他更直接的程序可用？研究的理论或应用价值是否大到值得欺骗参试者的程度？另外，在取得数据之后，要尽快向参试者披露信息（参见下面的情况汇报会）。时间一长，使用隐瞒或欺骗手段的最大缺陷就会显示出来：公众会慢慢丧失对研究界的信任。

　　田野研究也可能引起重要的伦理担忧，如果研究者偷偷操纵环境变量，或把研究组块悄悄引进日常情景之中——例如，在员工不知情的条件下从他们当中采集资料等。关于这类研究，最常引用的工作是皮里亚文和皮里亚文（Piliavin & Piliavin，1972）关于旁观者干预问题的研究。在1972年进行的一项研究中，实验人员像一个挂拐杖的"受害人"一样"摔倒"在运动中的地铁车厢里。为了在实验中操纵帮助的成本，在一半情况下，研究者摔倒后假装口里"出血"，在另一半情况下口里没有出血。研究者假定，出血会加大帮助的成本，因为血可能会引起一般旁观者的恐惧感和强烈的内心反应。研究者总共表演了约42次,每次持续约3分钟(也就是两站之间的行驶时间)。实验中碰到的问题主要有:被随车警察发现并干扰,真正的旁观者可能采取危险行动(例如,试图拉响紧急绳使地铁停下来),出血实验让有些乘客惊恐等。显然,今天再要做这样的实验肯定是不允许的。然而,这些实验用事实告诉我们,在没有一定非利益相关方的外部引导的情况下,研究者会把实验做到何种荒唐的程度。

这里的关键是,在任何有可能对参试者造成超过"极小危险"的情况下,都要寻求参试者的知情同意。寻求知情同意要积极主动。作为研究者,你必须确定参试者对自己所参加的项目及其危险(或潜在好处)有充分了解。因此,在参试者并不完全知情的情况下,知情同意书可能还不够。

美国心理学协会对用人做参试者进行研究有一套明确的导则。这套导则是为了实现三个基础目标:(1)为了确保科学知识的准确性;(2)为了保护参试者的权利和福利;(3)为了保护知识产权。美国卫生研究院(NIH)也有一套卓越的研究伦理导则,可从相关网站下载。在本章末,我们在框13.5中把美国心理学协会的伦理导则完整地展示出来。其他专业内部所用的标准可能会有些许不同,但相对而言,这套导则很好地代表了社会科学领域中的研究者所关注的伦理问题。在这套导则的基础上,我们理出下面的11个要点加以讨论。

注意,在互联网上做研究,在网上招揽参试者及/或通过互联网采集数据,都会有一些知情同意方面的问题。考文和兰尼根(Colvin & Lanigan, 2005)的一篇文章就对知情同意方面的挑战进行了思考,并就最好怎么做提出了一些建议。也许最令人望而生畏的挑战是,如何向参试者保证保密而又匿名。这类情况包括对数据的安全存储和传输,研究人的法律义务与对不同司法辖区差异的承认。对此类问题,不妨咨询一下有关的信息技术专家。也许专家会帮助用什么方法对数据和沟通进行加密或编码,从而只让研究人知道其中的意义。还有,在数据采集完成之后尽可能快地把研究和招募的全部材料都从网上除掉,这很重要。研究者一定要留心各种线上讨论组中的私密性等级或隐私保护,要留心如何把研究的细节和危险充分地提供给潜在参试者。就像邓尼森、纽曼、凡扎尔柯(Denissen, Neumann, & Zalk, 2010)指出的那样,社交网站和其他公共领域网站上的很多参试者并没有注意到,自己把信息在网上一旦披露就不再私密,就有潜在的尴尬。我们真的在走进一个崭新的数据采集时代,但我们对新时代中的伦理和法律问题却只仅仅触及了一些皮毛。

## 知情同意的要素

### 告诉参试者是谁在做研究

就学位论文的情况而言，研究人通常是学生，但也有其他人采集数据的情况，如朋友、配偶、雇工等。要告知研究人的所在单位、博士或硕士学位论文导师，并提供联系方式。

### 为什么就挑选这个人参加研究？

要回答"为什么是我"这一问题。例如，可以这样回答："之所以挑选你来参加这个项目，是因为你最近生了头胎。我们对你……的经历特别感兴趣。"有些时候，并不是所有选上的潜在参试者都参加研究。在这种情况下，你需要敏锐地把选入和排除标准告诉那些没有参加研究的人。

### 需要多少时间？

要让参试者知道，完成她/他的参与任务需要花多长时间。例如，可以这么告知："前测情况显示，完成这项测试大约需要45分钟。"

### 会有什么预期受益？

要适度，不要过分夸大研究的受益。通常，参与研究很少或根本就没有什么优势，尽管参加可能会提高自我意识，得到一些经济补偿，或者提高利他主义感等。研究者可以希望，潜在参试者可能会因为帮助别人采集到数据而感到高兴，或者对自己有更多的了解，但这并不是什么特别的受益。

### 有什么潜在危险吗？是如何管理危险的？

要让参试者知道都有哪些潜在的危险，包括可能给他们带来的各种困难或伤害，包括情感上的、心理上的、生理上的、社会上的、经济或政治上的等等。对于这种因参加你的研究而带来的困难或伤害，你会为参试者提供些什么？例如，可以这么说明：

"在讨论父母酗酒问题时，有些人可能会产生负面情感反应。如果你想对他人叙说，请随时拨打研究指导（或其他人）的电话，电话是……"如果研究没有什么可预见的危险，请这么说明："参加本研究并没有什么已知危险。"

### 说明本研究项目，主动回答参试者的问题

对项目的说明和对问题的解答都要用日常语言，这样才容易让你的参试者听懂。要是把研究目的完全告知会让研究结果的质量打折扣，那就向参试者说明，研究中期望他们做些什么，等到情况汇报会时再说明研究的目的。情况汇报会是研究完成后随即召开的一种讨论会，因此，会上就可以把研究的目的完全披露。情况汇报会上要主动回答有关该研究的问题。

### 要向参试者说明，参加研究始终都要出于自愿

虽然你有权使用一些研究证明有效的方法来提高问卷的回收率或参试者的作答率，但是，不能用你的社会地位或所在科研机构的权威来向潜在的参试者微妙施压让他们参加实验。你要让参试者知道，他们有权随时退出研究，不需要任何理由。

在任何情况下开展研究，只要可能对参试者造成压力感，都要向参试者具体说明。要明确，而不能含蓄，这一点很重要。例如，可以这样说明："参加本研究并不是对你的强制性要求，与你本课程的成绩没有关系。你可随时选择退出研究，且不会受到任何惩罚。"在有些情况下，参试者可能担心自己的社会地位、工作保障或友情等会因为参加研究而受到影响。对于这种情况，决定参加、不参加以及退出等，都应该保密。如果已经达成协议，你同意把研究数据提供给参试者所在的研究发起机构，在你的知情同意书中就应该包括这一信息，而且还要保证，有关参试者的可辨识个人身份的人口统计信息（例如出生日期等）不包括在所提供的数据当中。

### 要发给参试者一份知情同意书

应该给每一个参试者都发一份"知情同意书"（如果有必要），并应该请参试者在另一份给研究者的知情同意书上签字。例如，你可以这样写："如果您愿意参加本项研究，请在所附的一份同意书上签字，并把签字后的同意书装入所附的信封寄回给研究者。另一份同意书您自己保存。"

### 向参试者说明报酬情况

参加本研究有报酬吗？如果有，那就要让参试者知道自己会得到多少报酬。报酬或奖励不能太高，不然，就会造成参试者因为报酬的利诱而参加实验的局面。

### 向参试者说明保密的限度

"保密"就是对参试者基于信任关系而披露的信息，未经许可，不向任何人以与原始用途不一致的方式披露。保密不同于匿名。"匿名"指的是没有人知道参试者的身份，包括研究者在内；而保密指的是研究者要把参试者的身份信息守住，无论以什么代价。例如，如果你的数据由第三方转成文字或进行分析，你会如何保证其中的秘密不外泄呢？如果地方性法规要求披露具体事件（例如虐待），这种例外必须在知情同意文件中予以说明。此外，如果《健康保险转移和问责法》(*Health Insurance Portability and Accountability Act*，HIPAA)要求披露一些以前需要保密的信息，那么这个例外情况也必须说明。（所有的HIPAA议题，包括有关规则、标准和实施，请参见官方网站。）通常，数据的总结性统计结果要公开。对于受资助的研究，数据也可能要公开，但是要把可识别出个人的信息删除掉，保留的信息要绝对不能识别出是哪一个人。

### 告诉参试者情况汇报会的情况

要是有情况汇报会，要让参试者知道你会怎么开汇报会。典型情况下，所有参试者都应该有机会了解研究的结果。你可以选择在最后再详细说明研究的目的，尤其是对在研究过程中有所欺瞒的项目；你也可以主动提出把研究结果简报寄发给希望收到研究结果的参试者。例如，你可以写上这么一句话："如果您想收到本研究的结果简报，请在调查问卷最后的空白处写下您的姓名和通信地址。"（在这种情况下，写下自己姓名和地址的参试者，就等于放弃了自己的匿名权。尽管如此，对这部分参试者的个人信息仍然要保密。）汇报中的反馈应该用日常语言，信息要笼统而有意义但不引起伤害。一般情况下，提供给参试者的应该是提炼出来的汇总性结果，而不是具体的个人测试结果。

本章中我们为你提供了一封邀请函范例（见框13.1），一份选自乔·佛古森(Joe Ferguson)博士学位论文开题报告的知情同意书（见框13.2）。我们还提供了一份一般形式的知情同意书供你填写，如果它达到了你的机构审查委员会的要求（见框13.3），你就可以使用。要注意，有些群体不能代表自己表示知情同意，包括（但不限于）不满

18周岁的未成年人、精神有障碍的人士、心理不健全的人士等。对于这种情况，知情同意书应该由参试者的父母亲或法定监护人签署。最后，我们在框13.4中还提供了一份问题清单，以方便你确定自己在研究实施过程中是否遵守了所有的相关伦理原则。

## 剽窃与无偏见语言

我们以对学术写作伦理议题的简单讨论来结束本章。要是我们没有向你强调不惜一切代价都要避免剽窃的话，那肯定是我们的失职。大多数研究生都知道，把他人的学术成果当作自己的一样来展示出来是不符合伦理的（见框13.5中的"APA伦理规范8.11款"）。在最基础层面，这意味着要用引号把他处以前出现过的确切措辞与自己撰写的文字区别开来。在第4章中我们指出过，学位论文中要尽可能少地直接引用文字，不过定性研究对叙述性资料进行报告是个例外。即使把文字措辞彻底改头换面，你也有义务以适当方式承认原作者在思想内容方面的贡献。有的时候确知信息的来源出处可能很困难，但大多数情况下，确定信息的出处是完全可能的，例如出自某本书，某篇文章，某个网站，或某次私人谈话？在学位论文中，你务必要标明信息的出处。

一个引用方面的困难是如何用自己的语言有效地转述他人的文字。学生们往往对某位作者的措辞太着迷，以至于他们没有用自己的话去转述，更糟糕的是，在某些情况下，他们根本没有注明引用和来源。这也构成剽窃！经验告诉我们，计算机和互联网的使用，使这类问题更加严重。因为，把他处的文字粘贴到自己的文章之中太容易了。我们的同事朱迪·朗（Judy Long）因此建议：专门准备一页纸，在上面动笔把自己准备采用的文字进行改写和压缩。用这样的方式，你更可能得到一个彻底改造的段落，而不是直接的文字引用。此外，网上也有一些像Turnitin这样的程序能帮助学生。Turnitin是一种查重程序，能把你写的论文和网上的可能资源进行对比，得出论文的重复率是多少（重复率是文本原创性的衡量指标）。这种程序可以用来诊断文字抄袭，帮助学生提高自己的学术写作技艺。

在整个学位论文工作过程中，你都要避免对任何人类群体使用带有歧视性的语言及材料。对调查问卷和量表都应该严格核查，确保当中没有隐含特定种群是"正常的"或"对的"之类的表述，也没有隐含特定性取向或特定生活方式是"正常的"或"对的"之类的表述。作为作者，你需要了解不同人类种群的敏感语言现状，有些术语昨天还可以接受，今天也许就不能接受了。

下面是七条消除偏见语言的导则，值得铭记在心。

1. 用无性别的词汇或短语把有性别的词汇和短语替换掉。常犯的错误是,无意识地使用那些自己文化中根深蒂固的性别歧视语汇,例如用 chairman 而非 chairperson,用 mothering 而非 parenting,用 mankind 而非 humankind。(这些例子不适用于中文)

2. 对男、女要用同等的平行指称。例如,可以用"5 men 14 women",而不应用"5 men 14 females"。

3. 不要假定某些职业与性别有关联,例如"科学家他";要避免性别刻板,例如"一位聪明而漂亮的女教授"。

4. 要避免带有性别偏见的代名词,例如"咨询师不是总能见上他的顾客"。下面是几个解决这种普遍问题的无性别偏见选项。

    i. 把两个性别都写上,例如用"她或他的顾客"(中文可用"自己的顾客")。这种方法使用太多会使行文累赘。不过,也比蹩脚的 s/he,him/her,he(she)要好。

    ii. 用复数代替单数。例如用 Consultants . . . their clients。

    iii. 把名词前的人称代词删掉,例如用 to see clients。

    iv. 改写句子,尽量不用人称代词。例如把 A consultant may not always be able to see his clients 改写为 Clients may not always be seen by their consultants。

    v. 用 one 或 you 来取代 he 或 she。

5. 不要给人群贴上无必要的种族或民族标签。要努力确定当前最被有关人接受的用法是什么并酌情采用。

6. 避免使用带有价值判断或强化刻板印象的语言。例如:把一个群组说成"被文化剥夺"就属于价值判断;"**不出意料**,美籍非洲人学生在多个运动项目上获胜"这样的语言就会强化人们对美国黑人的刻板印象。

7. 不要对不同的年龄组做没有事实支撑的假定。例如,"老年人的智力更差,很少能精力充沛地做出杰出工作"就没有事实支撑。

---

**框 13.1 参加研究项目的邀请函范例**

**童年创伤与人格**

　　我正在从事一项关于童年创伤与人格关系的临床问题研究。这项研究考察某些童年经历与具体被增强能力之间的关系。本研究是我取得北极大学临床心理学博士学位的部分要求,在奇里·斯古勒(Chilly Scholar)博士的指导下完成。

　　通过参加本项目,您将为这一课题提供有用信息。如果您的年龄在 18 至 65 周岁之间,您就符合参加本项目的要求。这期间,会要求您完成五(5)项简短的"正—误"判断测试,大约需要 30 分钟时间。还会要求您完成一份背景信息问卷和一份童年历史调查,需要 20 到 30 分钟时间。

　　参加本研究要完全出于您的自愿。您任何时候都可以退出研究,没有任何惩罚。参加本项目与你的课程成绩没有任何关系。项目所取得的所有数据均保密,且只用于研究目的。问卷调查和测试数据均匿名。参试者姓名与项目信息和得分之间不建立任何联系。

　　虽然本研究不会对参试者带来任何可预见的危险,但是关于童年经历的调查涉及家庭暴力和虐待的细节。如果您觉得这类问题会使您感到不安,您可以随时退出研究。

　　谢谢您的帮助。

(签名)

研究者姓名

电话号码

---

## 框 13.2　参加研究的知情同意书

　　这是一项关于在家庭虐待咨询中心(DACC)接受治疗的男性如何看待未来的研究。本研究的结果可能会帮助改进您正在接受的这类治疗计划。这项研究由乔•佛古森(Joe Ferguson)在安东尼•格林(Anthony Greene)博士的指导下进行,是佛古森取得菲尔丁研究生大学临床心理学博士学位部分的要求。

　　**请您仔细阅读本同意书。如果您选择参加本项研究,请您在本同意书上签字。参加本研究要完全出于您的自愿。如果您不想参加本项目,您完全可以不填写本同意书或所附带的材料。即使您选择了参加,您也可以随时退出。如果您不参加,您并不会受到任何惩罚,您在 DACC 计划中的地位也不会受到影响。如果您不想参加这项研究,在他人完成调查时,请您阅读所附的文章,并将同意书原封不动地放入信封寄回。您可以留下文章和一份未签字的知情同意书。**

　　本研究要求您完成 4 套简短的调查问卷,另加一份简单表格。表格涉及您的年龄、种族、婚姻状况、孩子数量、教育程度、就业情况、家庭收入以及到目前为止在 DACC 计划中已经完成治疗的周数。完成所有研究材料需要占用您 20 到 30 分钟的时间。您所提供的信息将被严格保密,并以匿名形式保存。调查问卷将不包括您的姓名;除知情同意书之外,任何地方都不会记录您的个人信息。在本次群组活动结束之后,要随即将本知情同意书与其他研究材料分开,保存 3 年,之后随即销毁。本同意书上的个人信息仅供参试者随机抽奖用,中奖者可获得 100 美元的奖励。如果您本人需要,在研究结束之后,我将给您邮寄一份关于该项研究结果的简报。不记录或不报告任何个人的结果。在研究完成之后,我会按照您可能选择在下面提供的通信地址,把这 100 美元的奖励寄给中奖参试者。参加这项研究没有任何经济奖励。

　　本研究对您没有任何已知危险,而且,参加之后您还可以发展出某些个人意识。任何时候如果您感到不舒服,您都可以自由退出研究。您还可以在任何时间拨打 DACC

的热线电话获得支持,电话号码为××××。本研究的结果将在研究者的博士学位论文中发表,也可能在学刊或书中发表。

如果您对本研究的任何方面有任何疑问,请在签署本同意书之前告诉乔·佛古森。请通过电话(××××)或电子邮件(××××)随时与乔·佛古森联系;你也可以跟安东尼·格林博士联系(联系方式××××)或鲁德斯坦博士联系(联系方式××××)。

本知情同意书一式两份。如果您选择参加这项研究,请您在两份同意表上都签名,以表示您已经阅读、了解并同意参加这项研究。无论您选择参加这项研究与否,都请用收到的信封把一份知情同意书寄回,另一份您自己保留;同时还请把其他研究材料也寄回。

菲尔丁研究生大学机构审查委员会有权查验所有已签署的知情同意书。

我已经年满 18 周岁,我同意上述的条款和条件。

_____

参试者姓名(请打字)

_____     _____

参试者签名                                              日期

如果您想参加 100 美元奖励的抽奖活动,或想在本研究完成后收到一份关于本研究结果的简报,请在下面提供您的通信地址。

☐ 在此打钩,参加 100 美元奖励的抽奖活动

☐ 在此打钩,接收研究结果简报

_____

街道

_____

所在州/省、城市和邮政编码

来源:佛古森(Ferguson, 2006)。经原作者许可复制。

### 框 13.3 样板知情同意书

请将"知情同意"(信/函、表等)字样放在页面顶部。

在定稿的知情同意书中,请务必删除其中的**黑体字**及括号部分。

兹邀请您参加_____学校_____学院博士生_____所进行的研究。该项研究在_____**(此处填导师姓名)**指导下进行。这是一项关于_____的研究,是_____**(此处填学生研究人姓名)**博士学位论文的一个部分。请您参加这项研究的原因是,您_____。**(注意:如果有人推荐,请在此说明。要明确说明,无论被推荐人选择参加还是不参加,都不把结果告知推荐人。)**

这项研究包括_____,一切根据您的方便情况安排。研究将持续大约_____分钟。**(注意:如果你要求参试者做几件事,请以这样的方式说明每一件事。)**整个研究总共需要大约_____。

您所提供的信息将会被严格保密。知情同意书以及其他可识别性个人信息将与数据分开保存。所有资料都保存在_____(说明地点和方式)。(注意:如果用录音,**要加上)**"磁带录音只由研究者本人**(以及所包括的任何其他人,如论文指导委员会主席)**来听,也可能由已经签署了《专业助理保密协议》的保密研究助理来听。"**(注意:如果用了任何类型的助理,要在这里说明。)**任何能确认你参加本研究的记录,例如知情同意书等,在研究完成大约_____年后由_____销毁。

本研究的结果将在我的博士学位论文中发表,也可能以后在学刊或书中发表。

参加这项研究之后,您可能会因此而提高您个人对_____的意识。参加这项研究对您的风险**(极小、中等、明显)**;研究过程之中或之后,您**(没有、稍有、明显有)**某些情感上的不适。如果您有这种不适感,请联系_____。

您可以随时退出本研究,无论是在参加之中还是之后,都没有任何负面后果。如果您选择了退出,您的数据将从研究中消除并销毁。**(注意:有些时候不可能这么做,例如对于焦点小组访谈中的参试者。如果是这种情况,那一定要如实说明。)**

参加本研究没有任何报酬。**(注意:如果你提供报酬或激励,请在本节予以说明。要说明如何提供,提供多少,何时提供。)**

如果您需要一份关于该项研究结果的简报,请在本知情同意书的最后标明您的兴趣。

如果您对本研究的任何方面或对您参加本研究还有任何问题,请在签署本同意书之前告诉本研究者。如果您对参加本研究有疑问或担心,您可以联系本研究的指导老师。指导老师的联系方式在本同意书的后面。

如果您对自己作为参试者的权利有疑问或有所担心,请联系_____机构审查委员会,电邮_____,或致电_____。

本知情同意书一式两份。请您在两份同意书上都签名,以示您已阅读过、理解并同意参加本项研究。请把其中的一份知情同意书寄回研究者,另一份您自己保留。_____机构审查委员会有权调取所有已签署的知情同意书。

_____

参试者姓名(请打字)

_____

参试者签名

_____

日期

指导老师姓名　　　　　　研究者姓名

研究者地址

研究者电话

要,请将一份研究结果简报寄到:

_____

姓名(请打字)

_____

街道

_____

所在州/省,城市,邮编

来源:经菲尔丁研究生大学许可翻印。

---

## 框 13.4 研究伦理五原则

### 1. 保密(Confidentiality)

- 你准备怎样对参试者、组织和其他有名实体的身份保密?是用数字、代码还是假名?你准备怎样隐藏组织的地点和类型?
- 你准备如何防止群体或组织内的其他人知悉谁是参试者、谁不是参试者?如果采取引荐或提名方式,是否要指出推荐人?为什么?
- 对于在访谈、日志或焦点小组座谈会上提到的任何个人或组织名称,你准备怎样保密?
- 如果采用了群组法,你如何对组内讨论的信息保密?组内成员之间互相认识要紧吗?

- 你将如何保存数据？什么时候把数据销毁？

### 2. 强制（Coercion）

- 你如何跟志愿者取得联系并获得他们的同意？
- 你的地位或与他们的个人关系会如何影响他们的参与？你将如何确保参试者没有被强制的感觉？
- 你如何保证参试者的导师/老师/治疗师（如果相关）不会对参试者施加任何形式的压力？
- 你如何确保导师/老师/治疗师不会知道谁参加了，谁没有参加（如果这是考虑因素）？
- 你将如何向参试者说明，他们可以退出本研究或者把部分或全部自己所产生的数据撤销掉？

### 3. 同意（Consent）

- 你是否向参试者说明对他们期望的全部内容，包括他们必须做什么，需要花多少时间，研究的程序等？如果没有，为什么没有？
- 你是否要告诉参试者本项研究的内容？如果不告诉，原因是什么？
- 你是否把自己、导师以及所在机构的名字写在知情同意书上？
- 你是否向可能被排除在项目之外的群组成员说明不需要他们参加或不需要他们的数据的理由？
- 你是否向参试者说明，他们有权把自己所产生的全部或部分数据撤销掉，而且他们的撤出不会对他们所应该享受的就业、医疗、教育服务等造成不良后果？
- 你是否把参加本项目对参试者有什么风险和受益讲得很清楚？

### 4. 关心（Care）

- 你是否很公允地说明了风险和受益？
- 如果有人因为参加你的研究而产生精神困扰，你将如何处理？
- 你是否向参试者说明，有什么疑问可以随时找你？
- 你是否把你准备提问的每个私人问题可能会产生的后果都考虑过？你是否警告过参试者，本研究会涉及他们的个人信息？

### 5. 交流（Communication）

- 你准备如何核实文字转录稿和引语的准确性（如果有的话）？
- 您准备如何把你的研究结果告知参试者？
- 你是否为参试者把知情同意书准备好了？

来源：The Five Cs: Principles to Keep in Mind（需要铭记的五个原则），摘自 *Fielding Institute Research Ethics Procedures*（1999）（菲尔丁学院研究伦理程序），菲尔丁研究生大学。经菲尔丁研究生大学许可复制。

# 框 13.5　美国心理学家伦理导则及行为规范

## 8. 研究与出版

### 8.01　机构批准

如果需要机构批准，心理学家要提供自己研究申请的准确信息，并在研究开展之前获得批准。他们要按照所批准的研究协议开展研究工作。

### 8.02　对研究的知情同意

(a)按照 3.10"知情同意"要求，在获得知情同意时，心理学家要告知参试者：(1)研究的目的、预期时间、程序；(2)他们有权拒绝参加研究，开始参加后也有权退出研究；(3)拒绝或退出的可预见后果；(4)预期可能会影响参加意愿的合理可预见因素，例如潜在危险、不舒适感或负面影响；(5)任何可预期的研究受益；(6)保密限度；(7)对参加的激励；(8)如果对研究和参试者权有疑问要联系谁。心理学家要为有意愿的参试者提供提出问题和得到解答的机会。(又参见 8.03"对研究中记录声音和影像的知情同意"；8.05"省去对研究的知情同意"；8.07"研究中的隐瞒"。)

(b)涉及使用实验处理进行干预研究的心理学家，要在研究一开始就向参试者说明：(1)处理的实验性质；(2)可向对照组提供哪些服务或不可提供哪些服务，要是合适的话；(3)被分派到处理组和对照组的方式；(4)研究开始后，个人不希望参加研究或希望退出研究时的可用备择处理方式；(5)参加的补偿或经济成本，包括适当时是否要寻求参试者或第三方补偿。(又参见"对研究的知情同意"的 8.02a。)

### 8.03　对研究中记录声音和影像的知情同意

心理学家在记录参试者的声音和影像作为数据之前，要获得参试者的知情同意，除非：(1)研究只包括在公共场所进行的自然观察，而且预期记录的使用方式不会造成对个人身份的泄露或对个人的伤害；或者(2)研究设计包括有隐瞒，并在情况汇报会上取得对记录使用的同意。(又参见 8.07"研究中的隐瞒"。)

### 8.04　委托人/病人、学生及从属研究参试者

(a)当心理学家以委托人/病人、学生或从属为参试者进行研究时，心理学家要采取措施，保护有意愿的参试者免受拒绝或退出研究的不利影响。

(b)如果参加研究作为课程要求或加分机会，那么，要给有意愿的参试者提供其他对等的备用活动让他们选择。

### 8.05　省去对研究的知情同意

心理学家只可能在下列情况下省去知情同意：(1)可以合理假定，研究不会造成困扰或伤害，且涉及：(a)对正常教育实践活动、课程或在正常教育情景中的课堂管理方法的研究；(b)仅为匿名调查问卷、自然观察或档案研究，披露调查结果不会对参试者造成刑事责任、民事责任，或损害他们的经济、就业或声誉，且个人秘密得到保护；(c)在组织背景中对工作或组织有效性因素的研究，研究并不因此而影响参试者的就业状况，且秘密得到保护。(2)法律或联邦或机构条例另行允许的情况。

### 8.06　对参加研究提供激励

(a)心理学家要尽量不向参试者提供过度或不适当的经济或其他诱惑，免得这种诱惑可能在参试者心中造成强迫参与感。

(b)如果以提供专业服务作为参加研究的激励，心理学家要说明这些服务的性质和风险、义务和限制。（又参见 6.05"与代理人/病人交换条件"。）

### 8.07 研究中的隐瞒

(a)心理学家不得进行涉及隐瞒的研究，除非自己已经确定，该研究可能有重要的科学、教育或应用价值，而且任何有效的非隐瞒性程序都不可行。

(b)心理学家不得对有意向参试者隐瞒有关研究的合理的可预期性身体痛楚或严重情感不适。

(c)心理学家要把作为实验设计和实施必要组成部分的任何隐瞒手段尽早向参试者说明，最好能在参试者决定参加之后，但最迟也不得晚于数据采集结束之后，并允许参试者撤销自己的数据。（又参见 8.08"情况汇报"。）

### 8.08 情况汇报

(a)心理学家要及时提供机会，让参试者适当了解自己所参加研究的性质、结果、结论，并采取合理措施，把自己所发觉的任何参试者误解都及时纠正掉。

(b)如果基于科学或人道的原因要求推迟或保留这些信息，那么，心理学家要采取合理措施把伤害的风险降低。

(c)在发觉研究程序已经让参试者受到伤害时，心理学家应采取合理措施把伤害降到最小。

### 8.09 研究中对动物的人道关怀和使用

(a)心理学家要依照现行的联邦、州和地方法律、条例，以及职业标准来收购、照看、使用以及处置动物。

(b)所有涉及动物的程序，都要在研究方法训练有素且实验室动物看护经验丰富的心理学家的监督下完成，要由他们负责确保适当考虑动物的舒适度、健康和人道处理。

(c)心理学家要确保，在自己监督下使用动物的所有个人都接受了关于研究方法、所使用物种看护、维护和处理方面的指导。（又参见 2.05"委托他人工作"。）

(d)心理学家要合理地把动物受试的不适感、感染、疾病和痛苦最小化。

(e)只有在没有其他程序可用且研究目标经得起科学、教育或应用价值的拷问时，心理学家才可以使用让动物感到痛苦、紧张或孤独的程序。

(f)心理学家在对动物实施外科手术的时候，要对动物进行适当的麻醉，并用跟踪技术防止术后感染，把动物的术中和术后痛苦最小化。

(g)如果终止动物生命确系适当行为，心理学家要快速进行，要努力用认可的程序把动物的疼痛最小化。

### 8.10 报告研究结果

(a)心理学家不得伪造数据。（参见"避免虚假或欺骗性陈述"的 5.01a。）

(b)如果发现自己已发表的数据中存在重大错误，心理学家要采取合理措施把所犯错误纠正过来，可以通过更正、撤回、勘误或其他适当的发表手段。

### 8.11 剽窃

心理学家不得把他人的部分工作或数据当作自己的来展示，即使此项工作或数据偶尔被人引用。

### 8.12 出版的荣誉

(a)心理学家只能对自己实际做过的工作或做出实质性贡献的工作主张责任和荣誉,其中包括作为作者的荣誉。

(b)主要作者和其他出版荣誉应准确反映所涉及个体的相对科学或专业贡献,无论他们的相对地位如何。仅拥有机构职务,如系主任等,不足以构成享受作者荣誉的理由。对研究或出版写作做出较小贡献者,应该享受适当的致谢,例如在脚注或者前言中予以说明。

(c)除例外情况外,学生是实质上基于自己博士学位论文的多作者文章的主要作者。只要适当,导师应尽早并在整个研究和出版发表过程中与学生讨论出版发表的荣誉分享问题。(又参见"出版的荣誉"的8.12b。)

### 8.13 重复出版数据

心理学家不得把以前已经出版过的数据作为原初数据出版。这并不排除在有适当说明的条件下把数据再次出版发表。

### 8.14 分享研究数据以核验研究结果

(a)研究结果发表后,如果有其他专业人员试图运用这些数据重新进行分析来验证研究结论,那么心理学家不能向他们隐瞒自己研究结论所依据的数据,但条件是参与者的保密性能够得到保护。有专门法律规定限制使用的专有数据则除外。心理学家可以要求这种个人或团体承担因提供此信息所引起的费用。

(b)心理学家如果要求从其他心理学家那里获得数据,以通过重新分析来核验实质性的结论,就只能为所声明的目的使用共享数据。提出请求的心理学家,如果要对数据进行其他使用,要在所有其他使用之前取得书面同意。

### 8.15 审查人

对发言稿、出版物、基金申请或研究提案进行审查的心理学家,应该尊重材料中的提交人的秘密和材料的所有权。

来源:美国心理学协会2010年版权。经允许后使用。《心理学家伦理导则及行为规范》(*Ethical Principles of Psychologists and Code of Conduct*),2010。未经美国心理学协会书面许可不得进一步重印和发行。

# 参考文献

Altheide, D. I., & Johnson, J. M. (2011). Reflections of interpretive adequacy in qualitative research. In N. K. Denzin & Y. S. Lincoln, *The SAGE handbook of qualitative research* (pp. 645-658). Thousand Oaks, CA: Sage.

American Psychological Association. (2010a). *Mastering APA style: Student's workbook and training guide* (6th ed.). Washington, DC: American Psychological Association.

American Psychological Association. (2010b). *Publication manual of the American Psychological Association* (6th ed.). Washington, DC: American Psychological Association.

Anderson, B. J. (2009). *A qualitative study on the impact of police post-shooting trauma* (Order No. 3351802, Fielding Graduate University). ProQuest Dissertations and Theses, 223.

Armstrong, D. G. (1995). *The dreams of the blind and their implications for contemporary theories of dreaming* (Order No. 9528409, Fielding Graduate University). ProQuest Dissertations and Theses, 270.

Asch, S. E. (1955, November). Opinions and social pressure. *Scientific American*, 31-35.

Atkinson, P., & Hammersley, M. (1994). Ethnography and participant observation. In N. K. Denzin & Y. S. Lincoln (Eds.), *The SAGE handbook of qualitative research* (pp. 249-261). Thousand Oaks, CA: Sage.

Balboa, C. M. (2009). *When non-governmental organizations govern: Accountability in private conservation networks* (Order No. 3395753, Yale University). ProQuest Dissertations and Theses, 302.

Bazeley, P. (2009). Integrating data analysis in mixed methods research. *Journal of Mixed Methods Research*, *3*(3), 203-207.

Becker, C. (1986). Interviewing in human science research. *Methods*, *1*, 101-124.

Belenky, M., Clinchy, B., Goldberger, N., & Tarule, J. (1986). *Women's ways of knowing: The development of self, voice and mind*. New York, NY: Basic Books.

Bem, D. J. (2004). Writing the empirical journal article. In J. M. Darley, M. P. Zanna, & H. L. Roediger Ⅲ (Eds.), *The compleat academic: A career guide* (2nd ed., pp. 185-219). Washington, DC: American Psychological Association.

Best, S., & Krueger, B. S. (2004). *Internet data collection*. Thousand Oaks, CA: Sage.

Bevan, W. (1991). Contemporary psychology: A tour inside the onion. *American Psychologist*, *46*, 475-483.

Birnbaum, M. H. (2001). *Introduction to behavioral research on the Internet*. Upper Saddle River, NJ: Prentice Hall.

Black, J. E. (2011). *Test of a clinical model of poor physical health and suicide: The role of depression, psychosocial stress, interpersonal conflict, and panic* (Order No. 3478921, Fielding Graduate University). ProQuest Dissertations and Theses, 125.

Borenstein, M., Hedges, L. V., Higgins, J. P. T., & Rothstein, H. R. (2009). *Introduction to meta-analysis*. New York, NY: John Wiley & Sons.

Boseman, R. (2010). *Hawkers: An ethnographic study of strategies of survival* (Order No. 3426928, Fielding Graduate University). ProQuest Dissertations and Theses, 76.

Bower, D. L. (2006). *Overt narcissism, covert narcissism, and self-concept clarity: Predictors of juvenile aggression* (Order No. 3249868, Fielding Graduate University). ProQuest Dissertations and Theses, 150.

Buhrmester, M., Kwang, T., & Gosling, S. D. (2011). Amazon's mechanical Turk: A new source of inexpensive, yet high-quality, data? *Perspectives on Psychological Science, 6*(1), 3-5.

Butler, A. R. (2006). *Voices from the valley: People of color discuss the intersection of race, class and privilege in a predominantly white college town* (Order No. 3208841, Fielding Graduate University). ProQuest Dissertations and Theses, 423.

Campbell, D. T., & Stanley, J. T. (2005). *Experimental and quasi-experimental designs for research.* Boston, MA: Houghton Mifflin.

Casey, T. W., & Poropat, A. (2014). Beauty is more than screen deep: Improving the web survey respondent experience through socially-present and aestheticallypleasing user interfaces. *Computers in Human Behaviour, 30*, 153-163.

Charmaz, K. (2005). Grounded theory in the 21st century: Applications for advancing social justice studies. In N. K. Denzin & Y. S. Lincoln (Eds.), *The SAGE handbook of qualitative research* (3rd ed., pp. 507-535). Thousand Oaks, CA: Sage.

Charmaz, K. (2014). *Constructing grounded theory* (2nd ed.). Thousand Oaks, CA: Sage.

Chase, S. E. (2005). Narrative inquiry: Multiple lenses, approaches, voices. In N. K. Denzin & Y. S. Lincoln (Eds.), *The SAGE handbook of qualitative research* (3rd ed., pp. 651-679). Thousand Oaks, CA: Sage.

Chase, S. E. (2012). Narrative inquiry: Still a field in the making. In N. K. Denzin & Y. S. Lincoln (Eds.), *Collecting and interpreting qualitative materials* (pp. 55-84). Thousand Oaks, CA: Sage.

Chears, V. E. (2009). *Taking a stand for others: A grounded theory* (Order No. 3363822, Fielding Graduate University). *ProQuest Dissertations and Theses*, 155.

Christensen, G. (2005). *Conflict at the governance level at Friends' schools: Discovering the potential for growth* (Order No. 3199626, Fielding Graduate University). *ProQuest Dissertations and Theses*, 246.

Clark, V. A. (1997). *Hidden textures: Memories of unanticipated mortal danger* (Order No. 9804758, Fielding Institute). *ProQuest Dissertations and Theses*, 148.

Cohen, J. (1988). *Statistical power analysis for the behavioral sciences* (2nd ed.). Hillsdale, NJ: Lawrence Erlbaum.

Cohen, J. (1990). Things I have learned so far. *American Psychologist, 45*, 1304-1312.

Colaizzi, P. R. (1973). *Reflections and research in psychology.* Dubuque, IA: Kendall/Hunt.

Colvin, J., & Lanigan, J. (2005). Ethical issues and best practices for Internet research. *Scholarship, 70*(3), 34-39.

Conklin, D. Y. (2011). *An exploratory study of variables related to behavior problems and parent/peer relationship problems for adolescents referred to an outpatient clinic* (Order No. 3489430, Fielding Graduate University). *ProQuest Dissertations and Theses*, 152.

Corbin, J., & Strauss, A. (2014). *Basics of qualitative research: Techniques and procedures for developing grounded theory* (4th ed.). Thousand Oaks, CA: Sage.

Cowles, M. (2000). *Statistics in psychology: An historical perspective* (2nd ed.). Mahwah, NJ: Lawrence Erlbaum.

Crane, C. A. (2005). *A neuropsychological and familial study of developmental synesthesia* (Order No. 3184797, Fielding Graduate University). *ProQuest Dissertations and Theses*, 131.

Creswell, J. W. (2013). *Qualitative inquiry and research design: Choosing among five approaches* (3rd ed.). Thousand Oaks, CA: Sage.

Creswell, J. W., & Plano Clark, V. L. (2011). *Designing and conducting mixed methods research.* Thousand Oaks, CA: Sage.

Cronbach, L. J. (1975). Beyond the two disciplines of scientific psychology. *American Psychologist, 30*, 116-127.

Crotty, M. J. (1998). *The foundations of social research: Meaning and perspective in the research process.* Thousand Oaks, CA: Sage.

Csikszentmihalyi, M. (1991). *Flow: The psychology of optimal experience*. New York, NY: Harper.

Cukier, K. N., & Mayer-Schoenberger, V. (2013, May/June). The rise of big data: How it's changing the way we think about the world. *Foreign Affairs*, 28-40.

Denissen, J. J. A., Neumann, L., & van Zalk, M. H. W. (2010). How the Internet is changing the implementation of traditional research methods, people's daily lives, and the way in which developmental scientists conduct research. *International Journal of Behavioral Development*, *34*, 564-575.

Denzin, N. K. (2011). The politics of evidence. In N. K. Denzin & Y. S. Lincoln (Eds.), *The SAGE handbook of qualitative research* (4th ed., pp. 645-658). Thousand Oaks, CA: Sage.

Denzin, N. K., & Lincoln, Y. S. (2011). *The SAGE handbook of qualitative research* (4th ed.). Thousand Oaks, CA: Sage.

Diamond, J. (2005). *Collapse: How societies choose to fail or succeed*. New York, NY: Viking Books.

Dillman, D. A., Smyth, J. D., & Christian, L. M. (2009). *Internet, mail, and mixed-mode surveys: The tailored design method* (3rd ed.). New York, NY: John Wiley & Sons.

Dilthey, W. (1996). *Wilhelm Dilthey: Selected works: Vol. V. Poetry and experience* (R. A. Makkreel & R. Frithjof, Eds.). Princeton, NJ: Princeton University Press.

Dong, L. T. (2003). *Ethnic identity formation in Southeast and East Asian young offenders* (Order No. 3082495, Fielding Graduate Institute). *ProQuest Dissertations and Theses*, 209.

Duarte Bonini Campos, J. A., Zucoloto, M. L., Sampaio Bonafé, F. S., Jordani, P. C., & Maroco, J. (2011). Reliability and validity of self-reported burnout in college students: A cross randomized comparison of paper-and-pencil vs. online administration. *Computers in Human Behavior*, *27*(5), 1875-1883.

Elbow, P. (1998). *Writing with power: Techniques for mastering the writing process* (2nd ed.). New York, NY: Oxford University Press.

Elliott, J. M. (1997). *Bridging of differences in dialogic democracy* (Order No. 9811586, Fielding Institute). *ProQuest Dissertations and Theses*, 272.

Elliott, R., Fischer, C. T., & Rennie, D. L. (1999). Evolving guidelines for publication of qualitative research studies in psychology and related fields. *British Journal of Clinical Psychology*, *38*, 215-229.

Ellis, P. D. (2010). *The essential guide to effect sizes: Statistical power, meta-analysis, and the interpretation of research results*. Cambridge, England: Cambridge University Press.

Ellsworth, P. (2013). *Identifying psychologically meaningful risk factors for clergy sexual offenders of children: A comparison of the MMPI/MMPI-2 scores of recidivists and non-recidivists* (Unpublished doctoral dissertation proposal). Fielding Graduate University, Santa Barbara, CA.

Erickson, B. J. (2003). *A psychobiography of Richard Price: Co-founder of Esalen Institute* (Order No. 3106741, Fielding Graduate Institute). *ProQuest Dissertations and Theses*, 345.

Erikson, E. (1962). *Young man Luther*. Mangolia, MA: Peter Smith.

Fan, W., & Yan, Z. (2010). Factors affecting response rates of the Web survey: A systematic review. *Computers in Human Behavior*, *26*(2), 132-139.

Ferguson, J. G. (2006). *Time perspective and impulsivity among intimate partner violence offenders* (Order No. 3230488, Fielding Graduate University). *ProQuest Dissertations and Theses*, 116.

Fetterman, D. M. (2010). *Ethnography: Step-by-step* (3rd ed.). Thousand Oaks, CA: Sage.

Feyerabend, P. K. (1981). *Philosophical papers: Vol. 2. Problems of empiricism*. Cambridge, England: Cambridge University Press.

Field, A. P. (2013). *Discovering statistics using IBM SPSS statistics* (4th ed.). Thousand Oaks, CA: Sage.

Fielding, N. G., Lee, R. M., & Blank, G. (Eds.). (2008). *The SAGE handbook of online research methods*. Thousand Oaks, CA: Sage.

Flanagan, C. Y. (2013). *The role of viewer orientation and consumption level in smoking cue reactivity* (Order No. 3593575, Fielding Graduate University). *ProQuest Dissertations and Theses*, 81.

Fleming, J. W. (2007). *Repetition (and change) in the maternal-infant relationship: An exploration of intergenerational intention* (Order No. 3255522, Fielding Graduate University). *ProQuest Dissertations and Theses*, 201.

Flemons, D. (2001). *Writing between the lines.* New York, NY: W. W. Norton.

Flick, U. (2009). *An introduction to qualitative research* (4th ed.). Thousand Oaks, CA: Sage.

Francis, L. A. (2012). *Teacher leadership for the 21st century: Teacher leaders' experiences in supporting the pedagogical practice of academic rigor* (Order No. 3539905, Fielding Graduate University). *ProQuest Dissertations and Theses*, 237.

Frankfort-Nachmias, C., & Nachmias, D. (2008). *Research methods in the social sciences* (7th ed.). New York, NY: Worth.

Frazier, P., Tix, A., & Barron, K. (2004). Testing moderator and mediator effects in counseling psychology research. *Journal of Counseling Psychology, 51*(1), 115-134.

Freece, K. L. (2011). *Cognitive sequelae of trauma: Memory and attention deficits in individuals diagnosed with post-traumatic stress disorder, mild traumatic brain injury, and comorbid posttraumatic stress disorder/mild traumatic brain injury* (Order No. 3443916, Fielding Graduate University). *ProQuest Dissertations and Theses*, 142.

Freud, S. (1997). *Dora: An analysis of a case of hysteria.* New York, NY: Touchstone. (Originally published 1905-1909)

Gadamer, H.-G. (2013). *Truth and method: The Bloomsbury revelations* (2nd ed.; J. Weinsheimer & D. G. Marshall, Trans.). London, England: Bloomsbury Academic Press.

Gast, D. L., & Ledford, J. (Eds.). (2009). *Single subject research methodology in behavioral sciences.* New York, NY: Routledge.

Gergen, K. J. (2001). Psychological science in a postmodern context. *American Psychologist, 56*, 803-813.

Gergen, M. M. (1988). Toward a feminist metatheory and methodology in the social sciences. In M. M. Gergen (Ed.), *Feminist thought and the structure of knowledge.* New York, NY: New York University Press.

Gibbs, G. (2012). *Analyzing qualitative data* (2nd ed.). Thousand Oaks, CA: Sage.

Gilbert, D. T., Pinel, E. C., Wilson, T. D., Blumberg, S. J., & Wheatley, T. P. (1998). Immune neglect: A source of durability bias in affective forecasting. *Journal of Personality and Social Psychology, 75*, 617-638.

Gilbert, M. L. (2007). *Insecure attachment, negative affectivity, alexithymia, level of emotional awareness, and body image disturbance as predictors of binge eating severity in women who binge* (Order No. 3255523, Fielding Graduate University). *ProQuest Dissertations and Theses*, 234.

Gilpin-Jackson, Y. (2012). *Becoming gold: Understanding the post-war narratives of transformation of African immigrants and refugees* (Order No. 3498622, Fielding Graduate University). *ProQuest Dissertations and Theses*, 262.

Giorgi, A. (2009). *The descriptive phenomenological method in psychology: A modified Huessrlian approach.* Pittsburgh, PA: Duquesne University Press.

Glaser, B. G. (1978). *Theoretical sensitivity.* Mill Valley, CA: Sociology Press.

Glaser, B. G. (1998). *Doing grounded theory: Issues and discussions.* Mill Valley, CA: Sociology Press.

Glaser, B. G., & Strauss, A. L. (1967). *The discovery of grounded theory: Strategies for qualitative research.* Chicago, IL: Aldine/Atherton.

Glaser, W. (1992). *Basics of grounded theory analysis.* Mill Valley, CA: Sociology Press.

Glass, G. V. (1976). Primary, secondary, and meta-analysis of research. *Educational Researcher, 5*(10), 3-8.

Glover, L. G. (1994). *The relevance of personal theory in psychotherapy* (Order No. 9501609, Fielding Institute). *ProQuest Dissertations and Theses*, 240.

Goffman, E. (1961). *Asylums.* Garden City, NY: Doubleday.

Goldberg, E. S. (2003). *A study of diabetes self-care autonomy in young children within the home and school environments* (Order No. 3077547, Fielding Graduate Institute). *ProQuest Dissertations and Theses*, 99.

Goldberg, S. G. (2007). *The social construction of bipolar disorder: The interrelationship between societal and individual meanings* (Order No. 3296060, Fielding Graduate University). *ProQuest Dissertations and Theses*, 343.

Goodwin, C. S. (2006). *The impact of disclosure on the supervisory relationship* (Order No. 3218176, Fielding Graduate University). *ProQuest Dissertations and Theses*, 126.

Goodwin, J. C. (2010). *Research in psychology: Methods and design* (6th. ed.). New York, NY: John Wiley & Sons.

Gosling, S. D., & Johnson, J. A. (Eds.). (2010). *Advanced methods for conducting online behavioral research*. Washington, DC: American Psychological Association.

Gosling, S. D., Vazire, S., Srivastava, S., & John, O. P. (2004). Should we trust webbased studies? A comparative analysis of six preconceptions about internet questionnaires. *American Psychologist*, *59*(2), 93-104.

Grbich, C. (2012). *Qualitative data analysis: An introduction* (2nd ed.). Thousand Oaks, CA: Sage.

Greenwood, D., & Levin, M. (2006). *Introduction to action research: Social research for social change* (2nd. ed.). Thousand Oaks, CA: Sage.

Gubrium, J. F., & Holstein, J. A. (1997). *The new language of qualitative method.* New York, NY: Oxford University Press.

Guest, G., Namey, E. E., & Mitchell, M. L. (2013). *Collecting qualitative data: A field manual for applied research.* Thousand Oaks, CA: Sage.

Habermas, J., & McCarthy, T. (1985). *The theory of communicative action: Vol. 1. Reason and the rationalization of society.* Boston, MA: Beacon Press.

Han, J., Kamber, M., & Pei, J. (2011). *Data mining: Concepts and techniques* (3rd ed.). Amsterdam, The Netherlands: Elsevier.

Hardy, E. A. (2011). *Clinical and counseling psychology graduate student and postdoctorate supervisees' perceptions and experiences of boundary crossings and boundary violations in the supervisory relationship* (Order No. 3454654, Fielding Graduate University). *ProQuest Dissertations and Theses*, 282.

Haring, E. R. (2006). *Between-worlds tension: A grounded theory of repatriate sensemaking* (Order No. 3205505, Fielding Graduate University). *ProQuest Dissertations and Theses*, 217.

Hayes, A. F. (2009). Beyond Baron and Kenny: Statistical mediation analysis in the new millennium. *Communication Monographs*, *76*(4), 408-420.

Hedges, V. G. (2003). *Latinos surviving the educational system: A grounded theory study on enhancing identity* (Order No. 3103585, Fielding Graduate Institute). *ProQuest Dissertations and Theses*, 138.

Hein, S. F., & Austin, W. J. (2001). Empirical and hermeneutic approaches to phenomenological research in psychology: A comparison. *Psychological Methods*, *6*(1), 3-17.

Hennink, M., Hutter, I., & Bailey, A. (2011). *Qualitative research methods.* Thousand Oaks, CA: Sage.

Herr, K. G., & Anderson, G. L. (2005). *The action research dissertation: A guide for students and faculty.* Thousand Oaks, CA: Sage.

Holmes, T., & Rahe, R. (1967). The Social Readjustment Rating Scale. *Journal of Psychosomatic Research*, *11*, 213-218.

Holstein, J., & Gubrium, J. F. (2008). *Handbook of constructionist research.* New York, NY: Guilford Press.

Holtz, P. J. (2003). *The self- and interactive regulation and coordination of vocal rhythms, interpretive accuracy, and progress in brief psychodynamic psychotherapy* (Order No. 3099387, Fielding Graduate Institute). *ProQuest Dissertations and Theses*, 268.

Hoshmand, L. T. (1989). Alternate research paradigms: A review and teaching proposal. *Counseling Psychologist*, *17*, 3-79.

Hoshmand, L. T. (2005). *Culture, psychotherapy, and counseling: Critical and integrative perspectives.* Thousand Oaks, CA: Sage.

Huba, G. J. (2013, April 13). In praise of "little" data [web log post].

Humphrey, D. T. (2003). *Adopted women who give birth: Loss, reparation and the selfobject functions* (Order No. 3077248, Fielding Graduate University). *ProQuest Dissertations and Theses*, 148.

Hunt, B. (2011). Publishing qualitative research in counseling journals. *Journal of Counseling and Development*, *89* (3), 296-300.

Husserl, E. (1970). *Crisis of European sciences and transcendental phenomenology.* Evanston, IL: Northwestern University Press.

Huston-Warren, M. (2006). *Content analysis of coverage of body count in the Iraq and Vietnam wars* (Unpublished master's thesis). California State University-Fullerton.

Jaccard, J., & Jacoby, J. (2010). *Theory construction and model-building skills: A practical guide for social scientists.* New York, NY: Guilford Press.

Jersild, D. (2007). *The experience of agency in women: Narratives of women whose mothers achieved professional success and recognition* (Order No. 3269176, Fielding Graduate University). *ProQuest Dissertations and Theses*, 220.

Johnston, J. B. (2013). *Early exposure to pornography: Indirect and direct effects on sexual satisfaction in adulthood* (Order No. 3553937, Fielding Graduate University). *ProQuest Dissertations and Theses*, 158.

Jones, S. H. (2005). Autoethnography: Making the personal political. In N. K. Denzin & Y. S. Lincoln (Eds.), *The SAGE handbook of qualitative research* (3rd ed., pp. 763-792). Thousand Oaks, CA: Sage.

Josselson, R. (2004). The hermeneutics of faith and the hermeneutics of suspicion. *Narrative Inquiry*, *14*(1), 1-28.

Josselson, R. (2013). *Interviewing for qualitative inquiry: A relational approach.* New York, NY: Guilford Press.

Josselson, R., & Lieblich, A. (2003). A framework for narrative research proposals in psychology. In R. Josselson, A. Lieblich, & D. P. McAdams (Eds.), *Up close and personal: The teaching and learning of narrative research* (pp. 259-274). Washington, DC: American Psychological Association.

Katz, S. R. (1995). *The experience of chronic vulvar pain: Psychosocial dimensions and the sense of self* (Order No. 9610566, Fielding Institute). *ProQuest Dissertations and Theses*, 246.

Kazdin, A. E. (2002). *Research design in clinical psychology* (4th ed.). New York, NY: Pearson.

Kazdin, A. E. (2007). Mediators and mechanisms of change in psychotherapy research. *Annual Review of Clinical Psychology*, *3*, 1-27.

Keen, E. (1975). *A primer in phenomenological psychology.* Lanham, MD: University Press of America.

Kerlinger, F. N. (1977). *Foundations of behavioral research* (3rd ed.). New York, NY: Holt, Rinehart & Winston.

Kerlinger, F. N., & Lee, H. B. (1999). *Behavioral research: A conceptual approach.* New York, NY: Holt, Rinehart & Winston.

Kim, J., Kaye, J., & Wright, L. K. (2001). Moderating and mediating effects in causal models. *Issues in Mental Health Nursing*, *22*, 63-75.

Kline, R. B. (2009). *Becoming a behavioral science researcher: A guide to producing research that matters.* New York, NY: Guilford Press.

Kline, R. B. (2013). *Beyond significance testing: Statistics reform in the behavioral sciences* (2nd ed.). Washington, DC: American Psychological Association.

Knight, C. (2005). *Humanistic psychotherapy training: Significant experiences contributing to the perceived competency development of exceptional humanistic psychotherapists* (Order No. 3160513, Fielding Graduate University). *ProQuest Dissertations and Theses*, 269.

Knetig, J. A. (2012). *Mentalization, social competence and the use of social support in a military population: The impact on post-traumatic stress* (Order No. 3526008, Fielding Graduate University). *ProQuest Dissertations and Theses*, 99.

Kohut, H. (1978-1991). *The search for the self: Selected writings of Heinz Kohut* (P. H. Ornstein, Ed.). New York, NY: International Universities Press.

Kraus, D. R., Seligman, D. A., & Jordan, J. R. (2005). Validation of a behavioral health treatment outcome and assessment tool designed for naturalistic settings: The treatment outcome package. *Journal of Clinical Psychology*, *61* (3), 285-314.

Krebs, C. (2005). *Organic constructionism and living process theory: A unified constructionist epistemology and theory of knowledge* (Order No. 3184799, Fielding Graduate University). *ProQuest Dissertations and Theses*, 534.

Kuhn, T. (1996). *The structure of scientific revolutions* (3rd ed.). Chicago, IL: University of Chicago Press.

Kvale, S. (2012). *Doing interviews*. Thousand Oaks, CA: Sage.

LaPelle, N. R. (1997). *Thriving on performance evaluation in organizations* (Order No. 9815934, Fielding Institute). *ProQuest Dissertations and Theses*, 321.

Lazarus, R. S., & Folkman, S. (1984). *Stress, appraisal and coping*. New York, NY: Springer.

Lee, O. W. K. (2009). *The "Innovator's Dilemma" and the experience of community college leaders: A phenomenological inquiry* (Order No. 3376888, Fielding Graduate University). *ProQuest Dissertations and Theses*, 154.

Lewin, K. (1948). *Resolving social conflict*. New York, NY: Harper.

Lewis, O. (1961). *The children of Sanchez: Autobiography of a Mexican family*. New York, NY: Random House.

Lewis Terman Study at Stanford University. (n.d.).

Liebow, E. (2003). *Tally's Corner: A study of Negro streetcorner men* (2nd. ed.) Boston, MA: Rowman & Littlefield. (First edition published 1968)

Lincoln, Y. S., & Guba, E. G. (1985). *Naturalistic inquiry*. Beverly Hills, CA: Sage.

Locke, L. F., Spirduso, W. W., & Silverman, S. J. (2013). *Proposals that work: A guide for planning dissertations and grant proposals* (2nd ed.). Newbury Park, CA: Sage.

Lynch-Ransom, J. (2003). *Bricks and cliques: Unity and division as internet organizational culture in an established company; An ethnographic study* (Order No. 3117870, Fielding Graduate Institute). *ProQuest Dissertations and Theses*, 308.

Lynd, R. S., & Lynd, H. M. (1929). *Middletown: A study in modern American culture*. New York, NY: Harcourt Brace Jovanovich.

MacDougall, S. N. (2005). *Calling on spirit: An interpretive ethnography of PeerSpirit circles as transformative process* (Order No. 3178997, Fielding Graduate University). *ProQuest Dissertations and Theses*, 233.

MacKay, S. (2012). *Skirtboarder net-a-narratives: A socio-cultural analysis of a women's skateboarding blog* (Order No. NR98128, University of Ottawa, Canada). *ProQuest Dissertations and Theses*, 305.

MacNulty, W. K. (2004). *Self-schemas, forgiveness, gratitude, physical health, and subjective well-being* (Order No. 3130241, Fielding Graduate Institute). *ProQuest Dissertations and Theses*, 149.

Madison, D. S. (2012). *Critical ethnography: Methods, ethics, and performance* (2nd ed.). Thousand Oaks, CA: Sage.

Mahoney, M. J. (1990). *Human change processes: The scientific foundations of psychotherapy*. New York, NY: Basic Books.

Mazurowski, C. A. (2001). *Cognitive flexibility and personality as predictors of interpersonal perspective taking in the aging* (Order No. 3022122, Fielding Graduate Institute). *ProQuest Dissertations and Theses*, 148.

McAdams, D. P., Josselson, R., & Lieblich, A. (Eds.). (2001). *Turns in the road: Narrative studies of lives in transition*. Washington, DC: American Psychological Association.

McAdams, D. P., Josselson, R., & Lieblich, A. (Eds.). (2006). *Identity and story: Creating self in narrative*. Washington, DC: American Psychological Association.

McCrae, R. R., & Costa, P. T. (2003) *Personality in adulthood: A five-factor theory perspective* (2nd ed.). New York, NY: Guilford Press.

Mead, G. H. (1934). *Mind, self and society*. Chicago, IL: Chicago University Press.

Mewborn, K. N. (2005). *A grounded theory study of the multicultural experiences of school psychologists* (Unpublished doctoral dissertation). University of Maryland, College Park.

Miles, M. B., & Huberman, A. M. (1994). *Qualitative data analysis: A sourcebook of new methods*. Thousand Oaks, CA: Sage.

Miles, M. B., Huberman, A. M., & Saldana, J. (2013). *Qualitative data analysis: A methods sourcebook* (3rd ed.). Thousand Oaks, CA: Sage.

Milgram, S. (1963). Behavioral study of obedience. *Journal of Abnormal and Social Psychology, 67*, 371-378.

Milicevic, B. (2012). *Connecting to God, parents, and self: The effect of moderators on the relationship between child maltreatment and externalizing behaviors* (Order No. 3526757, Fielding Graduate University). *ProQuest Dissertations and Theses*, 126.

Mishler, E. G. (1990). Validation in inquiry-guided research: The role of exemplars in narrative studies. *Harvard Educational Review, 60*, 415-442.

Mitchell, J. L. (2012). *Yoga effects on prenatal depression* (Order No. 3518833, Fielding Graduate University). *ProQuest Dissertations and Theses*, 73.

Moore, E. R. (1995). *Creating organizational cultures: An ethnographic study* (Order No. 9620962, Fielding Institute). *ProQuest Dissertations and Theses*, 437.

Morgan, D. L. (1998). Practical strategies for combining qualitative and quantitative methods: Applications to health research. *Qualitative Health Research, 8*(3), 362-376.

Morgan, D. L. (2007). Paradigms lost and pragmatism regained: Methodological implications of combining qualitative and quantitative methods. *Journal of Mixed Methods Research, 1*(1), 48-76.

Morse, J. M. (1998). Designing funded qualitative research. In N. K. Denzin & Y. S. Lincoln (Eds.), *Strategies of qualitative inquiry* (2nd ed., pp. 56-85). Thousand Oaks, CA: Sage.

Morse, J. M. (2007). Sampling in grounded theory. In A. Bryant & K. Charmaz (Eds.), *The SAGE handbook of grounded theory* (pp. 229-244). Thousand Oaks, CA: Sage.

Morse, J. M. (2008). The politics of evidence. In J. M. Morse (Ed.), *Qualitative inquiry and the conservative challenge* (pp. 79-92). Walnut Creek, CA: Left Coast Press.

Moustakas, C. (1994). *Phenomenological research methods*. Thousand Oaks, CA: Sage.

Murphy, K., Myors, B., & Wolach, A. (2008). *Statistical power analysis: A simple and general model of traditional and modern hypothesis tests* (3rd ed.). New York, NY: Routledge.

Neimeyer, R. A. (1993). An appraisal of constructivist psychotherapies. *Journal of Consulting and Clinical Psychology, 61*, 221-234.

Neophytou, L. F. (2013). *Narcissism: Delineating subtypes through measures in the personality trait, situational, and behavioral domains* (Order No. 3562415, Fielding Graduate University). *ProQuest Dissertations and Theses*, 117.

Newton, R. R., Litrownik, A., Lewis, T., Thompson, R., & English, D. (2011, March). *Maltreatment allegations among high-risk single-mother families: A longitudinal look at family composition and change*. Paper presented at the 2011 Biennial Meeting of the Society for Research in Child Development, Montreal, Canada.

Newton, R. R., & Rudestam, K. E. (2013). *Your statistical consultant: Answers to your data analysis questions* (2nd. ed.). Thousand Oaks, CA: Sage.

Nobles, D. M. (2002). *The war on drugs: Metaphor and public policy implementation* (Order No. 3072263, Fielding Graduate Institute). ProQuest Dissertations and Theses, 192.

Osherson, S. (2006). *Strengthening your writing voice while enjoying it more: On teaching writing in graduate school* (Unpublished paper). Fielding Graduate University, Santa Barbara, CA.

Packer, M. J. (1985). Hermeneutic inquiry in the study of human conduct. *American Psychologist, 40*, 1081-1093.

Packer, M. J. (2010). *The science of qualitative research*. Cambridge, England: Cambridge University Press.

Paradi, D. (2013). *Latest annoying Powerpoint survey results*.

Patterson, G. R., DeBaryshe, B. D., & Ramsey, E. (1989). A developmental perspective on antisocial behavior. *American Psychologist, 44*, 329-335.

Patton, M. Q. (2002). *Qualitative research and evaluation methods* (3rd ed.). Thousand Oaks, CA: Sage.

Peplau, L. A., & Conrad, E. (1989). Beyond nonsexist research: The perils of feminist methods in psychology. *Psychology of Women Quarterly, 13*, 379-400.

Piliavin, J. A., & Piliavin, I. M. (1972). Effect of blood on reactions to a victim. *Journal of Personality and Social Psychology, 23*, 353-361.

Polkinghorne, D. E. (2000). Psychological inquiry and the pragmatic and hermeneutic traditions. *Theory and Psychology, 10*, 453-479.

Polkinghorne, D. E. (2005). Language and meaning: Data collection in qualitative research. *Journal of Counseling Psychology, 52*(2), 137-145.

Polkinghorne, D. E. (2010). Qualitative research. In J. Thomas & M. Hersen (Eds.), *Handbook of clinical psychology competencies* (pp. 425-457). New York, NY: Springer.

Popper, K. (1965). *Conjectures and refutations: The growth of scientific knowledge*. New York, NY: Harper & Row.

Preacher, K. J., & Hayes, A. F. (2008). Contemporary approaches to assessing mediation in communication research. In A. R. Hayes, M. D. Slater, & L. B. Snyder (Eds.), *The SAGE sourcebook of advanced data analysis methods for communication research* (pp. 13-54). Thousand Oaks, CA: Sage.

Rainaldi, L. A. (2004). *Incorporating women: A theory of female sexuality informed by psychoanalysis and biological science* (Order No. 3143964, Fielding Graduate Institute). *ProQuest Dissertations and Theses*, 195.

Ranson, M. B. (2010). *Improving MMPI-2 clinical scale independence: A critique of the theoretically informed "Restructured Clinical (RC) Scales" and an investigation into empirical markers for reconstruction* (Unpublished doctoral dissertation). Fielding Graduate University, Santa Barbara, CA.

Rao, A. (2010). *Contextual self-esteem variability during pre-adolescence: Relation to mental flexibility, emotional dysregulation, and depressive symptoms in a low-income, urban environment* (Order No. 3410511, Fielding Graduate University). *ProQuest Dissertations and Theses*, 153.

Reid, S. B., Patterson, G. R., & Snyder, J. (2002). The early development of coercive family process. In S. B. Reid, G. R. Patterson, & J. Snyder (Eds.), *Antisocial behavior in children and adolescents: A developmental analysis and model for intervention* (pp. 273-283). Washington, DC: American Psychological Association.

Rennie, D. L. (1998). Grounded theory methodology: The pressing need for a coherent logic of justification. *Theory and Psychology, 8*, 101-119.

Rennie, D. L. (2012). Qualitative research as methodical hermeneutics. *Psychological Methods, 17*(3), 385-398.

Richards, L. (2009). *Handling qualitative data: A practical guide* (2nd ed.). Thousand Oaks, CA: Sage.

Richards, S. B., Taylor, R. L., Ramasamy, R., & Richards, R. Y. (2013). *Single subject research: Applications in educational and clinical settings* (2nd ed.). Belmont, CA: Wadsworth.

Rico, G. L. (2000). *Writing the natural way*. Los Angeles, CA: J. P. Tarcher.

Riessman, C. K. (1990). *Divorce talk: Women and men make sense of personal relationships*. New Brunswick, NJ: Rutgers University Press.

Rubin, H. J., & Rubin, I. S. (2011). *Qualitative interviewing: The art of hearing data* (3rd. ed.). Thousand Oaks, CA: Sage.

Russell, M. (2013). *Mining the social web: Data mining Facebook, Twitter, LinkedIn, Google+, GitHub, and more* (2nd ed.). Sebastopol, CA: O'Reilly Media.

Samples, T. C. (2012). *The protective effects of resilience against suicide behaviors among trauma exposed low-income*

*African American women: A moderated mediation study* (Order No. 3539024, Fielding Graduate University). ProQuest Dissertations and Theses, 111.

Sánchez-Fernández, J., Muñoz-Leiva, F., & Montoro-Ríos, F. J. (2012). Improving retention rate and response quality in web-based surveys. *Computers in Human Behavior, 28*(2), 507-514.

Schecter, E. (2004). *Women-loving-women loving men: Sexual fluidity and sexual identity in midlife lesbians* (Order No. 3117878, Fielding Graduate Institute). *ProQuest Dissertations and Theses*, 205.

Schensul, S. L., Schensul, J. J., & LeCompte, M. D. (2013). *Initiating ethnographic research: A mixed methods approach* (2nd ed.). Blue Ridge Summit, PA: Alta Mira Press.

Schlager Andrews, E. (2013). Resilience and vulnerability to post-partum depression in acculturating new mothers (Order No. 3601168, Fielding Graduate University). ProQuest Dissertations and Theses, 243.

Scott, R. R. (2007). *Making sense of mountaintop removal: The logic of extraction in the southern West Virginia coalfields* (Order No. 3265735, University of California-Santa Cruz). *ProQuest Dissertations and Theses*, 293.

Selye, H. (1956). *The stress of life.* New York, NY: McGraw-Hill.

Shadish, W. R., Cook, T. D., & Campbell, D. T. (2001). *Experimental and quasiexperimental designs for generalized causal inference* (2nd. ed.). Independence, KY: Cengage Learning.

Shapiro, J. J., & Nicholsen, S. (1986). *Guidelines for writing papers.* Santa Barbara, CA: Fielding Graduate University.

Sherman, S. B. (1995). *Living with asthma: An exploration of meaning* (Order No. 9536819, Fielding Institute). *ProQuest Dissertations and Theses*, 283.

Sieber, J. E., & Tolich, M. B. (2012). *Planning ethically responsible research* (2nd ed.). Thousand Oaks, CA: Sage.

Silverman, D. (2013). *Doing qualitative research: A practical handbook* (4th. ed.). Thousand Oaks, CA: Sage.

Slanger, E. L. (1991). *A model of physical risk-taking* (Order No. 9212390, Fielding Institute). *ProQuest Dissertations and Theses*, 218.

Slanger, E. L., & Rudestam, K. E. (1997). Motivation and disinhibition in high risk sports: Sensation-seeking and self-efficacy. *Journal of Research in Personality, 31*, 355-374.

Smith, P. R. (1998). *Centeredness and the lived experience of family/divorce mediators as facilitators of dispute resolution and as leader/advocates* (Order No. 9907672, Fielding Institute). *ProQuest Dissertations and Theses*, 287.

Stake, R. E. (2000). Case studies. In N. K. Denzin & Y. S. Lincoln (Eds.), *The SAGE handbook of qualitative research* (2nd ed., pp. 435-454). Thousand Oaks, CA: Sage.

Stake, R. E. (2005). Qualitative case studies. In N. K. Denzin & Y. S. Lincoln (Eds.), *The SAGE handbook of qualitative research* (3rd ed., pp. 443-466). Thousand Oaks, CA: Sage.

Stevick, E. L. (1971). An empirical investigation of the experience of anger. In A. Giorgi, W. F. Fischer, & E. Von Eckartsberg (Eds.), *Duquesne studies in phenomenological psychology* (Vol. 1, pp. 132-148). Pittsburgh, PA: Duquesne University Press.

St. John, W., & Johnson, P. (2000). The pros and cons of data analysis software for qualitative research. *Journal of Nursing Scholarship, 32*(4), 393-397.

St. Laurent, A. M. (2004). *Understanding open source and free software licensing.* Sebastopol, CA: O'Reilly Media.

Strauss, A. (1987). *Qualitative data analysis for social scientists.* New York, NY: Cambridge University Press.

Strauss, A., & Corbin, J. (1998). *Basics of qualitative research: Grounded theory procedures and techniques* (2nd ed.). Thousand Oaks, CA: Sage.

Stringer, E. T. (2013). *Action research: A handbook for practitioners* (3rd ed.). Thousand Oaks, CA: Sage.

Sue, D. W., Bernier, J. E., Durran, A., Feinberg, L., Pedersen, P., Smith, E. J., & Vasquez-Nuttall, E. (1982). Position paper: Cross-cultural counseling competencies. *The Counseling Psychologist*, *10*, 45-52.

Sue, V. M., & Ritter, L. M. (2007). *Conducting online surveys*. Thousand Oaks, CA: Sage.

Szuromi, I. (2012). *Trauma, attachment, and disability within the model of a complex adaptive system of chronic low back pain* (Order No. 3499639, Fielding Graduate University). ProQuest Dissertations and Theses, 131.

Tabachnick, B. G., & Fidell, L. S. (2013). *Using multivariate statistics* (6th ed.). Boston, MA: Pearson.

Tal, I. (2004). *Exploring the meaning of becoming a woman in a non-Western culture: A narrative analysis of first menstruation stories of Ethiopian Jewish women* (Order No. 3140191, Fielding Graduate Institute). *ProQuest Dissertations and Theses*, 219.

Tan, P., Steinbach, M., & Kuman, V. (2013). *Introduction to data mining* (2nd ed.). Boston, MA: Addison-Wesley.

Teddlie, C., & Tashakkori, A. (2009). *Foundations of mixed methods research: Integrating quantitative and qualitative approaches in the social and behavioral sciences*. Thousand Oaks, CA: Sage.

Tellegen, A., Ben-Porath, Y. S., McNulty, J. L., Aribisi, P. A., Graham, J. R., & Kaemmer, B. (2003). *MMPI-2 Restructured Clinical (RC) Scales: Development, interpretation, and validation*. Minneapolis: University of Minnesota Press.

Tetlock, P. E., & Belkin, A. (1996). *Counterfactual thought experiments in world politics*. Princeton, NJ: Princeton University Press.

Todd, M. E. (2011). *The process of becoming a strong GLBT family: A grounded theory*. Open Access Theses and Dissertations from the College of Education and Human Sciences, Paper 96.

Toulmin, S. (1972). *Human understanding: The collective use and evolution of concepts*. Princeton, NJ: Princeton University Press.

Tourangeau, R., Conrad, F., & Couper, M. (2013). *The science of web surveys*. Oxford, England: Oxford University Press.

Truss, L. T. (2006). *Eats, shoots and leaves*. New York, NY: Penguin.

Tugman-Gabriel, L. (2011). *Seeking roots in shifting ground: Ethnic identity development and Melungeons of southern Appalachia* (Order No. 3469684, Fielding Graduate University). *ProQuest Dissertations and Theses*, 211.

Tversky, A., & Kahneman, D. (1991). Loss aversion in riskless choice: A referencedependent model. *Quarterly Journal of Economics*, *106*(4), 1039-1061.

Urquhart, C. (2013). *Grounded theory for qualitative research: A practical guide*. Thousand Oaks, CA: Sage.

van den Berg, M. H., Overbeek, A., van der Pal, H. J., Versluys, A. B., Bresters, D., van Leeuwen, F. E., ... van Dulmen-den Broeder, E. (2011). Using web-based and paper-based questionnaires for collecting data on fertility issues among female childhood cancer survivors: Differences in response characteristics. *Journal of Medical Internet Research*, *13*(3).

van Kaam, A. (1966). Application of the phenomenological method. In A. van Kaam (Ed.), *Existential foundations of psychology* (pp. 294-329). Lanham, MD: University Press of America.

Wallace, M., & Wray, A. (2011). *Critical reading and writing for postgraduates* (2nd ed.). Thousand Oaks, CA: Sage.

Wei, W., Mallinckrodt, B., Russell, D. W., & Abraham, W. T. (2004). Maladaptive perfectionism as a mediator and moderator between adult attachment and depressive mood. *Journal of Counseling Psychology*, *51*(2), 201-212.

Weiss, R. S. (2008). *Learning from strangers: The art and method of qualitative interview studies*. New York, NY: Free Press.

Wertz, F. J., Charmaz, K., McMullen, L. M., Josselson, R., & Andersen, R. (2011). *Five ways of doing qualitative analysis: Phenomenological psychology, grounded theory, discourse analysis, narrative research, and intuitive inquiry.* New York, NY: Guilford Press.

White, L. N. (2013). Puzzle video gameplay and verbal reasoning: Leveling up in the real world (Order No. 3560452, Fielding Graduate University). ProQuest Dissertations and Theses, 140.

Whyte, W. F. (1955). *Street corner society: The social structure of an Italian slum.* Chicago, IL: University of Chicago Press.

Wilcox, R. (2010). *Fundamentals of modern statistical methods: Substantially improving power and accuracy.* New York, NY: Springer.

Williams, H. (2006). *Our bodies, our wisdom: Engaging Black men who experience samesex desire in Afrocentric ritual, embodied epistemology, and collaborative inquiry* (Order No. 3208854, Fielding Graduate University). *ProQuest Dissertations and Theses,* 155.

Willig, C. (2013). *Introducing qualitative research in psychology* (3rd ed.). London, England: Open University Press.

Winograd, T., & Flores, F. (1986). *Understanding computers and cognition: A new foundation for design.* Norwood, NJ: Ablex.

Witt, J. V. P. (1997). *Learning to learn: Action research in community college administration* (Order No. 9722240, Fielding Institute). *ProQuest Dissertations and Theses,* 184.

Wolcott, H. F. (1994). *Transforming qualitative data: Description, analysis, and interpretation.* Thousand Oaks, CA: Sage.

Woodard, C. R. (2001). *Hardiness and the concept of courage* (Order No. 3022127, Fielding Graduate Institute). *ProQuest Dissertations and Theses,* 93.

Wright, K. B. (2005). Researching Internet-based populations: Advantages and disadvantages of online survey research, online questionnaire authoring packages, and Web survey services. *Journal of Computer-Mediated Communication, 10*(3).

Yin, R. K. (2013). *Case study research: Design and methods* (5th ed.). Thousand Oaks, CA: Sage.

Zachariades, F. (2012). A CBT self-management approach for insomnia among people with chronic pain: A randomized controlled trial (Order No. 3511176, Fielding Graduate University). ProQuest Dissertations and Theses, 285.

Zemansky, T. R. (2005). *The risen Phoenix: Psychological transformation within the context of long-term sobriety in Alcoholics Anonymous* (Order No. 3184801, Fielding Graduate University). *ProQuest Dissertations and Theses,* 198.

# 本书相关中文读物

| 书 名 | 主要作者 | 主要译者 |
| --- | --- | --- |
| *An Introduction to Qualitative Research*<br>质性研究导引 | Uwe Flick | 孙进 |
| *Basics of Qualitative Research*<br>质性研究的基础 | Anselm Strauss | 朱光明 |
| *Constructing Grounded Theory*<br>建构扎根理论：质性研究实践指南 | Kathy Charmaz | 边国英 |
| *Designing and Conducting Mixed Methods Research*<br>混合方法研究：设计与实施 | John W. Creswell | 游宇 |
| *Designing Qualitative Research*<br>设计质性研究：有效研究计划的全程指导 | Catherine Marshall | 何江穗 |
| *Discourse Studies*<br>话语研究：多学科导论 | Teun van Dijk | 周翔 |
| *Doing Qualitative Research: A Practical Handbook*<br>如何做质性研究 | David Silverman | 李雪　卢晖临 |
| *Educational Research: Quantitative, Qualitative, and Mixed Approaches*<br>教育研究：定量、定性和混合方法 | R.Burke Johnson Larry B. Christensen | 马健生 |
| *Engaging in Narrative inquiry*<br>进行叙事探究 | Jean Clandinin | 徐泉 |
| *Narrative Research: Reading, Analysis, and Interpretation*<br>叙事研究：阅读、倾听与理解 | Amia Lieblich | 王红艳 |
| *Qualitative Data Analysis: A Methods Sourcebook*<br>质性资料的分析：方法与实践（第 2 版） | Matthew B. Miles Michael Huberman | 张芬芬　卢晖临 |
| *Qualitative Interviewing*<br>质性访谈方法 | Herbert J. Rubin | 卢晖临 |

| 书 名 | 主要作者 | 主要译者 |
|---|---|---|
| *Qualitative Text Analysis: A Guide to Methods, Practice and Using Software*<br>质性文本分析：方法、实践与软件使用指南 | Udo Kuckartz | 朱志勇 |
| *Tricks of The Trade: How to Think about Your Research While You Are Doing It*<br>社会学家的窍门：当我们做研究时应该想些什么 | Howard S. Becker | 陈振铎 |
| *Writing Up Qualitative Research*<br>质性研究写起来 | Harry F. Wolcott | 李政贤 |
| *The Coding Manual for Qualitative Researchers*<br>质性研究编码手册 | Johnny Saldana | 刘颖　卫垌圻 |
| *The SAGE Handbook of Qualitative Research*, *4e*<br>1-质性研究手册：方法论基础 | Norman Denzin | 朱志勇 |
| *The SAGE Handbook of Qualitative Research*, *4e*<br>2-质性研究手册：研究策略与艺术 | Norman Denzin | 朱志勇 |
| *The SAGE Handbook of Qualitative Research*, *4e*<br>3-质性研究手册：资料收集与分析方法 | Norman Denzin | 朱志勇 |
| *The SAGE Handbook of Qualitative Research*, *4e*<br>4-质性研究手册：解释、评估与呈现及质性研究的未来 | Norman Denzin | 朱志勇 |
| *How to do Discourse Analysis: A Toolkit 2e*<br>话语分析：实用工具及练习指导 | James Paul Gee | 何清顺 |
| *An Introduction to Discourse Analysis: Theory and Method 4e*<br>话语分析导论：理论与方法（原书第4版） | James Paul Gee | 何清顺 |
| *Qualitative Research Design: An Interactive Approach 3e*<br>互动取向的质性研究设计：原理、示例和练习 | Joseph A. Maxwell | 朱光明 |
| *Phenomenological Research Methods*<br>现象学研究方法：原理、步骤和范例 | Clark Moustakas | 刘强 |

# 万卷方法®
## 知识生产者的头脑工具箱

---

**很多做研究、写论文的人，可能还没有意识到，他们从事的是一项特殊的生产活动。而这项生产活动，和其他的所有生产活动一样，可以借助工具来大大提高效率。**

万卷方法是为辅助知识生产而存在的一套工具书。

这套书系中，

有的，介绍研究的技巧，如《会读才会写》《如何做好文献综述》《研究设计与写作指导》《质性研究编码手册》；

有的，演示 STATA、AMOS、SPSS、Mplus 等统计分析软件的操作与应用；

有的，专门讲解和梳理某一种具体研究方法，如量化民族志、倾向值匹配法、元分析、回归分析、扎根理论、现象学研究方法、参与观察法等；

还有，

《社会科学研究方法百科全书》《质性研究手册》《社会网络分析手册》等汇集方家之言，从历史演化的视角，系统化呈现社会科学研究方法的全面图景；

《社会研究方法》《管理学问卷调查研究方法》等用于不同学科的优秀方法教材；

《领悟方法》《社会学家的窍门》等反思研究方法隐蔽关窍的慧黠之作……

**书，是人和人的相遇。**

是读者和作者，通过书做跨越时空的对话。

也是读者和读者，通过推荐、共读、交流一本书，分享共识和成长。

万卷方法这样的工具书很难进入豆瓣、当当、京东等平台的读书榜单，也不容易成为热点和话题。很多写论文、做研究的人，面对茫茫书海，往往并不知道其中哪一本可以帮到自己。

因此，我们诚挚地期待，你在阅读本书之后，向合适的人推荐它，让更多需要的人早日得到它的帮助。

我们相信：

**每一个人的意见和判断，都是有价值的。**

我们为推荐人提供意见变现的途径，具体请扫描二维码，关注"重庆大学出版社万卷方法"微信公众号，发送"推荐员"，了解详细的活动方案。